9つのカテゴリーで読み解く
グローバル金融規制

有限責任監査法人トーマツ
大山　剛【編著】

中央経済社

はじめに——欧米の「身勝手」に振り回されないための視点とは

　2008年から2010年に発生したグローバル金融危機から，すでに９年という歳月が過ぎようとしている。この危機では，それまで「不倒」と信じられてきた欧米の大手金融機関が突然次から次へと倒れ始め，結果的に，欧米経済だけではなく，日本を含む世界中の経済に深い傷跡をもたらした。その時のショックは，最近の映画にあった，巨人やゴジラの突然の登場によって平和な街の現実が一気に崩れ去ってしまう，あの「唐突感」と「絶望感」に近かったといえる。あるいは，日本であれば，東日本大震災に伴う津波や原発災害の影響で，大きな人的被害を受けると同時に日本経済自体が一時完全にマヒした，あの時のショックと随分と重なる面もある。

　グローバル金融危機を，仮に１つの映画に見立てれば，当初はこうした巨人やゴジラの攻撃に戸惑うばかりであった銀行監督当局・中央銀行も，その後は大胆な防御策によって，マクロ経済への多大な犠牲を出しながらも何とか巨人やゴジラを撃退するとの筋書きになろう。タイトルをつけるとすれば，「進撃のモラルハザード——グローバル金融危機との闘い」といったところか。もっともこの映画は，この作品で完結するわけではない。ここからがまた長いストーリーの始まりとなる。第二作にタイトルをつけるとすれば，それは，「バベルの「壁」構築に挑む——銀行焼野原からの再建」。この映画で語られるのは，巨人やゴジラを追い出すことに成功した当局・中央銀行が，そのショックが未だ癒えない中にあって，再び化け物の攻撃に遭わないよう様々な対策を打ち出し，社会・経済を見事に再建する物語である。

　この二作目の冒頭は，これまで存在した「バーゼルⅡ」という第二世代の壁に代わる，「バーゼルⅢ」という名の新しい壁の構築から始まる。単に，巨人やゴジラによって崩された壁の穴を修復するだけではなく，壁を一層堅固にすると同時に，より大きな壁の構築を始めるのだ。また当局・中央銀行は，仮に

新しい壁が崩されたとしても新たな襲撃に耐えられるように，危機管理の強化も始めた。さらには，再び化け物が来るリスクや，彼らの弱点まで研究するようにもなる。

　もっとも，この映画の見せ場は，こうした対応が当初予期しなかった効果をもたらし，これが社会に新たな軋轢をもたらす場面だといえよう。「バベルの壁」と呼ばれる新たな壁の構築は，当然ながら国民生活に多大な負担をもたらす。さらに，壁の建設に異議を唱えるような勢力への様々なバッシングも始まる。そして，その後再び平和な時期が続くに従い，多くの資源が稀にしか生じない巨人やゴジラの再出現への対応に用いられることに対する不満も次第に高まっていく。なかには，巨人やゴジラは，こうした危機対応から利益を得る政治家や建設業者が作り出した巨大ロボットとの「陰謀説」まで流れる始末だ。そうした中で第二作は，再び壁が徐々に崩れる場面で終わる。

　現実の社会でも，グローバル金融危機が一旦落ち着いた2010年以降は，新たな危機を防ぐための数多の規制が，まさに「バベルの塔」を構築するが如く圧倒的な形で押し寄せてきた。そして実際，その規制の波への対応に，多くの国の当局や金融機関が今もまだ右往左往している。その一方で，2017年初には合意がほぼ確実視されていた金融危機後の国際規制を代表するバーゼルⅢの完成形が，主に欧州の反対で延期となり，合意時期に係る不確実性が増してきた。さらに，2017年1月に就任したトランプ米国新大統領は，規制緩和を唱える中で金融規制の抜本的見直しの意向を表明し，これまで押し寄せてきた規制の津波が今度はいきなり引いていく可能性さえ出てきたのである。まさに，金融危機の震源地の外にあった日本の金融機関や当局にとってみれば，欧米の「身勝手」な行動に振り回される状況が続いている。

　本書では，こうした様々なグローバル金融規制に関し，これを分かりやすいように9つのカテゴリーに分類した上で，それぞれが何を企図しているのか，新しい金融の設計図の中のどこに位置するのか，実際に何を行おうとしているのか，結果として何がもたらされようとしているのか，を解説する。この中で我々が特に重視するポイントは，まずは金融業務に必ずしも直接携わらない方

でも理解できる「分かりやすさ」であり，さらには様々な規制がもたらす帰結を，欧米の視点に加えて，日本の立場から「客観的にみる」（欧米の政治的潮流に流されない）視点である。

　我々がこのような点を重視するのには理由がある。それは，①こうしたグローバル金融規制が，日本を含め，金融規制の根源となった金融危機の震源地から遠く離れた国々のマクロ経済のあり方を大きく変えてしまう可能性がある，②さらにこうした変化が，欧米の論理を中心に展開される結果，国によっては（特に欧米以外の国では）むしろ大きな弊害をもたらす可能性がある，③そして最後に，この点がもっとも重要なのだが，こうした変化やその帰結を，必ずしも国民や政治家が正確に理解することなく新しい規制が導入されようとしている，ためである。

　本書の構成は，序章（「グローバル金融規制を読み解くための9つのカテゴリー」）で，9つのカテゴリーの定義や，それぞれのカテゴリーに関するこれまでの大きな推移を示した後，第1章以下では，各カテゴリーに関し，その目的と概要，そしてこれが欧米や日本の金融機関，さらにはマクロ経済に与える影響を概観する。9つのカテゴリーをあらかじめ示すと，次のようになる。

（リスクが顕現化した際の個別金融機関へのインパクトを和らげるもの）
第1のカテゴリー：財務バッファーの増強（第1章）
第2のカテゴリー：大手金融機関の破綻処理の円滑化（第2章）
第3のカテゴリー：大手金融機関のガバナンス・文化の変革（第3章）

（個別金融機関が直面するリスクの特定を容易化・精緻化するもの）
第4のカテゴリー：既存の規制が対象としたリスクの再評価（第4章）
第5のカテゴリー：既存の規制が対象としなかったリスクの取込み（第5章）
第6のカテゴリー：リスクテイクの状況やこれに対する備えに関する
　　　　　　　　　ディスクロージャーの強化（第6章）

（市場やマクロ的視点からのリスクの抑制を目指すもの）

第7のカテゴリー：市場取引に対する直接的な監視・規制の強化（第7章）

第8のカテゴリー：シャドーバンクに対する規制の強化（第8章）

第9のカテゴリー：当局によるマクロ・プルーデンス体制の強化（第9章）

　本書においては，序章（9つのカテゴリー）と第1章（財務バッファー）を大山，第2章（破綻処理）を藪原，第3章（ガバナンス・文化）を大山，第4章（既存リスク）を岡崎，第5章（新リスク）を勝藤，第6章（ディスクロ）を中野と大山，第7章（市場取引）を浅井，第8章（シャドーバンク）を中野，第9章（マクロ・プルーデンス）を大山が担当する。

　なお，既述のとおり本書の最大の目的は，現在の様々な国際金融規制の大きなカテゴリーを整理した上で，これをできるだけ分かりやすく，さらにいえば日本の立場を踏まえて客観的に解説することにある。このため，それぞれの規制の内容の詳細な紹介に関しては，参照先を示した上で，各規制の原典や他の参考書に譲ることとする。

　2017年11月

大山　剛

目　次

はじめに　*i*

序　章 | グローバル金融規制を読み解くための9つのカテゴリー …………… *1*

1．グローバル金融規制のカテゴリー学　*2*

2．本書におけるグローバル金融規制のカテゴリー　*12*

3．「リスクが顕現化した際の個別金融機関や金融システムへのインパクトを和らげるもの」に属する3カテゴリー　*17*

4．「個別金融機関が直面するリスク評価・特定の容易化や精緻化を目指すもの」に属する3カテゴリー　*20*

5．「金融システム全体の安定性確保に直接関わるもの──市場やマクロ的視点からのリスクの抑制を目指すもの」に属する3カテゴリー　*23*

6．9つのカテゴリーという視点からみたグローバル金融規制のこれまでの推移　*27*

第1章 | 財務バッファーの増強 ………………………………………… *31*

1．規制の概要と規制が作られた背景　*32*

2．規制の具体的な内容　*33*

　2.1　リスク量対比でみた所要自己資本　*34*

　2.2　レバレッジ比率　*35*

2.3 流動性規制　*36*

2.4 総損失吸収能力（Total Loss Absorbing Capacity，通称TLAC）　*37*

2.5 監督上のストレステスト　*38*

3．規制の影響と規制を巡る論点　*39*

3.1 財務バッファー増強によるファイナンシング・コストの上昇　*39*

3.2 財務バッファー増強によるファイナンシング・コストの低下　*41*

3.3 ファイナンシング・コストの変化に伴うビジネスモデルの変化　*43*

4．本邦当局や金融機関，さらには日本政府に求められる行動　*44*

4.1 財務バッファーの増強に係る当局間の考え方の相違　*44*

4.2 本邦当局や金融機関に求められる行動　*52*

第2章 ｜ 大手金融機関の破綻処理の円滑化 ……………… *59*

1．規制が作られた背景と国際的な議論の展開　*61*

1.1 TBTF問題に係る議論の背景　*61*

1.2 国際的な議論の展開　*62*

2．規制の具体的な内容　*64*

2.1 再建処理計画の策定　*64*

2.2 処理計画　*69*

2.3 ベイルイン　*72*

2.4 TLAC（総損失吸収力）規制　*73*

2.5 ステイ　*78*

2.6 その他の取組み　*79*

3．規制の影響と規制を巡る論点　*82*

3.1 モラルハザードに対する歯止め　*82*

3.2 金融危機への備えに対するマインドチェンジ　*84*

4．さらなる進展に向けた課題と期待　*87*

4.1 One Size fits Allの議論からの脱却　*87*

4.2 本邦の当局や金融機関に求められる行動　*89*

第3章 | 大手金融機関のガバナンス・文化の変革 ……………… *95*

1. 規制の概要と規制が作られた背景　*96*

1.1 金融機関の行動が社会やステークホルダーの期待から逸脱してしまう理由（既存のガバナンス体制がうまく機能しない理由），及びこれが金融機関の特殊性に依存している程度　*97*

1.2 監督当局が金融機関の行動を変える方法　*99*

1.3 想定外の事象発生時に金融機関が適時適切に事態に対処できるような体制　*100*

2. 規制の具体的な内容　*101*

2.1 リスクアペタイト・フレームワークの導入　*101*

2.2 リスク文化の変革　*103*

2.3 コーポレート・ガバナンスの変革　*104*

2.4 リスクデータ・ガバナンスの高度化　*105*

2.5 報酬体系の改革，個人責任の強化　*105*

2.6 監督上のストレステストの実施　*107*

3. 規制の影響と規制を巡る論点　*107*

3.1 当局によるガバナンス・文化への介入が大手金融機関のモラルハザードにもたらす変化　*107*

3.2 当局によるガバナンス・文化への介入がインセンティブ体系にもたらす変化　*109*

3.3 当局によるガバナンス・文化への介入が金融機関のビジネスへの姿勢にもたらす変化　*111*

4. 本邦当局や金融機関，さらには日本政府に求められる行動　*113*

4.1 大手金融機関のガバナンス・文化の変革に係る当局間の考え方の相違　*113*

IV

4.2 本邦当局や金融機関に求められる行動　*114*

第4章 │ 既存の規制が対象としたリスクの再評価 ································ *119*

1. 規制の概要と規制が作られた背景　*120*
2. 規制の具体的な内容　*121*
   2.1 バーゼル規制の変遷　*121*
   2.2 RWA計測のばらつきの削減　*127*
   2.3 信用リスク評価の見直し　*127*
   2.4 市場リスク評価の見直し　*131*
   2.5 オペレーショナル・リスク評価の見直し　*133*
   2.6 アウトプット・フロア（資本フロア）　*134*
   2.7 ソブリン向け債権に係る信用リスクの見直し　*135*
3. 規制の影響と規制を巡る論点　*136*
   3.1 リスク計測におけるリスク感応度の低下　*136*
   3.2 リスク管理高度化インセンティブの低下　*137*
   3.3 リスク評価の画一化による金融システム全体のショック吸収能力の低下（システミック・リスクの増大）　*138*
   3.4 複雑すぎる内部モデル手法の廃止による過度なテールリスク把握努力の是正　*139*
   3.5 ソブリン向け債権が持つ役割　*140*
4. 当局に期待される行動　*141*
   4.1 本邦銀行と欧米銀行とのリスク文化の相違を前提とした枠組みの構築　*142*
   4.2 バーゼルⅡ規制の適切な運用で健全性が維持できた「可能性」を踏まえた議論　*142*
   4.3 リスク評価の多様性による金融システムの安定化　*143*
   4.4 各国当局による“内部モデル承認基準等”のばらつきの削減　*144*

目　次 *V*

4.5　当局と銀行における情報格差を踏まえた上での認識ギャップ解消に
　　向けた議論　*144*

5．まとめ　*145*

第5章 既存の規制が対象としなかったリスクの取込み ……… *149*

1．規制の概要と規制が作られた背景　*150*

1.1　非財務リスクの重要性の高まり　*150*

1.2　サイバーセキュリティとITリスク　*155*

2．規制の具体的な内容　*156*

2.1　英FCAのコンダクト・リスク概念提起　*156*

2.2　LIBOR問題：英国「ウィートリー・レビュー」とIOSCO「金融指標
　　に関する原則」　*157*

2.3　FSBによるコンダクト・リスクへの言及，進捗レポート　*158*

2.4　欧州におけるコンダクト・リスク規制　*160*

2.5　金融庁の金融行政方針：顧客本位の業務運営　*161*

2.6　レピュテーション・リスクに関する監督・規制　*163*

2.7　サイバーセキュリティ，ITリスクに関する監督・規制　*164*

3．規制の影響と規制を巡る論点　*165*

3.1　コンダクト・リスク規制の動機づけ　*165*

3.2　コンダクト・リスク管理ルール過剰化　*167*

3.3　非財務リスクのタクソノミー　*169*

3.4　レピュテーション・リスク管理の難しさ　*172*

3.5　公共性ある営利企業への行政介入度　*174*

3.6　サイバーセキュリティとITリスク管理の課題　*176*

4．本邦当局や金融機関，さらには日本政府に求められる行動　*177*

4.1　規制化は金融市場の健全な拡大を目的に　*177*

4.2　実効性あるコンダクト・リスク管理　*179*

VI

4.3　レピュテーション・リスク管理はリスクカルチャーの確立から　*181*

4.4　サイバーセキュリティ，ITリスクは2線強化を　*182*

第6章　リスクテイクの状況やこれに対する備えに関するディスクロージャーの強化 ……… *185*

1．規制の概要と規制が作られた背景　*186*

2．規制の具体的な内容　*187*

2.1　バーゼル規制の第3の柱：開示要件　*187*

2.2　第3の柱の抜本的な見直し　*188*

2.3　第1フェーズ：第3の柱の見直し　*189*

2.4　第2フェーズ：第3の柱の統合及び強化　*194*

3．規制の影響と規制を巡る論点　*197*

3.1　市場規律の向上　*197*

3.2　銀行負担の増大　*198*

3.3　銀行行動への影響　*199*

4．当局に期待される行動　*200*

4.1　開示に係るコストとベネフィットの分析の徹底　*200*

4.2　当局によるリスクのモニタリングの強化　*201*

4.3　開示情報の性格・留意点に関する懇切・丁寧な当局からの説明　*202*

第7章　市場取引に対する直接的な監視・規制の強化 ……… *205*

1．規制の概要と規制が作られた背景　*206*

2．規制の具体的な内容　*207*

2.1　規制策定に至る経緯　*207*

2.2　店頭デリバティブ取引への規制　*212*

2.3　SFTへの規制　*219*

　　　　　　　　　　　　　　　　　　　　　　　目　次　*VII*

　　2.4　金利指標　*220*

3．規制の影響と規制を巡る論点　*220*

　　3.1　店頭デリバティブ取引のコスト上昇・ブッキングの戦略の巧拙による影響　*220*

　　3.2　流動性資産の枯渇への対応　*221*

　　3.3　取引データの利用の可能性　*222*

4．当局に期待される行動　*223*

　　4.1　現実を踏まえた規制の実施プロセスの見直し　*223*

　　4.2　国際的な協調の強化・域外適用　*224*

　　4.3　複合的な影響の把握・規制コストの分析　*226*

第8章 ┃ シャドーバンクに対する規制の強化 ……………… *229*

1．規制の概要と規制が作られた背景　*230*

2．規制の具体的な内容　*231*

　　2.1　FSBによるシャドーバンクの監督や規制に係る政策の枠組み　*232*

　　2.2　FSBのシャドーバンキング・モニタリング報告書　*236*

　　2.3　FSBによる資産運用業界に対する規制　*237*

3．規制の影響と規制を巡る論点　*239*

　　3.1　国際規制の実施に伴う影響　*239*

　　3.2　日本のシャドーバンク・セクターに係る規制の影響　*242*

4．当局に期待される行動　*245*

　　4.1　日本における政策的視点からみたシャドーバンクの位置づけや，その機能に係る期待の明確化　*246*

　　4.2　国際的なシャドーバンク規制強化に係る冷静な視点の導入　*247*

　　4.3　シャドーバンクのモニタリングにおける留意点　*248*

　　4.4　新たなシャドーバンク・リスクへの対応　*248*

第9章 当局によるマクロ・プルーデンス体制の強化 ……… 251

1. 規制の概要と規制が作られた背景 252

2. 規制・政策の具体的な内容 255
　2.1 マクロ・プルーデンス政策を巡る一般的な議論 255
　2.2 カウンター・シクリカル・バッファー等の導入 257
　2.3 システミック・リスクの抑制 260
　2.4 監督上のストレステスト 261

3. 規制の影響と規制を巡る論点 264
　3.1 マクロ・プルーデンス政策のトランスミッション・メカニズムの不確実性がもたらす影響 264
　3.2 マクロ・プルーデンス政策当局によるマクロ経済政策への介入がマクロ経済政策のポリシー・ミックスに与える影響 266
　3.3 マクロ・プルーデンス政策とミクロ・プルーデンス政策間の調整がプルーデンス政策全般に与える影響 268

4. 本邦当局や金融機関，さらには日本政府に求められる行動 269
　4.1 マクロ経済政策としてのマクロ・プルーデンス政策の位置づけの明確化 269
　4.2 マクロ・プルーデンス政策遂行における金融庁と日本銀行間の協力関係の強化 273
　4.3 マクロ・プルーデンス政策手法の高度化 275

おわりに 279

序　章

グローバル金融規制を
読み解くための
９つのカテゴリー

大山　剛

1 グローバル金融規制のカテゴリー学

1.1 はじめに

　グローバル金融危機以降に，こうした危機を二度と繰り返さないという目的のために策定・検討されてきた金融規制の数や種類は，ときに「津波」に例えられるくらい膨大なものとなっている。例えば，2015年後半に行われた金融庁の森信親長官の講演によれば，金融危機に直接的に対処する規制の構築がほぼ完成に近づいている段階に至っても，国際金融規制を議論する幾つかの国際機関の下で，140程度のワークストリームが設置され，既存の規制の実施をモニタリングすると同時に，新たな規制に関する議論を行っているとされる[1]。ここでいう国際機関とは，例えば，金融安定理事会（以下，「FSB」），バーゼル銀行監督委員会（以下，「バーゼル委員会」），証券監督者国際機構（以下，「IOSCO」），保険監督者国際機構（以下，「IAIS」）を指す。因みに，森長官の講演では，こうした国際機関の数の内訳まで示されており，FSBに属するものが50，バーゼル委員会に属するものが40，IOSCOに属するものが30，IAISに属するものが20となっている。

　こうした140のワークストリームは，具体的に名称・活動内容が公表されているわけではなく，それらをここで示すことはできないが，代わりに，最近，FSBやバーゼル委員会が公表したペーパーをベースに，こうした国際機関が，これまでどのような規制を導入し，今後どのような規制を導入しようとしているのかをみることはできる。以下では，2016年9月に中国の杭州で開催されたG20サミットや前年11月にトルコのアンタルヤで開催されたサミット向けに，FSBとバーゼル委員会が報告した資料に基づき，これら機関が策定してきた，あるいは今後策定しようとしている規制の概要を，これらの機関が用いている

1　Mori, N.（2015a）及びMori, N.（2015b）を参照。

カテゴリーに従って示すこととする。

1.2　FSB「G20金融規制改革の実行と効果」（著者訳，原題は "Implementation and effects of the G20 financial regulatory reforms" August 2016）が示す金融規制改革の概要・カテゴリー

　FSBのペーパーでは，以下の４つの分野が示されているが，最初の分野であるバーゼルⅢは，実行・運営主体がバーゼル委員会であることから，このペーパー内では簡単な記述に留まっている。

①　金融機関の強靱化：バーゼルⅢの実施
　自己資本や流動性バッファーの増強，リスク管理やガバナンスの改善，健全な報酬体系の構築等，主にバーゼル委員会が主導しているものがここに含まれる。

②　「大き過ぎて潰せない金融機関」" too-big-to-fail"（TBTF）の終焉
　俗にTBTFと言われている，その破綻がグローバルの金融システムに甚大な影響をもたらすと考えられている金融機関（FSB等では，こうした金融機関を" global systemically important financial institutions"，あるいは単にG-SIFIsと呼ぶ）に対する追加的な規制等が，この分野に位置づけられる。具体的には，より高い損失吸収能力（自己資本等）の保持，こうした金融機関に対するより強化した監督・検査の実施，さらには仮に経営危機に陥っても，公的資金の注入に頼ることなく，あるいは経済に打撃を与えることなく，スムースに破綻処理ができるような体制の構築等が含まれる。

③　デリバティブ市場の安全化
　全ての標準化されたデリバティブ取引の中央清算機関（central counterparties,

CCPs) を通じた清算，及びこうした取引の取引・電子プラットフォームを通じた実行，すべての相対取引の取引情報蓄積機関（trade repositories）に対する報告，及びすべてのCCPsを通さない取引に対するより高い自己資本賦課やマージン規制の強化等がこの分野の主な規制となる。

④ シャドーバンキングの改革

当局による監督対象に含まれないものの，一定の重要な金融機能を果たしていると見なされる機関（俗にシャドーバンキングと呼ばれる存在）に対する，主に間接金融の強靱性増強を目的とした監督や規制の強化が，この分野の主な内容となる。

なお，それぞれの分野における進捗状況の評価の概要は次のとおりである。
① バーゼルⅢの実行に関しては，一部主要国で国内法制のバーゼルⅢからの乖離が依然放置されているものの，全般にはほぼ予定通りに進んでいる。
② TBTFに係る損失吸収能力の強化や監督の強化は進展しているものの，実効的な破たん処理スキームの確立については依然課題が多い。
③ OTCデリバティブに係るマージン規制の実施は遅れ気味で，多くの国で電子取引プラットフォームの開発も進んでいない状況。
④ シャドーバンキング改革はまだ緒に就いたばかりという状況。

1.3 バーゼル委員会「金融危機後の規制改革の最終化に向けて」（著者訳，原題は "Finalising post-crisis reforms: an update" November 2015），及び「バーゼル規制の実施」（著者訳，原題は"Implementation of Basel standards" August 2016）が示す金融規制改革の概要・カテゴリー

2015年11月のトルコ・アンタルヤで開催されたG20サミットにバーゼル委員会が提出したペーパー「金融危機後の規制改革の最終化に向けて」では，既に実行されたものと，今後実行されるものを分けた上で，それぞれに関し以下の

ような分野が示されている。なお，ペーパーの冒頭では，こうした規制が主に，①最低限の強靭性に係る基準を導入することで，金融機関が破綻する可能性を低下させる施策，及び②仮に金融機関が破綻したとしても，金融システムやマクロ経済に与えるインパクトを減じる施策，といった2つの目的を持つことが明記されている（ただし，以下で示される様々な分野の規制がどちらに属するかまでは示されていない）。これは，例えば信用リスクを，①債務者が破綻する確率と，②破綻した際に生じる損失の比率，の2つの側面に分けて分析し，対応を考える構図と似たものとなっている。

（既に実行されたもの）
①　金融機関が保有する自己資本の質・水準の引上げ
　最低所要自己資本比率算出に際し，自己資本（自己資本比率の分子）として認められる資本の質を高めたり，一定のリスク対比で求められる自己資本の水準（分母と分子の比率）を大幅に高める施策がここに含まれる。

②　リスク把握の強化
　最低所要自己資本比率算出に際し重要となるもう1つの要素であるリスク量（一般にリスク・アセットと呼ばれるもので，自己資本比率の分母に相当する）に関し，個別リスクのより正確な把握を目指すものがここに含まれる。具体的には，市場リスク，証券化に係るリスク，カウンターパーティ・リスク等がこれに当たる。

③　レバレッジや過度なリスク集中の抑制
　リスクベースの自己資本比率規制を補完すること（特に，こうした規制で想定するリスク測定モデルが誤っていた場合のリスクの勘案）を目的とした，（計測されたリスク量の違いを勘案しない）エクスポージャーの総量を規制対象とするレバレッジ比率規制の導入や，リスク集中を直接的に是正するための（個別先のリスクの違いを無視した）大口エクスポージャー規制の導入が，こ

の分野に含まれる。

④　マクロ・プルーデンス的視点の導入

　自己資本比率規制がもたらすといわれるプロシクリカリティ（景気循環の波を一層大きくする作用）を緩和するための方策としての，自己資本比率規制における資本保全バッファーやカウンターシクリカル・バッファー（景気循環の状況等に応じて，当局が柔軟に所要自己資本水準の一部を変更できる仕組み）の導入や，マクロ経済等へのインパクトが大きい大手金融機関（G-SIFIs）がもたらすシステミック・リスクの規制への明示的な取込み（G-SIFIsに対する追加的な資本バッファーの要求や，こうした先向けエクスポージャーに対するリスク・ウェイトの引上げ）が，この分野に含まれる。

⑤　流動性リスクの是正

　流動性リスク顕現化に対処するための流動性バッファーの増強（具体的には，短期の流動性逼迫状況への持久力を高める流動性カバレッジ比率や，長期の逼迫状況への耐性を強めるネット安定調達比率の導入）が，この分野の主な内容となる。

⑥　適切なインセンティブ体系の構築・ガバナンスの強化

　金融危機時に明らかになったコーポレート・ガバナンス上の問題是正を目的とした健全なコーポレート・ガバナンスに係る原則の改定や，適切な報酬体系に係る方法論の提案が，この分野の主な内容となる。

⑦　監督・検査の強化

　金融機関に対する監督・検査の強化に係る様々な原則（直接的な監督・検査以外でも，例えば，各国当局間の協力の強化，G-SIFIsによる当局へのリスクデータの収集・報告の強化，脆弱な金融機関の特定化及び対処に係るガイドラインを通じた情報共有等が含まれる。なお今後は，これらにストレステストの

強化が加わる予定）の作成・公表が，主な内容となる。

　上記に加え，ペーパー内では，ディスクロージャーの強化（具体的にはバーゼルⅡにおけるPillarⅢの改定）も重要な措置として，指摘されている。またさらに，上記のようなバーゼル委員会の動きを補完するものとして，例えば，FSB等他の機関が実行しているような以下の施策（主に，FSBのG20報告のセクションで説明したもの）も，金融危機後の重要な規制改革として，バーゼル委員会は挙げている。

・大手金融機関の破綻処理の容易化
　具体的には，G-SIFIsに対し，再建破綻処理計画の作成や情報提供，TLAC（total loss absorbing capacity，破綻後の一部機能の再建容易化のために，破綻に伴い自動的に自己資本に切り替わる債務）の一定水準以上の確保を求めるものが含まれる。

・金融市場インフラ改革
　具体的には，デリバティブ取引に対するCCPの設立・利用促進を含む強靭な法的枠組み，あるいは規制の枠組みの導入，相対デリバティブ取引市場を透明化するための取引報告の枠組みの確立，非中央集中決済取引に対するマージン規制等の強化，等がここに含まれる。

・シャドーバンキング・システム改革
　規制された金融機関が，（規制逃れの目的から）監督当局の直接監督下にない機関に対し一定のリスクテイク活動を促すような行為等を抑制することが，この改革の目的となる。具体的には，システミックな視点からの重要なシャドーバンク金融機関の特定化，MMFの安定性強化，レポや証券貸出等特定市場におけるリスクの削減等が，この分野に含まれる。

（2016年中の合意を目指しているもの[2]）

　バーゼル委員会が今後の課題として掲げる規制分野は次のとおりである。基本的には，主に，自己資本比率規制の分母（各種タイプのリスクの量）の把握手法に係るものとなっている。

①　リスクベースの自己資本比率規制に係る枠組みの見直し

　シンプルで，比較可能性が高く，同時にリスク感応的という３つの条件を，できるだけバランス良く満たす枠組みを目指す。

②　標準的手法の強化

　所要自己資本比率算出に際し，当局が与えたモデルに基づきリスクを計量化する手法を俗に「標準的手法」と呼ぶが，従来のこの手法（市場リスク，信用リスク，オペレーショナル・リスクに対し採用）に関し，強靭性とリスク感応度を強化する。

③　内部モデル方式の見直し

　所要自己資本比率算出に際し，金融機関自らが開発，あるいは推計したモデルに基づきリスクを計量化する手法を俗に「内部モデル方式」と呼ぶが，従来のこの手法（市場リスク，信用リスク，オペレーショナル・リスクに対し採用）に関し，一部は廃止すると同時に，全般に活用の領域を狭める方向で見直しを行う。

④　レバレッジ比率やリスクベースで求められる所要自己比率のフロア（下限）の最終化

　2015年11月当時まだ最終決定されていなかった所要最低レバレッジ比率の水準（その後，３％という最低所要水準が決定されたものの，G-SIFIsに対する

2　以下の大半は2017年秋現在においても未だ合意されていない。

追加的な水準については，依然定まっていない）や，内部モデルを活用して算出した自己資本比率に対し課されるフロアの水準（標準的手法で求められた水準がベースとなる）の最終決定を行う。

⑤　リスクベースの自己資本比率規制の改定

　上記に示したもの以外でも，俗に「良い」証券化といわれるもの（シンプルで，透明性が高く，比較可能な取引）のリスク量（自己資本比率算出上のリスク・ウェイト）の算出に際しての取扱いや，バンキング勘定の金利リスクの扱いを，今後最終決定する（なお，バンキング勘定の金利リスクに関しては，既に2016年4月に最終規則が公表されている）。

　既に規制として合意され，実行フェーズに移っているものの実施状況に関しては，「バーゼル規制の実施」（著者訳，原題は "Implementation of Basel standards" August 2016）に基づけば，概ね順調に進んでいるようだ。もっとも，一部の国で，相対デリバティブ取引に係るマージン規制，改定されたPillar Ⅲ（バーゼル規制に関連する情報のディスクロージャー）の枠組み，カウンターパーティ信用リスクに係る標準的手法の導入，中央清算機関（CCP）に対するエクスポージャーに係る資本要件，ファンド向け投資に係る資本要件等の実施に関し，大きな困難に直面しているとの記述がある。実は，これら多くの規制で大きな困難に直面しているのは，これまで規制を強く推進してきた，他ならぬ欧州なのである。またFSBのレポートに記述されていた，バーゼルⅢから逸脱した国内法制が依然放置されている主要国も，実は欧州のことを意味する。このように，2016年時点から既に，欧州の「バーゼル規制疲れ」がやや目立つようになっていた[3]。

　さらに，2016年中に合意を目指していたもののうち，大半（上記のうち①か

3　なおここ（2017年秋現在）にきて，流動性規制の主要な柱の一つである「ネット調達安定比率」や，「トレーディング勘定取引のリスク評価に係る抜本的見直し」の実施については，単に欧州のことではなく，世界全体で大きな困難に直面する状況となっている。

ら④）は，その後の議論の中で，17年初までに合意することが「ほぼ確実視」されていたのだが，結局最後は一部欧州勢の反対で延期となり，2017年秋段階でも合意の目途が立たない状況となっている。一部欧州勢が反対したのは，主にアウトプットフロア（標準的手法の値の一定比率を内部モデル手法の値の下限とするもの。詳細は第4章参照）の水準であったと言われている。同水準が高すぎて，主要行等の自己資本比率が大きく低下することを懸念したのだ。もっとも，一部欧州の当局が反対してきたのは，まさにバーゼルⅢを最終決着させようとした土壇場になってのことであり，それまで十分なインパクト分析を行ってこなかった杜撰さも相俟って，欧州の横暴さがバーゼル委員会の権威を大きく傷つけることとなった。

　こうした中，いったん合意が見送られたバーゼルⅢの残された部分が今後どのような扱いとなるのかは，2017年秋時点ではまだ読めない状況となっている。

1.4　グローバル金融規制分類に際しての考え方

　以上みてきた，グローバル金融規制の最終目的はいずれも，「新たな金融危機の発生の阻止と金融システムの安定性維持」である。もっとも，これを達成するための手段自体には，上記に示したように，様々なものが存在する。そして，こうした手段をただ漫然と並べてみても，それぞれが目的達成のためにどのような役割を果たそうとしているのか，互いの関係がどのようになっているのか（補完し合うのか，対立するのか，あるいはほとんど関係していないのか），そしてトータルでみて規制の全体像は目的達成に向けて効率的に機能しているのか否かは，なかなか分からない。こうした数多くの規制の全体像をつかむためには，単に「木」をみるだけではなく，「森」の姿もしっかりと捉えることが必要なのだ（因みにFSBやバーゼル委員会も，金融機関や日本を含む一部当局からのクレームもあってか，最近になってようやく，様々な規制を「総体」としてみた上で，そのインパクトを把握する重要性を指摘し始めている[4]）。

　森をみて森の特徴を判断するに際し重要なことは，森に繁る木々のタイプを

どのように分類するかである。つまり，ここでは，様々なグローバル金融規制をどのように分類するかが，1つの重要なポイントとなる。規制のタイプとしては，既述のとおり，バーゼル委員会が大きく，①最低限の強靭性に係る基準を導入することで，金融機関が破綻する可能性を低下させる施策，及び②仮に金融機関が破綻したとしても，金融システムやマクロ経済に与えるインパクトを減じる施策，というカテゴリーを示している。前者には，自己資本や流動性バッファーの増強，リスク・アセット計測の見直し等が入るのに対し，後者には，G-SIFIs対策やデリバティブ市場改革等，システミックリスクを削減する方策が入るものと考えられる。

また，バーゼル委員会の事務局長であるCoen氏は，2016年4月の講演[5]で，様々な施策に基づく資本の増強が，金融危機以降のこれまでの金融規制の中心的な内容であったものの，これだけでは不十分であり，今後次のような分野での対応が必要となることを述べている。具体的には，合意された規制内容の遵守（今次金融危機でも，この点が不十分であったことを指摘）に加え，金融機関の内部統制やインセンティブ構造を課題に挙げた上で，①コーポレート・ガバナンスの改善，②ITインフラの改善，③ストレステストの強化，が今後注力すべき分野になると指摘している。

実は最近，金融庁の森長官も自身の講演の中で，これまでの規制は，金融機関の足元のバランスシート状況に基づく資本や流動性の十分性を高めるものが中心であったが，こうした「分厚い壁」を構築するだけでは十分でなく，金融庁としては今後，より将来の状況（単にリスクと資本の関係のみではなく，実体経済/資本市場や顧客との関係も含む）への銀行の対応力（換言すれば銀行の持続可能性）を見ていくことを述べている[6]。これもある意味で，上記のCoen氏の議論と相通じるものがある。すなわち，金融機関を危機から守る「分厚い壁」の構築に係る規制に加えて，今後訪れる危機に対する金融機関の対応

4　例えば，FSB（2016a）を参照。
5　Coen, W. (2016)
6　Mori, N. (2016)

力強化を促すことも必要だという視点である。

2 本書におけるグローバル金融規制のカテゴリー

2.1 カテゴリー定義の考え方

本書では，上記に示したようなカテゴリー（例えば，「金融機関の破綻可能性を減じる規制 vs. 破綻時のインパクトを和らげる規制」，あるいは「自己資本の十分性を高める規制 vs. 新たなリスクへの対応力を高める規制」）を参考としつつ，同時に金融監督の中で金融機関経営の健全性を評価する際に一般的に用いられている「リスク評価・特定化」と「リスク緩和」という考え方も用いながら，新たなカテゴリーを定義してみたい。

「リスク評価・特定化」と「リスク緩和」という考え方とは，「リスク評価・特定化」が，金融機関が直面するリスクのタイプや量を正確に特定化するものなのに対し，「リスク緩和」はこうしたリスクが顕現化した場合のインパクトを和らげるもので，自己資本や流動性バッファーの増強に加え，リスク顕現化への対応力も含まれる[7]。

なお，分類に際しては，複雑に絡み合う様々な規制の関係をより分かりやすいものにするため，人々の生活の中で発生する事象になぞらえることにも挑戦した。具体的にここでは，金融システムを「人間の体」に，また金融危機対応を「感染症対策」に例える。その上で，金融危機後の金融改革の目標である個々の金融機関の健全性を（感染症に対し十分な抵抗力をもつような）個々人の健康に，さらには，金融システム全体の安定性確保を（感染症の拡大を防ぐような）社会全体における良好な保健衛生状態の確保と置き換えた上で，一連の新しい金融規制が，一体どのような体系となっているのかを示すこととする。

7　BOE（2015）参照。

2.2　大カテゴリーに用いる座標軸

　最初に，様々な規制を以下の２つの座標軸を用いることで，大きく３つに分類する。

座標軸（１）：規制対象①：（バンクを中心とした）個別金融機関な
**　　　　　　　　のか，あるいは市場や金融システム全体なのか**
座標軸（２）：規制の狙い①：主にリスク評価・特定化に係るものか，
**　　　　　　　あるいは主にリスク緩和に係るものか**

　新しい金融規制は，上記に示した座標軸（１）「規制対象が（バンクを中心とした）個別金融機関なのか，あるいは市場や金融システム全体なのか」を用いることで，まず，大きく２つに分類することができる。その１つは，個別金融機関の健全性に主に関わるものであり，もう１つは，金融システム全体（含むノンバンク）の安定性確保に直接関わるものである。上述の例えを用いれば，個々人の健康に主に関わるものと，社会全体における良好な保健衛生状態の確保に直接関わるものとなる。なお，前者の達成は，結果的に後者の達成に結び付くことも多いが，必ずしも常にイコールの関係にあるわけではない。例えば，いくら個々人の健康状態が良好でも，社会全体の感染症予防対策が十分なされなければ，社会全体の保健衛生状況が悪化する可能性も高くなる。同じようなことが，金融システムについても当てはまる。個別金融機関の健全度合いがいかに良好でも，金融システム全体でみた場合，外部からの何らかのショックに対し脆弱性を有している状況（例えば，マクロ経済の悪化が，金融機関間の相互依存関係を一層強めることで，個別行の破綻が他行の破綻に結びつきやすくなる状況）も考えられる。

　個別金融機関の健全性に主に関わるものは，座標軸（２）「規制の狙いが，主にリスク評価・特定化に係るものか，あるいは主にリスク緩和に係るものか」を用いることで，さらに２つに分類することができる。１つは，個別金融

機関が直面するリスクそのものの特定化に関わるものであり，もう1つは，リスクが顕現化した際の個別金融機関や金融システムへのインパクトを和らげるものである。人間の体に例えれば，前者は，自分が直面する可能性のある感染症等を正確に把握し，対応策を考えるということになる。一方後者は，感染症等に屈しないための体力の増強や体質の改善，さらには発病した際にも病気に冷静・適切に対処できるような心構えの準備ということになる。

　上記の2つの座標軸を用いた結果得られる大カテゴリーが，次のABCとなる（図表序-1）。

A．リスクが顕現化した際の個別金融機関や金融システムへのインパクトを和らげるもの

B．個別金融機関が直面するリスク特定の容易化や精緻化を目指すもの

C．金融システム全体の安定性確保に直接関わるもの

【図表序-1】 グローバル金融規制の大カテゴリー

2.3　中カテゴリーに用いる座標軸

　大カテゴリーは，新たに5つの座標軸を用いることで，以下のような9つの中カテゴリー（**図表序-2**）に分類することができる。

A．リスクが顕現化した際の個別金融機関や金融システムへのインパクトを和らげるもの

　①　財務バッファーの増強

　②　大手金融機関の破綻処理の円滑化

　③　大手金融機関のガバナンス・文化の変革

B．個別金融機関が直面するリスク特定の容易化や精緻化を目指すもの

　④　既存の規制が対象としたリスクの再評価

　⑤　既存の規制が対象としなかったリスクの取込み

　⑥　リスクテイクの状況やこれに対する備えに関するディスクロージャーの強化

C．金融システム全体の安定性確保に直接関わるもの

　⑦　市場取引に対する直接的な監視・規制の強化

　⑧　シャドーバンクに対する規制の強化

　⑨　当局によるマクロ・プルーデンス体制の強化

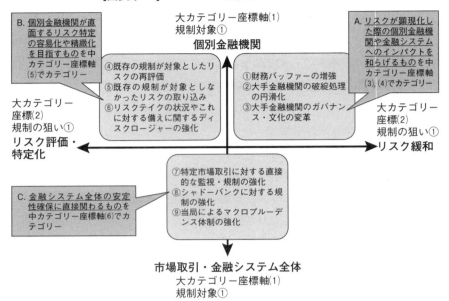

【図表序-2】グローバル金融規制の中カテゴリー

ここで用いる座標軸（3）〜（7）とは以下となる（詳細に関しては，次節以降で議論する）。

座標軸（3）：規制の狙い②：金融機関の破綻可能性を減じるものなのか，あるいは破綻のインパクトを和らげるものなのか

座標軸（4）：規制の狙い③：財務指標をベースとした静的なものなのか，あるいは対応力を推し量るといった動的なものなのか

座標軸（5）：リスク評価・特定化の手法：従来手法の精緻化か，新手法の導入か，外部の目の活用か

座標軸（6）：規制対象②：取引なのか，（銀行以外の）機関・機能なのか

座標軸（7）：規制対象③：マクロなのか，ミクロなのか

序　章　グローバル金融規制を読み解くための９つのカテゴリー　　*17*

3 「リスクが顕現化した際の個別金融機関や金融システムへのインパクトを和らげるもの」に属する３カテゴリー

　大カテゴリーである「リスクが顕現化した際の個別金融機関や金融システムへのインパクトを和らげるもの」については，座標軸（３），及び（４）を用いることで，次の３つの中カテゴリーに分けることができる（**図表序-3**）。

① 　財務バッファーの増強

② 　大手金融機関の破綻処理の円滑化

③ 　大手金融機関のガバナンス・文化の変革

　すなわち，座標軸（３）「金融機関の破綻可能性を減じるものなのか，あるいは破綻のインパクトを和らげるものなのか」という視点からは，「破綻可能性を減じるもの」に属するものが①財務バッファーの増強と，③大手金融機関

【図表序-3】「リスクが顕現化した際の個別金融機関への
インパクトを和らげるもの」のカテゴリー

中カテゴリー座標軸(3)
規制の狙い②
破綻可能性を減じる

①財務バッファー
の増強

③大手金融機関の
ガバナンス・文化
の変革

中カテゴリー
座標(4)
規制の狙い③
**財務指標等
静的健全性**

中カテゴリー
座標(4)
規制の狙い③
**対応力等
動的健全性**

②大手金融機関の
破綻処理の円滑化

破綻のインパクトを和らげる
中カテゴリー座標軸(3)
規制の狙い②

のガバナンス・文化の変革，「破綻のインパクトを和らげるもの」に属するものが，②大手金融機関の破綻処理の円滑化ということになる。また座標軸（４）「財務指標をベースとした静的なものなのか，あるいは対応力を推し量る等，動的なものなのか」という視点からは，①財務バッファーの増強は「静的なもの」，③大手金融機関のガバナンス・文化の変革が「動的なもの」，そして②大手金融機関の破綻処理の円滑化が両者の中間に属することとなる。

　例えを用いれば，上記で示した①〜③はそれぞれ，感染症の弊害を弱めるために，①個々人が体力をつける，②感染症に一部の者が感染しても，これの社会へのインパクトを最小限に抑える，③個々人が，感染に対し迅速・的確に対応できるような判断力・対応力を身に付ける，ということになろうか。以下では，それぞれに関し，その概要や留意点を簡単に示す。

①　財務バッファーの増強

　先般の金融危機では，不倒だと信じられてきた大銀行が，自己資本の不足から次から次へと倒れていった。このように，当局も社会も，金融危機で最初に身に染みて分かったことは，巨大銀行の体力が意外に「脆弱」であるということであった。結果として，当局は銀行に対し，まずは，（財務健全性という視点からの）体力の増強を求めることとなる。具体的には，バーゼルⅢに代表される自己資本の増強や，資金の流出に備えた流動性バッファーの増強等がこれに当たる。もっとも，筋肉質な体を保つには，それなりのコストが掛かる。さらに，いくら筋肉が隆々だとしても，いざという事態に対し対処できるような「しなやかさ」がなければ，金融危機を乗り切ることはできない。その点のバランスをどのように保つのかが，１つの課題となる。

②　大手銀行の破綻処理の円滑化

　金融規制にこれまで関係してこなかった人々からみれば，やや奇異にみえるのがこの分野かもしれない。銀行があまりに巨大となり，周囲の皆がその存在に頼るようになると，仮に自己の不摂生でその「命」が危うくなった場合でも，

皆で何とかその銀行を支えるようになる（そして銀行自身も，最後は誰かが助けてくれると期待して，不摂生を繰り返すこととなる）。そしてこうした状況は，時には，「国民の血税」を使ってでも，放蕩銀行を救済するという結果を招く。「放蕩大銀行を救済する」という判断は，金融システムの安定性を保つ上では正しいものだが，政治的には，国民からの強い反発を受けるという意味で，最も困難な政策となるのが普通だ。

　先般の金融危機で示されたこの現実に対し，監督当局が示した1つの答えは，巨大銀行を「無害にする」，あるいは「潰しやすくする」というものであった。具体的には，巨大な銀行に危険で複雑な業務は認めない，大きな身体を小さくする，さらには突然命を失っても，周囲に悪影響が及ばないよう「遺言状」を書かせる，あるいは破綻した後も一部の重要な機能が継続できるように「再生」を準備する，等の措置である。

　ただし，稀にしか生じないような事態に対して，どこまで真剣にこうした巨大銀行の「重要性の削減」を進めるのかは，こうした措置が同銀行が通常時に提供するサービスの低下も招きかねないという意味で，難しい問題を抱えている。

③　大手銀行のガバナンス・文化の変革
　一般に，金融機関（あるいは通常の企業）が深刻な危機的状況に対処するためには，予め準備した対応（財務バッファーの増強や，危機時の対応のマニュアル化，直面するリスクやその量の特定化等）のみでは不十分との声は強い。なぜなら，マニュアルは起こり得る全ての事態をカバーしているわけではなく，したがって実際の危機時には，想定しなかったような事態が起こる蓋然性が高いからである。また，起こりつつある状況に対し，各現場が自らの判断でプロアクティブに対処すること（いわゆる「現場力」の発揮）がダメージの緩和に大きく役立つことは，東日本大震災でも証明されている。

　監督当局が現在金融機関に対し，適切なガバナンスやリスク文化を構築せよと要請しているのは，仮に予期せぬ出来事が発生したとしても迅速・柔軟に対

処できるような体制，さらには今後起きうる事態に対しフォワードルッキング
に対応するための体制を構築せよと言っているに等しい。人間の体に例えれば，
どんなに身体が丈夫で，予防接種等病気への対策を十分とっていたとしても，
不測の事態も含めていざという時に，適切な対応を取れるような心構えができ
ていないとダメだということだ。さらには大前提として，感染症に立ち向かう
「精神」も強く健全であることが求められる（感染症の原因となる誘惑に負け
る，発症後に自暴自棄となるような「弱い精神状況」では駄目だということ）。

　実際，欧米の大手金融機関では，金融危機後も経営を巻き込んだ大規模な不
祥事が繰り返し起きてきた。監督当局の堪忍袋の緒も遂に切れて，今や大手金
融機関に対し「心」そのものの入替えを要請する事態にまで至っている。銀行
として「生きる道」に関する思想教育から始まり，監督当局が，頭脳や神経系
統の機能に至るまで大改造する壮大な実験に乗り出してきたとみることもでき
る。もっとも当然ながら，本来であれば資本の論理が企業経営を決定する資本
主義社会において，当局がこのような銀行の「文化大革命」なるものを主導す
ることの是非は問われることとなる。

4 「個別金融機関が直面するリスク評価・特定の容易化や精緻化を目指すもの」に属する３カテゴリー

　大カテゴリーである「個別金融機関が直面するリスク評価・特定の容易化や
精緻化を目指すもの」は，座標軸（5）「リスク評価・特定化の手法に関し，
従来手法の精緻化か，新手法の導入か，外部の目の活用か」を用いることで，
次の３つの中カテゴリーに分けることができる（**図表序-4**）。

- ④　既存の規制が対象としたリスクの再評価
- ⑤　既存の規制が対象としなかったリスクの取込み
- ⑥　リスクテイクの状況やこれに対する備えに関するディスクロージャーの
　　強化

序　章　グローバル金融規制を読み解くための9つのカテゴリー　21

　すなわち，「内部の目の活用」を前提としつつ，「従来手法を精緻化する」のが④既存の規制が対象としたリスクの再評価，「新手法を導入する」のが⑤既存の規制が対象としなかったリスクの取込み，一方で「外部の目を活用する」のが⑥リスクテイクの状況やこれに対する備えに関するディスクロージャーの強化となる。

　感染症対策や治療を容易にするためには，まずは感染症という敵をよく知らなければならない。そのためには，①感染症の原因や発症確率としてこれまで確認されているものを改めて正確に評価する，②感染症の新たな原因も調べる，③自分の体の状態に関し医師等外部の専門家に常時見てもらう，ことが必要となる。具体的には次のとおりである。

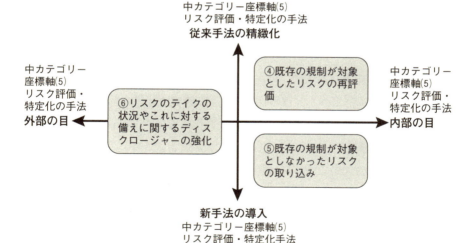

【図表序-4】「個別金融機関が直面するリスク特定の容易化や精緻化を目指すもの」のカテゴリー

④　既存の規制が対象としたリスクの再評価

　金融危機は，大銀行の「命」さえ奪ってしまうような危険な病気（リスク）の発症確率が，実は当初想定よりも格段に高いことを明らかにした。ここでい

うリスクとは，信用，市場，オペレーショナル，カウンターパーティ・リスク等，バーゼルⅡの世界で既に捕捉が要請されてきたリスクや，伝統的なリスク管理の中で通常取り込まれているリスク（例えば流動性リスク）を指す。つまり，当局も銀行も，以前はこうした重要なリスクを過小評価していたということになる。この結果，金融危機後は，全てのリスクに対し，保守的な視点から再評価がなされるようになった。

一方この反動で，これらリスクが仮に「過大評価」されてしまうと，銀行が営むことができる「日常生活」の範囲が，途端に狭まってしまうことになる。銀行が動けなくなった分野に，新たな「得体の知れない」動物（シャドーバンク）が動き回るようになると，これまで想定してこなかったような感染症が生じるリスクも高まってしまうかもしれない。

⑤　既存の規制が対象としなかったリスクの取込み

金融危機は，これまで「リスク管理の対象として強く意識してこなかった」リスクに関して，銀行が直視することを求めるようになったといえる。なぜならば，金融危機では，これまで当局や銀行が信頼してきた「レントゲン」では捕らえなれない重大な病気が，沢山あることがわかったからだ。これらには，これまで一般に「想定外」と言われたリスク，あるいはデータ不足等から実態の把握が難しかったリスク等が含まれる（具体的には，レピュテーショナル，コンダクト，戦略リスク等）。

ただし，金融の世界では，レントゲンからMRIのような飛躍をもたらすイノベーションはまだ起きておらず，新たな病気を把握するための悪戦苦闘が続いている。

⑥　リスクテイクの状況やこれに対する備えに関するディスクロージャーの強化

当局は金融機関に対し，これまで以上に，リスクプロファイルに関する比較可能性を増すために，より一層多くの財務・リスク情報を，統一したフォー

マットに基づき開示するよう求めている。バーゼルⅡの世界でも，多くのリスク情報の開示が求められていたが，バーゼルⅢでは量もさることながら，比較可能性に重点を置いている点が大きな違いである。結局どんなに多くの情報が市場にもたらされても，これが金融機関間で比較できなければ，金融機関を診断する医者（市場）も，その銀行の健康状態を適切に評価することは難しくなる。逆に，こうした情報が（金融機関間の比較を通じて）市場で適切に消化されれば，金融機関の「健康悪化の兆候」に対し，市場が市場圧力という形で適切なアドバイスを金融機関に提供することができる（と期待される）。

　もっとも，こうした期待の一方で，「医師としての」市場の能力には疑問符もつく。さらに，金融機関間での比較可能な情報の収集が，果たして各金融機関が直面する本当のリスクプロファイルを適切に評価できるかという問題も残る（例えば，お腹周りだけで個人差を無視して，メタボを診断することが適切かという問題）。情報提供の結果，市場が金融機関の健康を律していくことができるのか否かは，引き続き大きな論点である。

5 「金融システム全体の安定性確保に直接関わるもの——市場やマクロ的視点からのリスクの抑制を目指すもの」に属する３カテゴリー

　座標軸（1）「規制対象が，（バンクを中心とした）個別金融機関なのか，あるいは市場や金融システム全体なのか」によって分類された，もう１つの大カテゴリーである「金融システム全体（シャドーバンクを含む）の安定性確保に直接関わるもの——市場やマクロ的視点からのリスクの抑制を目指すもの」に関しては，座標軸（6）「取引なのか，（銀行以外の）機関・機能なのか」及び座標軸（7）「マクロなのか，ミクロなのか」を用いることで，次の３つの中カテゴリーに分けることができる（**図表序-5**）。

　⑦　市場取引に対する直接的な監視・規制の強化
　⑧　シャドーバンクに対する規制の強化

⑨　当局によるマクロ・プルーデンス体制の強化

　規制対象に関し，マクロとミクロの双方の要素を持ちつつ，「取引」に焦点を当てたものが，⑦市場取引に対する直接的な監視・規制の強化，（銀行以外の）「機関・機能」に焦点を当てたものが，⑧シャドーバンクに対する規制の強化，取引と機関・機能の双方の要素を持ちつつ「マクロ」に焦点を当てたものが，⑨当局によるマクロ・プルーデンス体制の強化となる。

　社会全体で感染症の拡大を抑えていくためには，①感染症の伝播の経路や流行状況を把握した上で適切な対策を施す，②規制をかけた病院から，患者が，非認定医集団にシフトすることへの対応も考える，③社会全体の感染症拡大を防ぐための機関を設立し，社会全体という視点からの施策を打ち出す，ことも必要となる。具体的には次のとおりである（なお，シャドーバンクに対する規制の強化は，システム全体に加えて，徐々に「個別シャドーバンク」に対する規制の色が強まる傾向にあり，将来的には金融機関同様，リスク評価・特定化やリスク緩和のカテゴリーの中で捉える方が適切になるかもしれない）。

【図表序-5】「金融システム全体の安定性確保に直接関わるもの」のカテゴリー

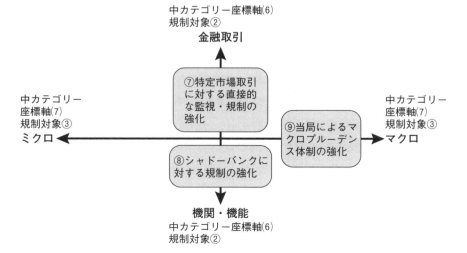

⑦　市場取引に対する直接的な監視・規制の強化

　先般の金融危機では，病気（リスク）の変成を可能とする薬（デリバティブ取引）の流れを十分に当局が把握せず，誤った活用を許したことが，「銀行に死をもたらす」病原菌の伝播を早めてしまったことが指摘されている。こうした反省から，デリバティブ取引の流れを徹底的に可視化すると同時に，可視化できない取引には，病原菌の伝播が遅れるような強力なワクチン接種を義務付ける（担保を付けさせる）こととなった。

　もっともその結果として，市場取引が減少し，薬（デリバティブ）がこれを求める患者（企業）に行き渡らない事態（いわゆる「デリバ難民」の発生）が懸念されている。

⑧　シャドーバンクに対する規制の強化

　銀行に対する様々な規制の強化は，銀行の活動範囲が否応なく狭まることを意味する。この結果通常予想されることは，その規制が及ばない一方で銀行と似た機能を持つ「シャドーバンク」への取引のシフトだといえる。いくら銀行の体力を強靭にして，さらには小さな無害な存在にしても，銀行システムの外で新たな「巨大な無頼漢」が登場しては元も子もない。それは，病院に対する行動に規制をかけても，巨大な非認定医集団が登場してくれば，規制が無意味になるのと同じである。そこで出てきたアイデアが，巨大なシャドーバンクに対する規制の強化である。

　ただし，シャドーバンクに対する規制の強化は，単に新たなシャドー・シャドーバンクを生み出すだけではないか，という疑念も残る。

⑨　当局によるマクロ・プルーデンス体制の強化

　金融システム全体の安定性を保つためには，個々の金融機関の健全性を保つだけではなく（ミクロの視点），金融システム全体としての安定性を維持するための視点が不可欠となる。残念ながら，金融危機前には，当局はこうした視点を十分に持っていなかった。これを感染症に例えれば，感染症拡大を防ぐた

めには，個々の患者や病院の取り組みだけではなく，社会全体（時には国際社会全体）で感染症の発生や伝播メカニズムを捉えた上で，効果的な対策を打つことが必要だということだ。なお，マクロ・プルーデンス体制やマクロ・プルーデンス政策といった場合，これと対置されるものとして，従来から存在する金融政策やミクロ・プルーデンス政策があり，これらとの関係でどのような姿を模索するかが問われる。

　例えば，CO_2排出に対し寛容な政策（マクロ経済への刺激を目的とした中央銀行による量的緩和）が続くと，これがもたらす気温上昇と新たな病原菌の発生（資産価格の過熱化）という副作用に対し，新たな対策が求められることとなる。この場合，マクロ・プルーデンス政策は，新たな病原菌に耐えられる，より強靭な体をつくらせる（金融機関により多くの自己資本をもたせる）ことで，結果として病気がアウトブレークしても（不動産バブルが破裂しても），これにシステムが耐えられると期待される。

　ただし，銀行の体をステロイド等でマッチョ化させることは，機敏な行動を難しくすることで，もしかしたら景気全体に悪影響を与えてしまうかもしれない。その場合は，景気浮揚を目指す金融政策の量的緩和と，金融システムの安定を目指すマクロ・プルーデンス政策の間で，悪循環が始まることを意味する。また，個別金融機関の健全性に焦点を当てたミクロ・プルーデンス政策（大カテゴリーの１や２に分類されるもの）についても，例えば，「②大手銀行の破綻処理の円滑化」で挙げた施策のうち，大手銀行のリスクテイク活動を制限するものは，結果として金融仲介機能を低下させたり，当局の監督が行き届いていないシャドーバンクに取引をシフトさせることで，むしろマクロ・プルーデンス的視点からはネガティブな状況が発生するかもしれない。

　因みに，上記の９つのカテゴリーを，先に指摘したFSBやバーゼル委員会が示したグローバル金融規制の主な分野と比較すると，**図表序-6**のとおりであり，国際機関が示す金融規制の全ての分野が，この９つのカテゴリーで網羅されていることがわかる。

【図表序-6】 FSBやBCBSが示したグローバル規制分野と，本書が示す9つのカテゴリーとの比較

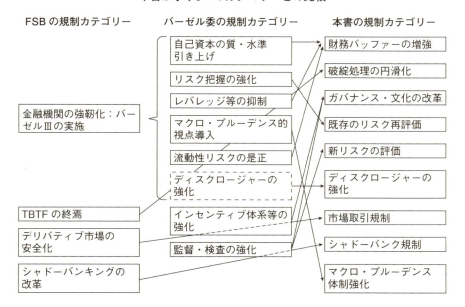

6　9つのカテゴリーという視点からみたグローバル金融規制のこれまでの推移

　最近数年間の潮流をみると，金融危機発生直後は主に，④リスクの再評価（バーゼル2.5）や①財務バッファーの増強（バーゼルⅢ）が重視されたのに対し，その後は徐々に，③システミック・リスクの削減（TBTF対策）や，⑦デリバティブ取引の規制強化（デリバティブ取引集中化やマージン規制強化）に焦点が当たるようになった。また最近では，②ガバナンス・リスク管理全般の高度化（RAF，リスク文化，ストレステスト等），④リスクの再評価（バーゼルⅣ），⑤新しいリスクの取込み（コンダクトリスク，戦略リスク），⑧シャドーバンクの規制強化，⑨マクロ・プルーデンス体制の整備等，より幅広い分野が強調されるようになってきた。

すなわち，金融危機直後（2009年頃）には，まずはバーゼルⅡにおける明らかなリスクの過小評価やリスク認識の欠如（特に，証券化取引に係るリスクや，カウンターパーティ・リスク，市場リスク等）を応急措置として是正する施策（俗にバーゼル2.5と呼ばれるもの）が実行される。これは先のカテゴリーに照らせば，カテゴリー④「既存の規制が対象としたリスクの再評価」に属するものである。その後，本格化したのが，自己資本の量や質（主に，自己資本比率の分子や，分母と分子の比率）の強化を目指す，いわゆる「バーゼルⅢ」の動きであり，これも基本形は2010年頃に出来上がる。これは，カテゴリー①「財務バッファーの増強」に当たるものだ。

　その後本格的に動き出したのが，先般の金融危機の元凶の１つとされたデリバティブ市場への統制強化（カテゴリー⑦「市場取引に対する直接的な監視・規制の強化」）と，大きくて潰すことができないといわれた（それだけ政治的に大きな問題となっていた）G-SIFIsのシステミック・リスク削減策（カテゴリー②「大手金融機関の破綻処理の円滑化」）であったが，これらも基本設計はほぼ2014年までに終了した。

　そして2016年までは，とりわけ，バーゼルⅡで扱われてきたリスクの全面的・抜本的な再評価の議論が活発に行われ，2017年初には全ての関連規制が最終化される予定であったのだが，既述のとおり，2017年秋現在，合意の目途が立たない状況が続いている。これらは，時にバーゼルⅣとも呼ばれており，バーゼル2.5が取りあえずの応急措置であったのに対し，バーゼルⅡが対象とする全てのリスク（主に自己資本比率の分母）に対し，その方法論も含め徹底的に見直すものである。カテゴリー上は，④「既存の規制が対象としたリスクの再評価」となる（なお，カテゴリー⑥「リスクテイクの状況やこれに対する備えに関するディスクロージャーの強化」も，カテゴリー④と同時に動き出している）。

　またこの他，先に紹介した金融庁の森長官やバーゼル委員会事務局長のCoen氏の講演でも示されているように，カテゴリー③「大手金融機関のガバナンス・文化の変革」に係る規制や監督上の働きかけも，今後数年間にわたり，

序　章　グローバル金融規制を読み解くための９つのカテゴリー　　29

金融機関や監督当局にとっての最大のテーマになると考えられる。さらに，現在，コンダクト・リスクやサイバーセキュリティ・リスクが，金融機関が直面する「最大のリスク」となっているように，カテゴリー⑤「既存の規制が対象としなかったリスクの取込み」も，金融機関のリスク管理上，非常に重要な分野となっている。

　最後に，カテゴリー⑧「シャドーバンクに対する規制の強化」は，足許特に米国において，その動きが活発化している。また，カテゴリー⑩「当局によるマクロ・プルーデンス体制の強化」は，その必要性が強く叫ばれる一方で，まだその方法論が確立していないこともあり，引き続き試行錯誤の状況にあるといえる。

　このように，金融危機以降の当局の対応は，感染症対策の例えを用いるならば，まずは，先の金融危機で猛威を振るった病原菌の特定化と応急措置的対応（バーゼル2.5）を急いだ後，こうした病原菌が感染したルートの把握と公衆衛生の強化（デリバティブ取引に係る規制）や，病原菌に対する一般的な抵抗力を強化するような体力増強（バーゼルⅢ）を行ったといえる。その上で，こうした動きが一段落した後に，主に政治的な圧力を背景に，一部の患者への優遇治療措置の見直し（G-SIFIsのシステミック・リスク削減）がなされるようになった。さらにその後には，全ての病原菌の特定方法や対処方法の見直し（いわゆるバーゼルⅣ），新種の病原菌の探索と対応，さらには，新たなアウトブレイクに備えた病院や一般社会の対応能力の強化が行われている，ということになろう。

　このような，金融危機以降の，グローバル金融規制の流れを示すと，**図表序-7**のようになる。

【図表序-7】 9つのカテゴリーからみたグローバル金融規制の潮流

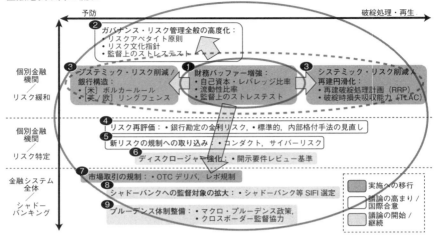

(参考文献)

BCBS (2015) *Finalising post-crisis reforms: an update*, November 2015
BCBS (2016) *Implementation of Basel standards*, August 2016
BOE (2015) *The UK PRA's Supervisory approach*
　　http://www.bankofengland.co.uk/pra/Pages/supervision/approach/default.aspx
Coen, W. (2016) *The global policy reform agenda: completing the job*, April 2016
FSB (2016a) *To G20 Finance Ministers and Central Bank Governors*, February 2016
FSB (2016b) *Implementation and effects of the G20 financial regulatory reforms*, August 2016
Mori, N. (2015a) *Rethinking Regulatory Reforms*, Thomson Reuters 6th Annual Pan Asian Regulatory Summit, October 2015
Mori, N. (2015b) *Address at the 31st Annual General Meeting of the International Bankers Association of Japan*, November 2015
Mori, N. (2016) *From Static Regulation to Dynamic Supervision*, April 2016

第1章

財務バッファーの増強

大山　剛

1 規制の概要と規制が作られた背景

　金融機関に対し，より多くの，しかも質の高い自己資本や流動性バッファーを持たせることが，この規制カテゴリーの中心的な内容となる。いわゆるバーゼルⅢと呼ばれる規制の根幹が，このカテゴリーの規制である。これまで十分体力があると考えられてきた欧米の金融機関が，金融危機という新しい病原菌のアウトブレイクによってバタバタと倒れてしまったことを受けて，単に病原菌に対する抗体を作り出すだけはなく（この部分は，第4，5章で説明する），まずは一層強力な体力をつけてもらうというのが，この規制の趣旨である。実際最近（金融危機前）までの金融機関は，医療（金融）技術の進歩によって，かつて有していたような十分な体力がなくても，健康に生きていけると考えられて来た。結果的に，金融機関の体力自体は，歴史的に見ても，非常に低い水準にまで落ちていたのである。もっとも，先般の金融危機は，医療（金融）技術の進歩に対する信頼が行き過ぎであったことを示したわけだ。

　体力強化のための規制を導入するに際し考えなければならない点は，一体どの程度の体力をつければ十分なのかということだ。この「十分」という定義には，主に3つの要因が影響してくる。1つは，どのような病を乗り越えることを目的とするのかということ。2つ目は，病の克服と体力水準との関係である。そして最後は，体力の「中身」である。この点，金融危機後の新しい規制では，この3つの要因を主に以下のように定義している。

どのような事態を乗り越えることを目的とするか

　一般的には，最近生じた伝染病のアウトブレイク（金融危機）のような数十年に一度といった稀にしか生じない深刻なもの（ダメージという観点からは，前回のアウトブレイク＜金融危機＞をやや上回る程度のもの）が想定されている。これは，ある程度モダンな金融システムや経済システムが確立された後，最も深刻な金融危機が発生する頻度とも符号するものである。

病の克服と体力水準との関係

上記で示した深刻な病を克服するためにどの程度の体力が必要となるかは，一般には過去の長い歴史に基づき，おおよその関係を導く手法が用いられている。もっとも，当然ながら，足元と過去の金融機関を取り巻く外部環境は大きく異なるわけで，こうした手法から得られる解にも，大きな不確実性がつきまとう。このため規制当局は現在，体力を測るための複数の基準を用意し，これにより不確実性を少しでも減じようとしている。すなわち，①個々人の健康状態をより詳細に評価し，これと対比しながら決める必要体力と，②（健康状態のチェック方法が誤っているリスクを考慮した上で）個々人の健康状態を単純に「体重」という一指標のみで捉え，これと対比しながら決める必要体力，がこれに当たる。

体力の中身

従来体力といえば，金融機関の場合，主に「自己資本」が用いられてきた。もっとも，新しい規制では，この「自己資本」に加え，「流動性バッファー」，さらには「ベイルイン債務」（規制カテゴリーとしては，第2のカテゴリー＜大手金融機関の破綻処理の円滑化＞に属するもの）といった新しい体力の考え方も取り入れられた。基本的に自己資本は，健康の持久力維持に資するという意味で，たんぱく質といった主要な栄養素に例えられる。一方流動性バッファーは，これが欠乏するとすぐさま死に至るという意味で酸素や水のようなものだといえる。またベイルイン債務は，金融機関破綻後における一部機能のスムースな維持を手助けするための自己資本「予備軍」的なものであり，例えば主要栄養素が不足した非常時にこれを補完する代替的な栄養素に例えることができる。

2 規制の具体的な内容

規制の具体的な内容を詳細に説明することは，本書の趣旨ではないが，その

一方で必要最低限の内容は，議論の正確性を期するためにも説明する必要があろう。以下では，「財務バッファーの増強」に関連する規制の概要を簡単に示す。

2.1　リスク量対比でみた所要自己資本

　いわゆるバーゼル規制は，国際的に活動する金融機関に対し，金融システムの安定性を強めるために（特に，金融機関間の競争により保有自己資本の水準が低下することを防ぐために），各金融機関が有しているリスク量（自己資本比率の分母）に対して，一定比率以上の自己資本（自己資本比率の分子）を有することを義務付けている。古くは1988年に策定されたバーゼルⅠに始まり，2004年にはバーゼルⅡが策定され（実施は2006年以降），現在実施に移されつつあるものはバーゼルⅢと呼ばれている。

　バーゼルⅠからバーゼルⅡへの変更は主に分母に関わるもの，すなわちリスク量の測定方法の変更であった。バーゼルⅠが基本的に，バランスシートのサイズの大きさでリスク量を決めていたのに対し，バーゼルⅡは内部モデル等を用いることによりリスク量の計測方法を精緻化したのである。また対象とするリスクのタイプも，従来の市場リスクと信用リスクに加え，オペレーショナル・リスク等も新たに加わった。

　一方バーゼルⅢでは，主に自己資本（分子）の質とともに，リスク量に対する自己資本の比率（自己資本比率の水準そのもの）が大きく変化した（また足元では，リスク量＜分母＞の測定方法を大きく変える動き＜当局的にはバーゼルⅢの総仕上げと位置づけているが，業界等ではこれまでの動きと区別して，「バーゼルⅣ」と呼ぶこともある＞も活発化しているが，これに関しては第4章で取り上げる）。具体的には，経営危機等いざというときに，金融機関が直面する損失を吸収する力が不十分だと考えられる資本項目（繰延税金資産，暖簾代，営業権やその他の無形固定資産等）を，自己資本の定義から除外したのである。その上で，リスク量に対する質の高い自己資本の比率を，従来比数倍に高めることとした。

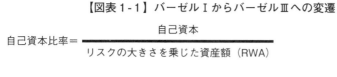

【図表1-1】バーゼルⅠからバーゼルⅢへの変遷

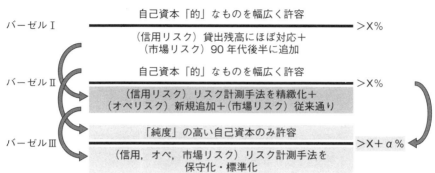

　バーゼルⅢでCET 1資本といわれる、一番「純度の高い」資本に注目すれば、バーゼルⅡでは実質的にリスク量対比で2％程度しか求められていなかったのに対し、バーゼルⅢ下では、大手行の場合、実質的には最低でも7％程度（規制上の最低要件4％＋バッファーとして求められる部分が2〜4％、さらにG-Sibといわれる超大手行は追加的に1〜3％）が求められるようになった。さらにCET 1資本以外にも、（純度がやや低い）その他Tier 1資本やTier 2資本の保有も求められている（CET 1資本をより多く保有することで、これらをカバーすることも可能）[1]。こうしたこともあって、バーゼルⅢの最終的な実施が2019年からなのにもかかわらず、G-Sibが実際に保有するCET 1資本の中央値は2016年末現在で、既に12.3％と、最終的な最低所要水準を上回っている[2]。

2.2　レバレッジ比率

　上記のリスク量対比でみた自己資本に加えて、バーゼルⅢでは、リスク量を

1　バーゼルⅢが求める資本増強の詳細に関しては、BCBS（2011）を参照。
2　BCBS（2017）参照。

一切勘案しない，バランスシートの大きさ対比でみた所要最低自己資本も求めている。こうした要請の背景には，バーゼルⅡで決められたリスク量の計測方法（あるいは，同計測に際し金融機関に与えられた裁量の大きさ）に対する不信感がある。金融機関によるごまかし（モデル・リスクといわれるもの）を防ぐためには，ごまかしが効かない最も原始的なリスク指標（すなわち，バランスシートの規模）を用いるというのが，レバレッジ比率の趣旨だ。レバレッジ比率の最低所要水準は，バーゼルⅢでは3％にセットされている[3]。もっとも，国際的に活動する超大手行（G-Sib）に対しては，これに更なる上乗せが加わる予定である。

　金融機関にとっては，自らが有するポートフォリオのタイプによって，最低所要自己資本の水準を決定する規制のタイプ（リスク量ベースの自己資本比率なのか，レバレッジ比率なのか）が変わってくる。すなわち，一般に危険だと想定される資産を多く抱える先では，リスク量ベースの自己資本比率がよりきつくなる一方，ポートフォリオの大半が安全資産という先は，レバレッジ比率の方がきつくなる可能性が高い。また両者の中間に位置するような金融機関に関しては，ポートフォリオの規模や内容が僅かに変化しただけで，制約を受ける規制が変わってしまう可能性もある。この場合，自らの行動の制約となる規制の変化に伴い，保有すべき資本の総量自体が大きく変わるわけではないが，ポートフォリオや取引毎に持つべき資本の額は大きく変化するため，規制資本をベースに取引毎に資本コストを計算している金融機関にとっては，大きな問題が生じることとなる。

2.3　流動性規制

　バーゼルⅢは，金融機関に対して，単に十分な資本を持つことを求めるだけではなく，グローバル規制としては初めて十分な流動性を持つことも求めた。これは金融機関の経営の安定性を保つためには，企業体のソルベンシー（存続

3　バーゼルⅢが定めるレバレッジ比率の詳細に関してはⅢ，BCBS（2011）を参照。

可能性）を維持する資本バッファーのみでは不十分であり，日々の資金繰りに窮しないための流動性バッファーも必要だということが，近年の金融危機の結果明らかになったためである。さらにいえば，金融機関の場合，仮にソルベンシーに問題がなければ（自己資本比率が十分に高ければ），従来は中央銀行が資金繰りに窮した場合に救いの手を伸ばす（「最後の貸し手」と呼ばれているもの）ことも多かったのだが，こうした状況が変わってしまったのである。近年の金融危機では，ソルベンシーと流動性の問題の区分が難しいことが改めて分かった。また，仮に純粋に流動性の問題であったとしても，これを中央銀行が救済することに対する批判的な見方も強まった。こうした事情も，流動性規制導入の1つの背景となっている。

バーゼルⅢでは流動性規制として，流動性カバレッジ比率と，ネット安定調達比率の2つの指標を導入した。前者が，1ヶ月程度の短期的な流動性不足への耐久力を示す（具体的には，急激な資金流出に対し，どの程度の流動資産を保有しているかを示す指標）のに対し，後者は1年程度の長期の流動性不足（具体的には，固定的な資産に対して，どの程度安定した資金調達手段＜例えば預金＞を保有しているかを示す指標）である[4]。

2.4 総損失吸収能力（Total Loss Absorbing Capacity，通称TLAC）

グローバル規制を設定する国際機関は，自己資本や流動性のバッファーに加えて，G-Sibに対してはさらに十分な額の特殊な債券を発行することも求めている。これは，総損失吸収能力（TLAC）と呼ばれるもので，G-Sibといった大手金融機関の経営が破綻の危機に瀕した際に，この債券を株式に転換し，元々の株式で吸収できなかった損失をカバーすることで，同金融機関の「再生」を容易にすることを想定している[5]。

---

[4]　バーゼルⅢが求める流動性バッファーの増強の詳細に関しては，BCBS（2013）及びBCBS（2014）を参照。
[5]　TLACの詳細に関しては，FSB（2015）を参照。

G-Sibの場合，その経営破綻により，同金融機関が果たしてきた機能が全て失われてしまうと，マクロ経済や社会の安定に大きなマイナスの影響が及ぶ可能性がある。金融危機時には，そうした懸念から，公的資本を注入した上で，これら金融機関を救済した（ベイルアウト）のだが，これが社会的非難を浴びてしまった。TLACは，まさにそうした可能性を低くするために，事前に公的資金に代わる資本注入を，TLAC保有者に約束させるのである。これにより，公的資本の注入なしに，マクロ経済や社会にとって最低限必要な機能が，同金融機関の破綻後もスムースに再生できるというのが，TLACの売り文句となっている。このTLACの詳細な説明は，第2章で再び取り上げる。

2.5　監督上のストレステスト

米国や英国では，監督当局が想定したストレスシナリオ下で，一定水準以上の自己資本比率を維持することが求められている（例えば，米国のストレステスト＜CCAR＞で求められる最低所要自己資本比率＜CET 1 比率＞は4.5％，英国のストレステストで求められる最低所要自己資本比率＜CET 1 比率＞も4.5％）。当局が想定するシナリオにおけるストレスの程度は，一般に近年金融危機時のショックを若干上回る程度のものが多い。この結果，同シナリオ下での規制上の最低所要水準以上の確保は，平常時における一段と高い水準の自己資本水準の確保要請に結びつくこととなる。米国が2016年に行ったストレステスト（CCAR）では，ストレステストの結果，対象行のCET 1 比率が平均で5.2％低下していることから，イメージとしては，監督上のストレステストによって，規制上の最低所要自己資本比率水準に5％程度が上乗せされた格好となる[6]。

なお，米英では，リスク量に基づく自己資本比率のみではなく，レバレッジ比率や流動性バッファーも，監督上のストレステストの対象となっている。し

6　米国で2016年に実施されたCCARの概要と結果に関しては，FRB（2016）を参照。また英国で2016年に実施された監督上のストレステストの概要と結果に関しては，BOE（2016）を参照。

たがって，こうした比率についても，ストレステストにより実質，最低所要水準の上乗せが求められている。

　主要国の中でストレステスト下での一定水準の所要自己資本比率の維持を要請しているのは，現時点では，米国と英国のみとなっている（欧州は2014年のストレステストの際には要請したものの，2016年のストレステストの際には，こうした要請はなかった）。日本については，主要行向けの監督上のストレステストが最近ようやくスタートしたものの，このストレステストは，あくまでも共通シナリオを通じてリスク管理上の金融機関との対話を深めることが目的となっており，所要自己資本の上積みを要請するものではない。

3 規制の影響と規制を巡る論点

3.1 財務バッファー増強によるファイナンシング・コストの上昇

　当局による金融機関に対する財務バッファーの増強要請は，単に金融システムの安定性をもたらすだけではない。ごく稀にしか用いないであろう高コストのバッファー保持を常時義務付けることとなるため，それに伴うコストは誰かが何らかの形で吸収する必要がある。一般的には，資本等のコストの増大は，まずは金融機関の収益の減少に結び付き，これが一次的には株主への配当の減少（さらには株価の下落）を招く。ただし株主は，銀行のみに特別待遇を許すわけではなく，収益パフォーマンスが悪化すれば他の業態に投資ポートフォリオを移せばよいだけなので，こうした株主の行動は，結果的に銀行に対し収益力回復の圧力をかけることとなる。

　この場合，結果的にコスト増加部分は，（経営努力により経費削減努力等を除けば）金融機関のユーザーに転嫁されることとなる。具体的には，貸出金利の上昇，預金金利の引下げ，手数料の上昇，さらには不採算サービス提供の停止等，様々な形を通じてその弊害が金融サービスの利用者に及ぶこととなる。

　こうした事態は，ある意味で，東日本大震災以降の日本の電力事情と似か

よったものである。日本でも，2011年の原発事故以来，原発稼働に対しては非常に厳しい規制が課せられるようになり，2017年夏でも，5基の原発が稼働しているに過ぎない。これは原発稼働の安全性を非常に重視した結果であるが，こうした措置に伴うコスト増は，結果的には電力料金の大幅上昇という形で電力の利用者が負う形となっている。

　金融機関の話に戻ると，例えば一般的なリスク管理の考え方に従って，今回の財務バッファー増強要請がどの程度のコスト増をもたらすかを考えてみよう。仮に，足許の銀行株のPERが10倍程度であることを勘案して，資本コストは10％程度としよう。さらに，その他のTier 1，Tier 2自己資本（劣後債等）のコストを5％，TLACに対応するベイルイン社債のコストを2％，そして最後にその他の負債（主に預金）を0％と想定する。バーゼル規制を遵守しなければならない国際基準行の場合，バーゼルⅢによる財務バッファー増強要請の結果として，リスクアセットに占めるそれぞれの比率は，概ね下記のように変化すると想定する（日本銀行＜2016＞[7]に基づき，国際基準行に関して，2006年度末時点と2015年度末時点の大まかな水準を比較し，これに一部＜今後求められるベイルイン社債等＞著者の推計を加味したものをここでは用いた）。

　　CET 1 資本：6 ％⇒12％，その他資本：6 ％⇒4 ％，ベイルイン社債：4 ％
　　　　　　⇒5 ％

　仮に，リスクアセットの資産総額に対する比率がおおよそ35％程度だとしよう。この場合の負債構成は，CET 1 資本：2.1％⇒4.2％，その他資本：2.1％⇒1.4％，ベイルイン社債：1.4％⇒1.75％，その負債（預金等）：88％⇒82％となる）。この結果，この比率に基づく平均的なファイナンシング・コストは18bp（0.34％⇒0.52％）程度上昇することになる。仮に資産サイドの平均リターンが100bp程度であれば，銀行の総資金利鞘は66bpから48bpと，3割近く減少することを意味する。

---

[7]　日本銀行（2016a）を参照。

【図表1-2】ファイナンシング・コストの上昇

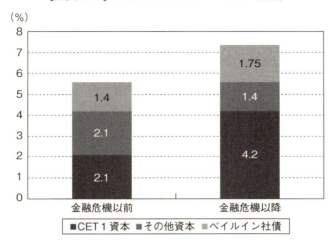

3.2　財務バッファー増強によるファイナンシング・コストの低下

　金融機関の監督当局にも，当然上記のような議論（あるいは不満）が，金融機関や，さらには金融サービスのユーザーから寄せられるわけで，これに対しては一定の答えを返してきた。1つの答えは，金融システムの安定性を維持するには，社会全体による一定のコスト負担は仕方がないというもの（簡単にいえば，「再びあのような金融危機を経験したくなければ，多少のコスト増は我慢しろ」というもの）である。ただし監督当局も，利用者負担の増大を全面に掲げるような主張は，一般大衆や政治家からの反発が怖くて，そう簡単にできるものではない。そうした中で，当局者が用いる常套句は，「金融システムが安定して，金融機関の破綻確率も減じれば，その分市場からのファイナンシング・コストも減るので，これによって自己資本増に伴うコスト増は相殺される」というものだ（最近の議論としては，例えばFSB（2016）中の"3.2 Supporting sound financial intermediation"を参照）。

　こうした考え方は，企業金融の礎となる理論の1つである「モジリアニ・ミラーの命題」（MM理論とも呼ばれるもの。税金や取引に係るコストがまった

く存在しない完全市場を前提とすれば，負債と資本の組み合わせは，企業価値にまったく影響を与えないというもの）に基づいている。簡単にいってしまえば，仮に債務の金利よりも高いコストを伴う資本を増強したとしても，経営が安定する分，今度は債務の金利も低下するため，結果的に負債・資本全体に係るコストは変わらないというものだ。またMM理論とは異なるものの，財務バッファーの増強が，結果的に金融機関収益の安定化を招くことになれば，収益力の多少の低下は，こうした安定性の対価（つまりは資本コストが低下した）とみなすこともできるかもしれない（ただし，数十年に一度の危機にも耐えられる安定性を志向する米英の監督当局と，通常の景気サイクルの平準化に資するような安定性を志向する株主とでは，安定性に対するアペタイト＜プライシング＞が異なる可能性は高い）。

それでは実際に，バーゼルIII等の規制の導入による経営安定性の改善で，どの程度ファイナンシング・コストは減ったのであろうか。例えば，資本増強が資金調達コストの変化を通じて貸出レートに与える影響に関する様々な分析をサーベイしたIMFのディスカッション・ペーパーであるDagher, J. *et al.* (2016) は，一般に資本増強が貸出レートに与える影響は非常に小さい（1％ポイントの自己資本の増加が貸出レートに与える影響は，2～20bp）との結果を示している。逆にいえば，MM理論に基づく相殺効果がそれなりに大きいということだ。

もっとも，仮に上記の結果が正しいとしても，これが，自己資本の積み増しが調達コストに与える「影響は小さい」との結論に至るかは定かではない。例えば，前節で簡易な例で示した結果をみても，CET 1 比率の2.1％ポイントの上昇に伴う総調達コストの上昇幅は18bpに過ぎない（1％ポイント当たり9bp）。これは，実は先のサーベイ結果が示すインパクトのレンジの中間よりも若干下に位置する水準であり，そういう意味では同調査結果ともほぼ整合的である。それでも，前節の仮設例分析の結果を「相応のインパクト」と考えた理由は，日本の金融機関のトータルの利鞘が極端に縮小する中で，僅か18bpのインパクトでもあっても，資金収益には非常に大きな影響をもたらすためだ。

3.3 ファイナンシング・コストの変化に伴うビジネスモデルの変化

　このようなファイナンシング・コスト増を受けて，実際に多くのグローバル金融機関のビジネスモデルは，すでに大きく変化しつつある。基本的には以下に示すような形で，低採算部門は縮小か撤退の対象となり，新しい規制下でも比較的高いマージンが期待できるカテゴリーにビジネスをシフトする傾向がみられる。この結果，こうしたビジネスで大手金融機関からサービスを受けてきた一般事業法人等は，仮にサービスの質が劣ったとしても，国際金融規制の影響を受けない新たなサービスの供給相手（国内の比較的中小規模の金融機関か，いわゆるノンバンク）を探すか，あるいはこうしたサービスを受けること自体を諦めることとなる。現実に多くの金融市場で，大手金融機関が資本コストの急騰を嫌いブローカー・ディーラー業務から撤退した結果，こうしたリスクを一時的にテイクする主体が市場で不足し，結果的に市場価格のボラティリティが高騰するという問題が生じている。さらに，日本銀行の最近の調査[8]によれば，資本コストに見合ったリターンの確保が困難化すると，仮に銀行の自己資本が十分であっても，リスクテイクに慎重になり，貸出スタンスが抑制的になる可能性があることが指摘されている。

　ただ，仮に新しい規制が，金融サービスのユーザーに結果として多大なコストを皺寄せしたとしても，これが結果的に一般大衆が感じられる「相応の便益」としての金融システムの安定化をもたらすのであれば，それは「仕方がない」ということになるかもしれない。以下では，本当に日本国民が新しい規制を「仕方がない」と受け入れるべきなのか否かに関して，まずは，金融危機以降グローバル規制当局が展開してきた財務バッファー増強の議論の正当性を考えてみたい。さらに，次のポイントとして，仮に欧米における議論が日本にそのまま当てはまらない場合，日本としてはどのような行動が必要なのかも考え

8　日本銀行（2016b）中の「BOX 5　銀行の収益性と貸出供給インセンティブ」参照。

てみたい。

4 本邦当局や金融機関，さらには日本政府に求められる行動

4.1 財務バッファーの増強に係る当局間の考え方の相違

規制を通じた財務バッファーの増強に関して，日本の視点から気になるのは，端的にいえば以下の点であろう。

（1）　最低所要自己資本比率水準や流動性バッファーの，どの程度の引上げが，どの程度の金融システムの安定化に結びつくのか

（2）　逆に，最低所要自己資本比率水準や流動性バッファーの，どの程度の引上げが，どの程度のマイナスの影響を金融仲介機能にもたらすのか

以下では，それぞれの論点に関し，日本の立場から，現在の国際規制の是非を考えることとする。

4.1.1 目指すべき金融システム安定化の程度と，それに伴い求められる財務バッファーの増強の程度

まず（1）であるが，BCBSでも，当初バーゼルⅢで求める最低所要自己資本比率水準を決める際には，幾つかのリサーチ・ペーパーの作成・公表を通じて，理論的視点からみた（中長期的にみた経済成長率を極大化するという点での）「最適」自己資本比率水準を示し，規制が目指す水準もできるだけこの水準に近づけるという考えをとっていた（例えば，BCBS（2010a），BCBS（2010b））。この議論自体，著者が2011年に執筆した『バーゼルⅢの衝撃』でも示したとおり，やや我田引水的な怪しい内容となっているのだが，さらにその後G-Sibに対し追加的に出された措置（最低所要水準の引上げ）のマクロ的インプリケーションに関しては，理論的検証が（少なくとも外部の専門家がチェックできる

ような形では）まったくなされていない。

　欧米の当局が講演等で示す「気持ち」（例えばTarullo, D.（2016）参照）を察するに，少なくとも彼らが中心となって行った内部研究によれば，マクロ経済にとっての最低所要自己水準に係る最適解は，現状合意されている水準よりもまだまだ高いということかもしれない。一方，日本の視点からみれば，監督当局である金融庁が既にこれ以上の規制は必要ない（例えば，Mori, N.（2016）参照）といっているように，水準としては既に十分高いというのが共通認識のようだ。

　最低所要自己資本水準の「適切な」水準自体は，①どの程度の金融システム危機に耐えることを目指すのか，②金融システム危機を乗り越えるに際し，資本以外の要因をどのように考慮するのか，③金融システム危機に際し，銀行と国の役割分担をどのように考えるのか，が重要となる。最適自己資本比率水準を巡る，欧米の当局と日本の当局の温度差の背景を探るには，これらの点に関し，１つひとつ考えてみる必要がある。

どの程度の金融システム危機に耐えることを目指すのか

　「①どの程度の金融システム危機に耐えることを目指すのか」に関しては，実は，日本と欧米の当局間で大きな差はないようにみえる。基本的には，最近20年間程度で発生した最大級の金融危機（日本でいえば，90年代後半や2000年代前半に発生した銀行危機，欧米でいえば2008年〜2010年頃のグローバル金融危機）が１つのメルクマールとなる。このように，日本の当局が意識する金融危機と欧米当局が意識する金融危機とは，必ずしも対象とする事象自体は一致しないものの，金融システムの「メルトダウン」に近い事態を想定しているという意味では考え方は近い。これは東日本大震災での経験から，我が国の原子力発電に対して，仮にその発生頻度が科学的には1,000年に一度程度だといわれていても，それと同等程度の耐震性や津波に対する耐性を求める考え方に近いといえる。

　実際，先に紹介した当局ストレステストのシナリオも，自国が経験した近年

の金融危機の事象に近いものとなっている。例えば、**図表1-3**では、米国で2016年に実施されたCCARで想定されるストレスシナリオと、金融危機時の実際のマクロ経済指標の推移の比較を示している。これをみると、両者は比較的近い関係にあることが分かる（当局が想定するシナリオのストレス程度は、近

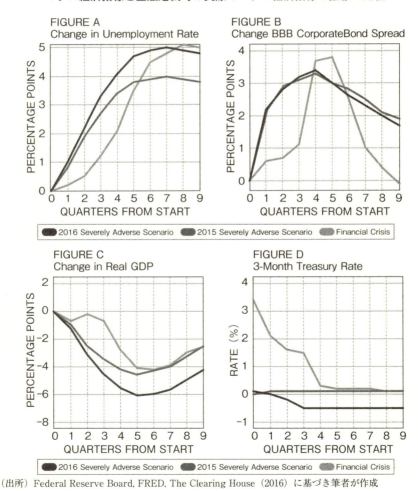

【図表1-3】2016年に実施されたCCARのストレスシナリオで想定されるマクロ経済指標と金融危機時の実際のマクロ経済指標の推移の比較

(出所) Federal Reserve Board, FRED, The Clearing House (2016) に基づき筆者が作成

年発生した大きなストレス事象のストレス程度を若干上回る傾向にある）。

　このように，次に来る金融危機が，前回の危機と同じようなタイプであれば，少なくとも現状の規制が求めている最低所要水準以上のものを維持する限り，日本や欧米において（自己資本不足が直接的原因の）大きな問題は生じないといえそうだ。もっとも，次に来る危機が前回と同じようなものとは限らない。一般にマクロ経済に係る一部の不均衡指標自体が拡大を続ける中（例えば，日本の財政赤字水準や，米国における株価水準等）で，これが何らかの事由で大きく巻き戻す可能性は今後も十分考えられる。その際に生じるショックが，仮に近年の金融危機・銀行危機を大きく上回るようになれば，「自己資本はやはり足りなかった」ということになるかもしれない。

金融システム危機を乗り越えるに際し，資本以外の要因をどのように考慮するのか

　「金融システム危機を乗り越えるに際し，資本以外の要因をどのように考慮するのか」に関しては，必ずしも，日本と欧米当局間の考えは一致していないようにみえる。論点は幾つか考えられるが，代表的なものとしては，①資本バッファーと流動性バッファーの関係，および②金融機関のソルベンシーに係る静的な見方と動的な見方の関係，がある。

　上記①に関しては，著者が『バーゼルⅢの衝撃』で指摘したように，かつて日本銀行は，資本バッファーと流動性バッファーには代替的な関係があり，流動性バッファーの水準が高い金融機関は，低い金融機関に比べより低い資本バッファーを持つことが正当化されるとの議論を展開した（Kato, R. *et al.*（2010）参照）。残念ながらこうした議論は，資本バッファーであれ流動性バッファーであれ，全てのバッファー水準をとにかく引き上げたい欧米当局からは聞き入れてもらえず，バーゼルⅢに反映されることはなかった。

　ただし最近，例えば米国FRBのタルーロ理事（2017年に引退）が発言しているように（Tarullo, D.（2015）），資本バッファーと流動性バッファー間の代替性を前提とした上で，追加的な所要自己資本賦課に際しては，（比較的流動

性バッファーを多く持つ）商業銀行と（逆にこれが低い）投資銀行とで，異なる扱いをすべきとの議論も出て来た。日本の大手金融機関は商業銀行業務が中心であることを考えれば，こうした議論が当てはまれば，投資銀行業務の比重が高い欧米銀対比で，より低い所要自己資本比率が認められるべきとの議論が再び出てくるかもしれない。

　もう1つの論点は，金融機関のソルベンシーをどのように捉えるか，である。その際に重要となる視点が，「静的」なのか，「動的」なのかという点だ。この点興味深いのは，金融庁の森長官が，ISDA年次総会（2016年4月13日）で行った講演だ。この中で，森長官は，今後の銀行監督を，従来の「静的」なものから「動的」なものにする必要性を強調した。すなわち，「動的な監督の要素」として，

　　a．各銀行がとっているリスク，獲得されたリターン，資本の間の関係

　　b．銀行，資本市場，実体経済の間の関係

　　c．銀行と顧客の関係

を指摘した上で，従来の「静的な監督」は，a．のリスクと資本の一時点におけるバランス（銀行の存続可能性）のみに注目していたと総括した。これに対し今後は，リスク/資本（リスク管理）のみならず，リスク/リターン（ビジネス戦略）やリターン/資本（資本政策）のバランスを，フォワードルッキングな視点で重視する（銀行の持続可能性への注目）と宣言したのである。さらに，a．で示された3変数間の相互関係が上手くバランスされれば，それがb．（マクロとの相互連関）や，c．（顧客との相互連関）にも好影響をもたらすという「好循環の構図」が，監督の目標として示されたのである。

　上記の考え方は，まさに，資本・流動性バッファーの水準のみをみていても，個別金融機関のソルベンシー（存続可能性）の評価に不十分なだけではなく，収益という視点からみた存続可能性や，更には金融システムやマクロ経済の安定性そのものを評価することができないことを示している。

　このような考え方が，欧米の当局にないわけではない。序章で記したように，彼らも最近，金融機関のガバナンスやRAFの重要性を強調しており，金融庁

が示す「動的な監督」重視と同じ方向を向き始めているようにもみえる。ただしそうした中でも，これまで随分と高い資本・流動性バッファーを積ませた上で，「さあ，次はガバナンスやRAFだ」と求めるのか，あるいは，資本・流動性バッファーの水準（静的なソルベンシー基準）とガバナンス・RAFの高度化（動的なソルベンシー基準）は相互補完関係にあり，「一方のみに偏ることなく互いに改善していこう」と呼びかけるのかでは，大きな違いがある。東日本大震災による津波の被害でも，一部地域における大きな防潮堤の建設とこれに伴う「安心」が，かえって避難訓練といったソフト面の対策を疎かにした可能性が指摘されていた。静的なソルベンシー基準も重要だが，それが行き過ぎると，動的な基準がかえって「緩む」リスクを，人間や組織の「性」として常に意識する必要があるのではないか（なお，ガバナンスやRAF等に関しては，第3章「大手金融機関のガバナンス・文化の変革」で詳しく解説する）。

金融システム危機に際し，銀行と国の役割分担をどのように考えるのか

　金融危機に際し，どの程度の資本・流動性バッファーが金融機関に必要なのかは，この金融危機に対処するために，当局や政府がどの程度介入する用意があるのかにも大きく依存する。欧米における先般の金融危機では，大き過ぎて潰せない，いわゆるtoo big to fail（TBTF）の金融機関が経営危機に陥り，こうした先の一部に公的資金を注入して救済したことが，その後大きな政治的な問題を招いてしまった。こうした問題を深刻化させた背景には，例えば，公的資金により救済された金融機関の経営者達が，まったく法的責任を問われなかったことや，通常時のリターンが高いジュニア債を有していた債権者も損失をシェアすることがなかったこと等，が挙げられる。この点，我が国の銀行危機では，後者（劣後債保有者の損失負担責任）で同様な問題が発生したものの，前者（経営者個人に対する刑事罰等の責任追及）に関しては，近年その最終判決が出るにつれ，むしろその「行き過ぎ」も一部で指摘されている。

　欧米では（さらにはグローバル金融規制も），上記で記したような問題を背

景に，今後の金融危機においては，その原因が何であれ，個別金融機関の救済において公的資金をまったく用いないことが「大原則」となってしまった。TBTF行に対して，「経営を誤っても最終的には救済される」というモラルハザードや，結果としての無責任なリスクテイクを許さないという考えが，その背後にある。こうしたロジックは，①経営者が非常にアグレッシブでモラルハザードの機会を常に最大限活用する姿勢にあり，さらに②モラルハザードによるデメリット（メインストリートの人々の政治的な反発も含む）が，当局や政府が金融危機時のバックドロップ（公的資金注入を含む）として常に金融システムを支えるメリットを上回るのであれば，合理的だといえる。

　逆にいえば，その2つが成立しない世界では，必ずしも個別金融機関の救済において，公的資金をまったく用いないことを「大原則」とする必要はない。そしてこの場合，金融機関が保持すべき資本や流動性バッファーも，ある程度の危機的事象への対応は期待されても，非常に極端な事象（例えば，政府の財政破綻や近隣諸国との軍事衝突，さらには直下型大地震の発生等に伴う危機）に対しては，これをカバーするバッファーを常日頃から用意するのではなく，仮に不足するような事態となれば，政府が一時的に不足分を埋めることを期待してもよいこととなる。

　換言すれば，当局・政府が大手金融機関に対して，預金保険とは異なる「保険」を提供するということだ。こうすることで，常日頃から余分なバッファーを持つことに伴う資本費用を節約し，この分を金融仲介機能の円滑化に用いることが可能となる。一方深刻な危機時には，保険の活用という形で政府から公的資金の注入を受けることができ，これにより金融システム不安を防ぐことができる。この過程での最大の懸念は，被保険者である大手金融機関に，果たしてモラルハザードが発生しないのかという点だ。もっとも，仮に第3章「大手金融機関のガバナンス・文化の変革」が議論するガバナンスやRAFの体制構築がその可能性を抑制するというのであれば，それほど過度にこの問題を強調する必要はないのかもしれない。

　いずれにしても，当局による大手銀行の救済の可否の問題は，マクロ経済運

営の効率性や，さらには，金融危機等に触発された国民感情等も伴う問題であることから，本来国ごとにその判断が大きく異なるのが自然であろう。その「多様性」を認めないグローバル当局の姿勢は，単に第2章「大手金融機関の破綻処理の円滑化」で議論する問題のみではなく，最低所要自己資本や流動性バッファーの議論にも影響を与えており，この点に関しては，日本等異なる視点を持つ国からの新たな議論提起が必要だと思われる。

4.1.2　財務バッファーの増強が金融仲介機能にもたらすマイナス・インパクトの程度

　財務バッファーの増強が金融仲介機能にもたらすマイナス・インパクトに関し，ある程度の概要は，既に第3節で確認した。なお，これまでみてきたような，新たな規制が求める財務バッファー増強の影響が，必ずしも全ての金融機関に及ぶわけではない。例えば日本の場合は，G-Sibに指定されたメガバンク，さらにはD-Sibに指定されたメガ以外の国内大手行（農林中央金庫，三井住友信託銀行）や大手証券会社（野村證券，大和証券），そしてその他の地域金融機関を含む海外に支店や現地法人等の営業拠点を有する国際基準行は，国際規制が直接的に自らのビジネスに影響を及ぼすこととなる。一方それ以外の国内基準行に関しては，所要自己資本等は基本的には国内ルールに基づくため，国際的なルールが直接影響を及ぼすわけではない。例えば，財務バッファーの増強のうち資本バッファーについては，2013年に国際ルールと似たルールが国内基準行に対しても適用されたものの，求められる水準自体は若干低く設定されている。また流動性バッファーに関しては，当初の民間サイドからの予想に反し，2017年秋現在，国内ルールが導入される気配はない。

　このように，国ごとに国際基準行と国内基準行の違い（ダブル・スタンダード）さえ設けておけば，仮に国際ルールが自国の状況に必ずしもマッチしない場合でも，ある程度の対応は可能となる。バーゼルⅡの実施当時は，こうしたダブル・スタンダードを導入している国は日本のみということで，他国からの批判を招くこともあった（米国も，ある意味でのダブル・スタンダードを導入

していたが，国内基準行のルールが国際基準行のものより厳しいものとなっていたため，こうした批判を招くことはなかった）。もっとも，バーゼルⅢになってからは，例えば，米国がコミュニティ・バンク等小規模金融機関により緩やかなルールを適用するなど，全ての金融機関に対し一律同一ルールを課そうとする欧州を除けば，ダブル・スタンダードを採用する国が多くなった。これはある意味で，日本の手法が国際的な支持を得たと胸を張ってよい部分なのかもしれない（もっとも，その「緩め方」が適切なのか否かといった議論は，引き続き残る）。

4.2　本邦当局や金融機関に求められる行動

これまで行ってきた議論を，特に日本や日本の金融システムの利益という視点から改めて纏めてみよう。**図表1-4**では，財務バッファーの増強に関し，想定する危機，対応する手段，危機回避に関する当局の役割，そして財務バッファーの増強に伴う弊害の認識に関し，日本と欧米の当局の考え方，両者間のギャップ，さらには日本の当局が目指すべき方向性に関して，簡単に纏めてみた。日本の当局が目指すべき方向性とは，仮に国際的なルールが日本に対して「理不尽な不利益」を求めているようなカテゴリーがあれば，そうしたカテゴリーにおいて，今後日本の当局や金融機関が「理不尽な不利益」を解消すべく，FSBやBCBSに対して規制の見直しを求めるべきという意味である。

財務バッファー増強の議論に関し，日本の当局が今後目指すべき方向性を，その主要な要素ごとにやや敷衍すると次のとおりである。

4.2.1　想定する危機

日本と欧米の当局間で，この点に関する大きなギャップはなく，そうした意味で，現在のグローバル規制を修正すべきという論点は出てこない。ただし，過去の危機をメルクマールとするバックワード的な対応で十分かという問題は，（日本だけではなく，欧米に関しても）残る。特に日本の場合は，少子高齢化に伴う潜在成長率の低下が確実に進む一方，財政赤字は国際的にも未曾有の水

第1章　財務バッファーの増強 | 53

【図表1-4】財務バッファーの増強に関する当局の考え方

	日　本	欧　米	ギャップ	日本が目指すべき方向性
想定する危機	近年に経験した危機をストレス程度でやや上回るもの	近年に経験した危機をストレス程度でやや上回るもの	大きな違いはない	ギャップという意味で修正すべき点はないものの，日本が今後直面し得る（欧米とは異なる）危機のタイプという視点は必要
対応する手段	財務バッファー増強への過度の依存に警戒	財務バッファー増強への依存が高い	財務バッファー増強への依存の程度に関し，考え方に違い	財務バッファー増強への更なる依存を阻止すると同時に，これと補完関係にある「動的なソルベンシー基準」や流動性の重要性を重視すべき
当局の役割	大手行に対するベイルアウト完全排除には違和感	大手行に対するベイルアウトを完全排除する方向	大手行に対するベイルアウト完全排除に関し，考え方に違い	大手行に対するベイルアウト完全排除の考え方は，政治的な要素もあり，各国それぞれの異なる判断があり得る一方，これをグローバルにone size fits all的に定める弊害を強調した上で，各国裁量の余地を広げるべき
財務バッファー増強の弊害の認識	弊害に対する懸念は強い	弊害に対する懸念はあるものの，メリットを上回るものではないとの考え	弊害対比でみた財務バッファー増強に伴うメリットの大きさに関し，考え方に違い	財務バッファー増強に伴う弊害とメリットを，より政治的に中立的な視点から比較考量した上で，バランスの取れた措置の必要性を主張すべき

準に達しており，将来直面し得る危機は，過去のものとは大きく異なる可能性が考えられる。この点をある程度考慮に入れた上で，金融機関が必要とする財務バッファーの議論を行う必要がある。この点だけに焦点を絞れば，（他の論点とは異なり），邦銀が有すべき財務バッファーは，欧米銀等に比べ，より高水準であるべきとの議論も十分考えられる。

4.2.2　対応する手段

　欧米当局の財務バッファー（静的なソルベンシー基準）増強への過度な依存は，政治的な圧力と同時に，これと本来補完関係にある「動的なソルベンシー基準」を，どの程度当局がしっかりと監督できるのかに関する「当局の自信の

なさ」が反映されているのかしれない。実際，バーゼルⅡが第二の柱で重視してきた，各金融機関自身によるリスク管理高度化に対する監督に関し，欧米では，これが完全に失敗に終わったとの受け止め方が一般的だ。日本としては，第二の柱や「動的なソルベンシー基準」が機能する要素を自らの経験をベースに具体的に挙げた上で，静的なソルベンシー基準を「補完するもの」として動的なソルベンシー基準の重要性を主張していくべきである。同時に，流動性バッファーに関しても，改めて自己資本バッファーとの補完性を強調していく必要がある。

4.2.3　当局の役割

　大手行のベイルアウトを決して認めないという米英（欧州も基本的には賛同）の考え方は，金融危機でマクロ経済そのものが大変な状況に陥る一方で，その元凶の金融機関の経営者や，さらにはこうした金融機関のサポートを通じて利益を享受してきたリスクマネーの供給者が，資金的にも道義的にもまったく責任をとらなかったことに端を発する。こうした状況を背景に考えれば，大手行のベイルアウトの可能性を最初から完全に排除した上で，それを前提とした資本バッファーを積ませるという考え方は，完全に民意を反映したものだといえる。

　ただし，これが他国にも当てはまるかはまったく別問題だ。我が国でも銀行危機があり，当然ながら銀行に対する公的資本の注入は批判され，経営者に対する厳しい責任追及がなされたが，公的資本注入の「可能性の完全排除」の議論にまでは進んでいない。その背景には，既述のとおり，経営者の「無責任ぶり」が，欧米ほど極端ではなかった（さらには，経営者が受けている報酬も欧米に比べれば極端に低かった）ことも影響していると考えられる。

　さらに，ベイルアウト完全排除の実現性や危険性に関し，欧米の政治家以上に，日本の政治家の理解が深かったことも重要だといえる。大手行のベイルアウトの可能性を最初から制度上排除するということは，未曾有の金融危機に直面した場合でも，重要な政策オプションの１つを最初から（公式には）封印す

るようなものである。これがかえって，将来の金融不安を一層深刻化させる危険性は高いといえる。実際，ベイルイン制度が2016年から始まった欧州において，その年の夏には早速イタリアの金融システムが不安定化しベイルイン第1号の可能性が指摘されていたが，首相や財務大臣が真っ向からベイルインの実施に反対する中で，政府による公的資本注入は決まる一方，ベイルインに関する明確な決定がなされないといった非常に不安定な状況が続いた時期もあった。

　日本の当局としては，欧米の政治的意思に基づくベイルアウト排除まで否定する必要はないものの，これが一歩間違えれば，グローバル金融システムの新たな危機に繋がる危険性はしっかりと指摘しなければならない。さらに，こうした規制をグローバル・ベースで画一的に進めることの弊害を強調した上で，このカテゴリーに関して，できるだけ各国裁量の部分を増やすような努力が必要である。

4.2.4　弊害の認識

　欧米当局の場合は，先般の金融危機を背景とした政治的圧力もあって，金融機関に対し，保有する財務バッファーを大幅に増強させる至上命題が存在したため，どうしても，これがもたらす弊害は意識的に軽視される傾向があったようにみえる。こうした動きに対しては，上記のような政治的圧力がない日本の当局が，より科学的な論拠に基づく中立的な考えを示すべきである（先に紹介した森長官の講演は，科学的な論拠があるわけではないものの，欧米の一方的な考えに対し反旗を翻した好例といえるかもしれない）。特に，潜在成長率が次第に低下する中での金融仲介機能は，これまでとは異なるリスクテイクの「必要性」を示している。財務バッファー増強が，こうしたリスクテイクを萎縮させてしまう「リスク」を高めるのであれば，持続可能な金融システムを構築するという視点からも，財務バッファー増強のメリットと弊害のバランスは中立的な視点から考え直さなければならない。

　日本の当局は，その立場から，上記のような議論を主導することが求められる。欧米の当局も，将来的に財務バッファー増強の弊害が目立つようになれば，

踵を返すように急にその立場を変えてくるかもしれない。先般の金融危機の結果導入したグローバル金融規制を，再び緩めようという試みである（既にその兆候は出てきている）。日本の当局が，こうした欧米当局の（ある意味で）身勝手な動きに，ただただ翻弄されないためにも，今から中立的視点に立つ議論を科学的論拠に基づき展開し，新しいグローバル規制の流れを自ら作り出すことが求められる。

（参考文献）

大山剛（2011）『バーゼルⅢの衝撃』，2011年3月，東洋経済新報社

日本銀行（2016a）「2015年度の銀行・信用金庫決算」，2016年7月

日本銀行（2016b）「金融システムレポート」，2016年10月

BCBS（2010a）*An assessment of the long-term economic impact of stronger capital and liquidity requirements*, August 2010

BCBS（2010b）*Assessing the macroeconomic impact of the transition to stronger capital and liquidity requirements*, December 2010

BCBS（2011）*Basel Ⅲ: A global regulatory framework for more resilient banks and banking system*s, June 2011

BCBS（2013）*Basel Ⅲ: The Liquidity Coverage Ratio and liquidity risk monitoring tools*, January 2013

BCBS（2014）*Basel Ⅲ: the net stable funding ratio*, October 2014

BCBS（2017）*Basel Ⅲ Monitoring Report,* September 2017

BOE（2016）*Stress testing the UK banking system: 2016 results*, November 2016

Dagher, J., G. Dell'Ariccia, L. Laeven, L. Ratnovski, and H. Tong（2016）*Benefits and Costs of Bank Capital*, IMF Staff Discussion Note, March 2016

FSB（2015）*Principles on Loss-absorbing and Recapitalisation Capacity of G-SIBs in Resolution--Total Loss-absorbing Capacity（TLAC）Term Sheet*, November 2015

FSB（2016）*Implementation and Effects of the G20 Financial Regulatory Reforms*, August 2016

FRB（2016）*Comprehensive Capital Analysis and Review 2016: Assessment Framework and Results*, June 2016

Kato, R., S. Kobayashi, Y. Saita（2010）*Calibrating the Level of Capital: The Way We See It*, Bank of Japan Working Paper Series, May 2010

Mori, N.（2016）*From static regulation to dynamic supervision*, The 31st Annual General Meeting of the International Swap and Derivatives Association, April 2016

Tarullo, D. (2015) *Capital Regulation Across Financial Intermediaries*, Remarks by Daniel K. Tarullo, Member Board of Governors of the Federal Reserve System at the Banque de France Conference: Financial Regulation--Stability versus Uniformity; A Focus on Non-bank Actors, September 2015

Tarullo, D. (2016) *Next Steps in the Evolution of Stress Testing*, Remarks by Daniel K. Tarullo Member Board of Governors of the Federal Reserve System at Yale University School of Management Leaders Forum Yale University, September 2016

The Clearing House (2016) *TCH Research Note: 2016 Federal Reserve's Stress Testing Scenarios*, March 2016

第2章

大手金融機関の
破綻処理の円滑化

藪原　康雅

俗にTBTFと言われている「大き過ぎて潰せない金融機関」については，その名のとおり，破綻がグローバルの金融システムに甚大な影響をもたらす（だから「潰せない」と想定される）ことから，監督当局は，こうした金融機関が「このままでは破綻してしまう」と泣きついてきたときには，難しい判断を迫られる。「国際金融システム自体を危機に晒すことはできない」という判断の下，当該金融機関を救う判断をした場合は，金融システムに属する他の金融機関や金融システムの安定を願う他国の監督当局からは，拍手喝采されるかもしれない。一方で，平時には高収益を謳歌してきた金融機関に対し，経営責任を問うこともなく，その救済のために税金を投入することとなれば，その税金を納めたメインストリートの人々や彼らを代表する政治家からは，罵倒されることとなる。逆に，そうした金融機関を思い切って「潰してしまう」と，市井の人々や政治家は溜飲を下げるかもしれないが，金融システムは大混乱に陥り，グローバルの経済システムそのものがメルトダウンする可能性が高まってしまう。

　こうした「（金融システムへの影響が）大き過ぎて潰せない」といわれる金融機関を潰せるようにする，換言すれば，システム上重要な金融機関に対して，リスクが顕在化した際の金融システムへのインパクトを可能な限り和らげるための方策が，この分野の規制に位置づけられる。こうした方策としては，「潰せるようにすること」に焦点を当てて，秩序ある破綻処理を可能とする制度を構築する対応と，「銀行の大きすぎる構造」に焦点を当てて，これら金融機関の規模や複雑性を見直し，投資銀行業務に代表される高リスクなビジネスを行う場合には，業務制限や部門分離を課す対応[1]がある。本章においては，金融

1　一般に「銀行構造改革（banking structural reform）」と呼ばれ，主に英国と米国において規制導入が進められている。例えば，英国におけるリングフェンス（預金等を取り扱うリテール業務を投資銀行業務から完全に切り離す施策）の動きや，米国におけるボルカー・ルール（例えばプロップ・トレーディングや一部のデリバティブ取引等高リスクだとみなされる業務を銀行業務から切り離す施策）がそれである。またG-SIBsに対し，システミック・リスクの大きさに応じて，より高い自己資本バッファーを求める施策（詳細は第1章参照）も，G-SIBsにあらかじめ組織の規模やビジネスのあり方を変えるインセンティブを与えるという意味で，こうした範疇に入ると捉えられる。

危機以後，国際的に検討されてきた「大き過ぎて潰せない金融機関」を潰せるようにするための方策について，特にこれら金融機関に係る"破綻処理の円滑化"に関する取組みを中心に述べる。

1 規制が作られた背景と国際的な議論の展開

1.1 TBTF問題に係る議論の背景

TBTF問題の背景には，2007年から2008年にかけて顕在化した欧米の金融危機において，金融当局が公的資金の注入による救済を余儀なくされたことがある。2008年9月，米国の投資銀行であるリーマンブラザーズ連邦倒産法チャプター11を申請して破綻し，いわゆる「リーマンショック」から世界的な金融危機が広がった。リーマンブラザーズは公的支援を受けられないまま破綻した一方，同じタイミングで経営危機に陥ったにもかかわらず公的支援を受けたシティバンク，バンク・オブ・アメリカ等の銀行グループは結果的に救済されることとなった。この間英国では，時限立法によるノーザン・ロック銀行の国有化（2008年2月）を契機として，2009年銀行法制定時には預金取扱銀行を対象とする破綻処理制度が導入され，一時的な国有化スキームも取り入れられた。また米国ではその後，金融危機の深刻化に対して，2008年10月には「緊急経済安定化法（Emergency Economic Stabilization Act of 2008）」を制定し，銀行グループのみならず，AIG（保険会社）やベアー・スターンズ（証券会社）のような「ノンバンク」までもベイルアウトの対象とした。

上記のとおり，まさに巨大金融機関が危機に瀕した状況下において，当時の欧米金融当局が個別金融機関に取り得る措置の選択肢が限られていたこともあって，必ずしも明確な基準がない中で，「救われる金融機関」と「救われない金融機関」が発生してしまったのである。また一部金融機関を救済するために，多額の公的資金が注入される事態ともなった。その結果，破綻処理プロセスの透明性や公平性，金融当局の監督下にある個別金融機関の救済に係る公的

資金注入の是非，金融システムの安定を維持するため金融当局に求められる巨大金融機関への危機対応のあり方，といった社会全体で取り組むレベルの問題が浮かび上がってきた。日本においても，バブル経済崩壊後の1990年代に国内大手行へ公的資金を注入した過去がある点は類似しているが，俗に "100年に1度の金融危機" と呼ばれたリーマンショックは，まさにグローバルの金融システム全体に伝播して甚大な影響を及ぼした点で，国際的に金融システム対応が必要だという問題意識の醸成に繋がったといえる。

1.2　国際的な議論の展開

2011年11月に開催されたカンヌ・サミットにおいて，グローバルなシステム上重要な金融機関（G-SIFIs）に係るシステミック・リスクとモラルハザード・リスクに対処する目的でFSBが策定した『金融機関の実効的な破綻処理の枠組みの主要な特性（"Key Attributes of Effective Resolution Regimes for Financial Institutions"，以下主要な特性という）』が承認された。主要な特性は，12項目[2]からなる枠組みを規定しており，そのうち主なポイントとしては次の5点が挙げられるが，そこで強調された内容のエッセンスは，システム上重要な金融機関の破綻処理に際し，納税者に損失を負わせることなく，当該金融機関の重要な機能を継続させることで金融システムの安定を確保することに尽きると言える。

① **破綻処理制度の改善に関して当局が有すべき破綻処理の権限を国際ルールとして整理**

主要な特性は，国際合意としてシステム上重要な金融機関の破綻処理可能性を確保するために破綻処理法制が具備すべき要件を規定している。本邦では2014年3月に施行された改正預金保険法において，主要な特性の要請に

2　主要な特性には，①適用範囲，②破綻処理当局，③破綻処理権限，④相殺，ネッティング，担保，顧客資産の分別管理，⑤セーフガード，⑥破綻金融機関等への資金供給，⑦クロスボーダー協力のための法的枠組みの要件，⑧危機管理グループ，⑨金融機関ごとのクロスボーダー協力合意，⑩破綻処理の実行可能性の評価，⑪再建・破綻処理計画，⑫情報へのアクセスと情報共有，の12項目が挙げられている。

沿った所要の対応が図られた。また，米国では2010年7月にドッド＝フランク法が制定され，EU法域では，銀行再建破綻処理指針（Bank Recovery and Resolution Directive, BRRD）のもとで単一破綻処理メカニズムの運用が開始されている。トランプ政権下における米国政府のドッド＝フランク法に対する姿勢は注視を要するものの，主要国における破綻処理制度の整備は概ね順調に進展している。

② **再建・処理計画（Recovery and Resolution Plans; RRP）の策定を義務付け**

　危機対応計画として，G-SIFIsごとに金融機関及び破綻処理当局が，自主再建策としての再建計画と，当該再建が上手くいかずに破綻した場合の処理計画をそれぞれ策定するよう求めている。詳細は2.1で説明する。

③ **システム上重要な金融機関に係るクロスボーダーの破綻処理を円滑に実行するために必要な当局間の協力取極めの締結を要請**

　システム上重要な金融機関の破綻処理可能性を円滑に実行するためには，当該金融機関の展開する法域の母国当局とホスト当局が連携して対応することが不可欠である。主要な特性は，秩序ある破綻処理を促進することを目的として，破綻処理当局間で平時および危機時における情報交換及び破綻処理の協力に係る取極めを締結するよう求めている。

④ **破綻処理の実行可能性の評価（resolvability assessments）**

　主要な特性は，危機管理グループ（Crisis Management Group; CMG）と呼ばれる会議体をG-SIBsごとに組成し，G-SIBsの破綻処理可能性を議論する場として，上記③で締結する関係当局間の協力取極めに従って運営するよう求めている。特に，国際的に展開するG-SIBsの破綻処理ではクロスボーダーの問題が生じる可能性が高いことから，関係当局が，平時及び危機時に緊密な連携を図る態勢を整備・運用する役割が期待される。

⑤ **破綻処理コストの負担方式として，破綻時に債権者に損失を負担させる方式（ベイルイン）を選択肢の1つとして提唱**

　上述のとおり，主要な特性の主な目的は，納税者に損失を負わせることな

くシステム上重要な金融機関の破綻処理の実行可能性を確保することである。
したがって，株主のみならず債権者も破綻金融機関の損失吸収を担う仕組み
としてベイルインという概念を規定している。詳細は2.3で説明する。

　特に，再建・処理計画の策定や，破綻処理の実行可能性の向上に関して別の
分野で類似する話に擬えると，原子力発電所の危機管理が比較的近いイメージ
かもしれない。システム上重要な金融機関が再建・処理計画を策定するように，
電力会社も激甚災害等への対応を決めたマニュアルをあらかじめ作成し，巨大
地震等が発生した場合はメルトダウンに陥る前にスムースに原子炉を停止する
（あるいはメルトダウンが生じた際にも，周辺住民が速やかに安全域に避難す
る）とともに，電力供給先で停電が発生しないよう代替先が迅速に電力供給を
引き継げるような危機対応力を求められる，ということになろうか。福島第一
原子力発電所の事故の教訓が示すように，実際の危機対応には平時からの綿密
な準備や対策が不可欠であり，世界の経済・金融システムに大きな影響を及ぼ
し得る大規模金融機関に対しても，その死にざまに関し，厳格な国際ルールが
導入されたと考えるべきであろう。

2 規制の具体的な内容

2.1 再建処理計画の策定

　1.2で述べたように，主要な特性は，システム上重要な金融機関に対して，
堅牢かつ信頼性のあるRRPを策定することを求めている。一般に，再建計画は
金融機関自身が策定し，処理計画は，再建計画に盛り込まれている情報等も活
用しつつ，破綻処理当局が策定することが想定されている（なお，米国では，
ドッド＝フランク法のタイトル1に基づき金融機関自身が 'Living Will'（生
前遺言）と呼ばれる処理計画を策定し，当局へ報告することが義務付けられて
いる）。

システム上重要な金融機関は，年１回又は事業やグループ構造等に重要な変更があった場合に，金融当局に対して再建計画を策定・提出するよう求められている。再建計画の主な目的は，破綻する前の段階で自主的な再建を図るために危機管理態勢の一環として平時からアクションプランを準備して危機時の実行可能性を確保するのと共に，処理計画の策定に必要となる情報を当局に提供することにある。

　再建計画の内容は，各銀行等のグループ構造やビジネスモデルの実態に応じて異なるものとなるが，主要な特性が規定する主な項目は，金融庁が公表している「主要行等向けの総合的な監督指針」の規定に照らして，①再建計画の概要，②再建計画策定に当たって前提となるべき事項，③再建計画発動に係るトリガー，④グループの子法人等，海外拠点及び各事業部門の概要，⑤リカバリー・オプションの分析，⑥その他，の６項目に集約されることから，ここでは各項目の中身を整理する。

①　再建計画の概要

　通常，システム上重要な金融機関のグループ全体にわたる詳細な再建計画は相当の分量になると想定されることから，計画書としての利便性を考え，迅速かつ適切に計画の要点を確認して臨機応変に対応できるよう，再建計画の位置付け・策定体制を含めて，以下に掲げる所要項目の要点を整理するよう求めている。

②　再建計画策定に当たって前提となるべき事項

　対象金融機関は，内部管理及びバーゼル規制に対応する目的で自己資本や流動性に係る管理態勢を構築しており，規制上の最低要求水準を維持できるよう平時よりモニタリングしている。したがって，ゼロベースから再建計画の策定するのではなく，こうした平時のリスク管理態勢と連動したフレームワークとして再建計画を検討することが，再建計画を規制対応の域に留めずに危機管理態勢の高度化へ活用していく観点から有用と考える。

また，再建計画を実行する際には，金融システムへの影響を最小化しつつ，事業の縮小・廃止や資産の売却等を通じた当該金融グループのリストラクチャリングが想定されることから，既存の事業内容やグループ構造について適切なプロファイリング分析をしておくことが有効と考えられる。したがって，再建計画のコンテンツ策定の下準備として各金融機関がこれら各社固有の情報を計画前提として整理したうえで，平時のリスク管理態勢から導かれる自己資本や流動性に係る再建計画発動に係るトリガーを以下③で検討し，また既存のグループ構造等を元に経営危機時のリストラクチャリング方針を以下④で検討する建付けとなっている。

③ 再建計画発動に係るトリガー

再建計画発動に係るトリガーは，当該計画を発動するタイミングに直接影響し，結果として当該計画の実行可能性を左右することから，重要なファクターであるといえる。邦銀を想定した場合，自己資本比率が規制上の最低所要水準を下回ると銀行法に規定されている早期是正措置が発動されることから，まずは当該水準への抵触を回避する十分なバッファーを織り込んだトリガーを設定することが求められる。また，流動性の観点からも，資金調達に支障を来す事態とならないよう十分に早い段階でトリガーを設定する必要がある。

④ グループの子法人等，海外拠点及び各事業部門の概要

上記②で述べたとおり，再建計画を実行する際には，金融システムへの影響を最小化しつつ，保有資産の売却や事業の縮小・廃止等を通じた当該金融グループのリストラクチャリングが想定されることから，既存の事業内容やグループ構造について適切なプロファイリング分析を再建計画上で整理しておくことが有効と考えられる。

ここでのポイントは，危機に陥っている状況においてもグループとして維持継続すべきビジネスや事業を選定する目線であり，概念上は「コア度」と「クリティカリティ」に大別される。コア度は，経営戦略上の観点から仮に危機時

であっても維持継続すべき事業やビジネスラインと捉えることができビジネスや子法人等のグループにとっての重要性を分析して決定する。他方，クリティカリティは，金融システム上の重要性を分析して決定するものであり，金融サービスによって提供される決済機能や金融仲介機能，信用創造機能等のファンクションが中断又は停止した場合に波及すると見込まれる金融システムの混乱を防止する観点から仮に危機時であっても維持継続すべき事業やビジネスラインと捉えることができる。金融システム上の重要性については，提供する各金融サービスの市場シェア等に加え，主要カウンターパーティとの資金取引等や金融市場インフラ（Financial Market Infrastructures；FMI）との決済高等の財務面に着目した分析や，グループ内の資金調達関係，ITシステム相関や関係会社間の業務提供の把握，FMIや，外部業者との契約関係等のオペレーション面に着目した分析等を通じて相互連関性や相互依存性を把握しておくことが有効となる。

⑤　リカバリー・オプションの分析

　当プロセスの目的は，再建計画がいわゆる「絵に描いた餅」とならぬよう，リカバリー・オプションの実行可能性等を検証することにある。再建計画では，上記③で述べた再建トリガーに抵触する深度のストレスを想定したシナリオを設定し，マーケット環境や各金融機関固有の要因が及ぼすストレス影響を勘案して，自己資本や流動性に及ぼすインパクトを推計し，再建トリガーに抵触する状況からの回復を図るために必要なリカバリー・オプションを発動することとなる。具体的には，増資・社外流出制限・資産売却・マーケット調達等，各金融機関のビジネスモデルや資金調達構造等の実態に応じたリカバリー・オプションを設定される。設定したリカバリー・オプションが自己資本や流動性を回復する効果は，すべてのケースについて一様ではないと想定してシナリオごとに各リカバリー・オプションを発動するうえでの考慮事項を反映した実行プランを策定し，その有効性を検証しておくことが実行可能性に資する。

⑥ その他（経営情報システム）

再建計画の策定や見直しを適時適切に行い，当該計画の実行可能性を確保するには，必要な情報を迅速に収集する態勢が不可欠である。例えば，再建計画で設定している自己資本や流動性に関して再建トリガーの抵触状況を算定するのに時間を要しては，適時に再建計画の発動要否を判断できない。また，計画上で想定しているリカバリー・オプションの有効性等は，実際の危機時において社内外の経済状況を反映して再評価する必要がある。したがって，経営情報システム（Management Information System；MIS）が，再建計画の策定やリカバリー・オプションの検討に必要な情報を適時適切に収集できる態勢を整備することを求めている。システム上重要な金融機関の多くは合従連衡を経て規模を拡大してきており，レガシーシステムを繋いで対応している事例も多いと推察されることから，システム更新のタイミングで本件も合わせて整理していくことが望まれる。

以上の①から⑤を総括すると，規制の趣旨に照らして，実行可能性を確保した再建計画の策定する際のポイントは，「再建計画の策定・実行に係る役割と責任（ガバナンス）の明確化」，「再建に寄与する有効なリカバリー・オプションの充実」，「グループ内の連関性や依存性に係る分析を含めたグループ構造の評価」，「適切なタイミングでの再建トリガーの設定」および「上記に必要な情報の迅速な収集を可能とする経営情報システム」の5点に集約され，これらの要素が有機的な繋がって機能することが望ましい（**図表2-1**）。

再建計画の実行可能性が高まると，当局の観点からは，当該金融機関の破綻する可能性が低下し，破綻処理コストを最小化することに繋がる。また，取引先の観点からは，当該金融機関が再建を果たしてシステム上重要な機能が継続することで（破綻した場合と比較して）マーケット混乱の最小化に貢献する。さらに，株主や債権者の観点からは，破綻処理当局によるベイルイン（2.3で後述）の発動が回避され，自主的な再建が果たされることに伴って，資本性証券に係る元本削減及び株式転換の回避や株式価値の回復を通じて経済的損失の最小化を図ることに繋がる。

【図表2-1】再建計画と金融システムの関係

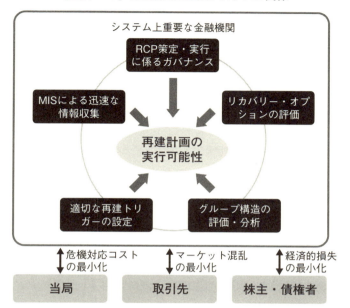

2.2　処理計画

　金融当局は，システム上重要な金融機関が2.1で整理した再建計画では自主的な経営再建を達成できないと見込まれる場合に，監督上の早期介入や破綻処理の実行の要否を検討することとなるが，大規模かつ複雑に業務展開している金融機関を一朝一夕に処理することは容易でないことがリーマンショックで明らかとなったことから，1.2で述べたとおり，破綻処理当局は，主要な特性に基づいてシステム上重要な金融機関に関して個別に処理計画を策定することとされている。FSBは，毎年G20宛に提出する「破綻処理に関する進捗状況報告書」を公表しており，主要な特性の規定に沿った処理計画の策定に係る各国の対応状況が整理されている。当該報告書の要点を整理すると，処理計画の策定に関する枠組みは以下に掲げる４つのプロセスから構成される。

① 処理戦略の策定

　G-SIBsごとに，破綻処理の基本方針である処理戦略を策定する。詳細は後述する。

② 処理計画の策定と諸課題の検討

　①で決定した処理戦略に基づいて破綻処理を実行するための具体的なプロセスや手続等を検討した処理計画を策定するとともに，実行可能性を確保するうえで検討を要する諸課題を整理する。

③ 破綻処理の実行可能性の評価

　1.2で述べたように，G-SIBsごとにCMG会合を開催し，①や②で検討，策定された処理計画の内容を母国当局とホスト当局間で協議し，実行可能性を評価するとともに，円滑な破綻処理の障害となり得る新たな課題を識別する。この一連のプロセスは，処理可能性評価プロセス（Resolvability Assessment Process；RAP）と呼ばれる。

④ 評価結果の報告と共通課題の整理

　各CMGにおける評価結果はFSBに報告され，FSBはそれらを総括した内容を「破綻処理に関する進捗状況報告書」としてG20宛に提出するとともに，多くのG-SIBsで識別されている共通課題について国際的に議論し，論点整理した結果を各種ガイダンス等にまとめて公表している（2.6で詳述）。

　処理戦略の策定に関しては，処理計画を台本に見立てた上で，まずはストーリーの骨格となるあらすじを決めておく必要がある。FSBが2013年に公表した「処理戦略の策定に関するガイダンス」では，クロスボーダーの破綻処理を想定した場合の骨格として，以下に掲げる2通りの処理戦略が示されている（**図表2-2**）。

　1つ目のSPE（Single Point of Entry）アプローチは，単一の当局が，金融グループの最上位に位置する持株会社等に対して破綻処理権限を行使することで，当該金融グループを一体として処理する方法をいう。

　2つ目のMPE（Multiple Point of Entry）アプローチは，複数の当局が，金

【図表2-2】SPEアプローチとMPEアプローチ

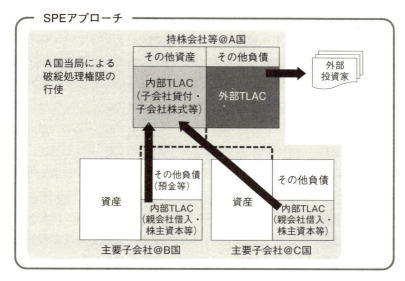
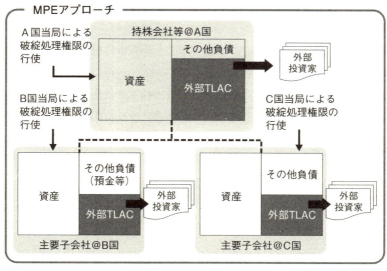

融グループの各法人に対してそれぞれ破綻処理権限を行使することで，当該金融グループを構成する法人を個別に処理する方法をいう。

クロスボーダーで展開する金融機関に関してグループ全体の破綻処理を計画する場合，破綻処理対象とする法人を明確に決めないと，どの法域の破綻処理当局が処理計画を検討するかも決まらない事態に陥ることから，まず当該金融グループの処理戦略を決定することが重要になる。

2.3 ベイルイン

ベイルインは，債券市場関係者の方々には馴染みがあるかもしれないが，一般には聞き慣れない用語かもしれない。これは，1.1で述べたベイルアウトの対義で用いられる概念であり，破綻処理当局が，破綻金融機関の株式や債券等について元本削減や株式転換等の措置を講じることを通じて納税者等ではなく当該金融機関の株主・債権者等が損失負担することをいう。倒産法制に基づく清算手続を通じて株主や債権者による損失負担額を決定する一般的なプロセスとは異なり，ベイルインは，破綻処理当局が金融システムの安定を維持する目的で秩序ある破綻処理を実施するために株主や債権者に損失負担を求めることができる点に特色がある。

ただし，ベイルインが濫用されると，既存の株主や債権者の経済的利益が不当に侵害されるリスクがあることから，主要な特性は，国際合意の下で破綻処理当局が備えるべきベイルインの権限[3]を明確化している。破綻金融機関に通常の清算手続を適用すれば債権者が残余財産の分配を受け取ることが可能な額よりも，ベイルインを適用して破綻処理を実行した場合の受取額が下回る場合，

3　主要な特性には，破綻処理当局が備えるべきベイルインの権限として以下の3点が挙げられている。
- 破綻金融機関の株式又はその他持分，無担保債権者の債権額に関して，清算手続上の弁済順位に沿って，損失吸収に必要な程度まで償却・元本削減する権限
- 無担保債権者の権利の全部又は一部を，清算手続上の弁済順位に沿って，破綻処理プロセスで金融機関（又はブリッジ金融機関等）の株式やその他持分に転換する権限
- 破綻処理を開始する時点でコンティンジェントキャピタル，契約上のベイルイン条項が付された資本性証券を株式やその他持分に転換又は元本削減する権限

債権者の権利保護の観点から，債権者の経済的利益は保障されるよう清算価値保障（No Creditor Worse off）の原則を前提としていることがポイントになる。ベイルインの事例としては，2013年に発生したキプロス危機の際，同国のキプロス銀行とライキ銀行の（預金者を含む）債権者に対してベイルインが実施されたほか，直近では2017年6月にスペインの大手行であるバンコ・ポプラール＝エスパニョールの破綻処理に際してもベイルインが実施されており，今後の破綻処理における活用が注目される。

2.4 TLAC（総損失吸収力）規制

2.4.1 概　要

　銀行の損失吸収力という観点では，すでに第1章で紹介したように，現行のバーゼルⅢにおいても自己資本比率規制として中核的自己資本としての普通株式等Tier 1に加え，その他Tier 1，Tier 2について所定の水準が要求されているほか，これを補完する目的から資本保全バッファーや，カウンターシクリカル・バッファー，G-SIBsバッファーが設定されている。総損失吸収力（Total Loss-Absorbing Capacity；TLAC）は，いわば規制の突貫工事で構築された何重もの防波堤に守られているG-SIBsに対し，金融危機という名の巨大津波が発生してこれらの防波堤をすべて突破されてしまう事態に備えて，更なる損失吸収力を確保しておくよう求めるべく，FSBが2015年11月に最終合意文書を公表した。これにより，当該G-SIBsの株主・債権者に損失を負担させ，資本の再構築を行い，ひいては当該G-SIBsの重要な機能を維持したまま，納税者負担によらずにシステミック・リスクを回避して秩序ある破綻処理を行うことが可能とされる。したがって，TLAC規制に基づきG-SIBsが確保すべき総損失吸収力は，基本的に，既存のバーゼル規制資本及びその他適格負債等の合計として算出される。また，G-SIBsがその破綻処理戦略に応じて重要な機能を維持したまま秩序ある破綻処理を可能とするよう，株式や社債等の形式で調達したTLACをグループ内に回金しておくことも規定されている。2.2で説明したSPEアプローチを処理戦略に選択した場合，持株会社等を頂点とした金融グループの破

綻処理の実行可能性を確保する上で，TLAC規制に基づく損失吸収の枠組みは不可欠な要素だといえる。

このように，TLAC規制は，外部から調達するバーゼル規制資本及びその他適格負債等から構成される「外部TLAC」と，それをグループ内に回金して主要海外子会社が保有することとなる「内部TLAC」に大別されることから，それぞれの概要について以下で考察する。

2.4.2 外部TLAC

外部TLACは，G-SIBsがバーゼル規制資本（普通株式等Tier 1，その他Tier 1，Tier 2，および余剰資本）に加え，一定の適格要件を具備する負債等を一定水準保持することを求めており，その要件の詳細[4]は，FSBが最終合意文書と共に公表したいわゆるTLACタームシートに規定されている。したがって，処理戦略としてSPEアプローチを採択したG-SIBsは，破綻処理対象法人に指定されたグループ持株会社等がTLAC適格商品を一定水準以上確保する必要があり，これまでグループ傘下の商業銀行等に資金調達機能を集中していた金融グループは調達構造の見直しを求められる。また，注3に列挙した条件から明らかなように，破綻時に損失吸収能力がないと見込まれる債務は，除外債務としてTLAC適格を有しないものとされる。具体的には，付保預金等やデリバティブにリンクした性質を有する負債性商品（仕組債等），契約に基づかない債務（租税債務等），担保付債務等が該当する。さらに，TLAC適格商品は，破綻処理時において株主や債権者の混乱を招くことなく損失吸収機能を発揮できるよう，一定の要件[5]を満たす場合を除き，契約上，法令上，構造上いずれかの形

---

4 TLACタームシートに規定される主な適格要件を列挙すると以下のとおりである。
- 破綻処理対象法人から直接発行されていること
- 無担保・無保証であること
- 破綻処理時の損失吸収力を損なうような相殺等の対象ではないこと
- 1年以上の残存期間を有すること又は償還期限がないこと
- 原則として償還期限前に保有者による償還ができないこと
- 破綻処理対象法人等から直接的又は間接的に取得資金が提供されていないこと　等

で除外債務に劣後していることが必要とされる。

　G-SIBsが保持すべきTLACの水準は，規制の適用開始が見込まれる2019年以降にリスクウェイト・アセット対比で16％，レバレッジ・エクスポージャー対比で6％（2022年以降はリスクウェイト・アセット対比で18％，レバレッジ・エクスポージャー対比で6.75％）とされており，仮にバーゼル規制資本が全て毀損しても再び最低所要資本を確保できるだけの水準が設定されているものと解される。なお，破綻処理時の損失吸収に関して，当局による信頼性のある事前のコミットメントが認められる場合には，リスクウェイト・アセット対比で2.5％（2022年以降は同3.5％）相当をTLACに算入することが認められる（TLACの構成と適用のイメージについては**図表2-3**参照）。日本の預金保険制度は，その強靱性が認められ，本邦G-SIBsはこの取扱いを受けるものと想定されている。なお，各G-SIBsが必要な適格負債等を必ずしも母国のマーケットからの調達のみで足りるとは限らず，クロスボーダーで適格負債が流通することとなる可能性が高い。破綻処理を円滑に実施することを目的に導入されたTLACが，グローバルなマーケットで広く流通する結果，実際の破綻処理を想定した場合には金融システムの安定を阻害する要因にはならないかという懸念も生じることから，規制の適用開始に向けた各国の取組みを注視していく必要がある。

2.4.3　内部TLAC

　G-SIBsの組織構造を勘案すると，親会社の傘下に多くの子会社をクロスボーダーで展開しているケースがほとんどである。したがって，グループ全体が破

5　TLACタームシート上の要件として，①TLAC適格を有する商品と同順位又はそれに劣後する，破綻処理対象法人のバランスシート上の除外債務の額が，破綻処理対象法人の外部TLAC適格を有する商品の5％を超えないこと，②当該G-SIBsの破綻処理当局が，破綻処理における同順位債権者の中で（除外債務とTLAC債を）区別する権限を有していること，③かかる取扱い（除外債務を有利に取り扱うこと）が，勝算のある法的異議申立てや正当な損害賠償請求を引き起こす重大なリスクを生じさせないこと，④かかる取扱いが，破綻処理可能性に重大な悪影響を与えないこと，の4点が挙げられている。

【図表2-3】TLACの構成と適用のイメージ（RWAベース）

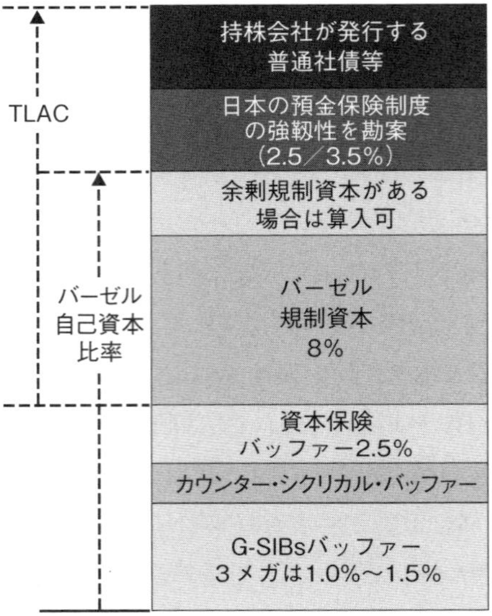

（出所）「国際金融規制改革の最新の動向について」（金融庁，2016年2月8日）より抜粋。

綻に陥る状況では，そうした子会社のうち規模の大きな拠点等でも多額の損失が発生していることが想定されることから，当該グループの破綻処理を円滑に実施するには，外部TLACを調達する「破綻処理対象法人」において確保した損失吸収力を，グループ内部の主要海外子会社に分配し，当該海外子会社の損失吸収も可能とする態勢を構築しておくよう求められている。したがって，外部TLACと基本的に同様の適格要件（発行体・保有者要件を除く）を具備して，平時より主要海外子会社への貸付，持株会社による主要海外子会社株式の保有等を行っておく態勢を想定しており，破綻処理時には，例えば貸付の場合であれば持株会社による債務免除等により，主要海外子会社の損失を持株会社が吸収することとなる。

　内部TLACの所要水準は，仮に当該主要海外子会社が破綻処理対象法人と仮定した場合に必要となる外部TLACの75%から90%の水準とされ，実際の水準は母国当局と協議の上でホスト当局が決定することとされている。主要海外子

【図表2-4】銀行持株会社形態を採る本邦G-SIBsの秩序ある処理の一例（参考図）

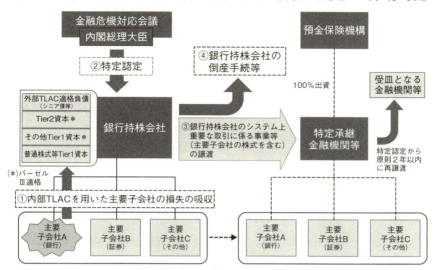

（出所）「金融システムの安定に資する総損失吸収力（TLAC）に係る枠組み整備の方針について」（金融庁，2016年4月15日公表）

会社の選定に際しては，定量基準として①RWAが，グループ連結ベース比5％超，②営業収益が，グループ連結ベース比5％超，③総エクスポージャーが，グループ連結ベース比5％超，の3要件が挙げられるほか，これらを補完する要件として，1.2で述べたCMGにおいて主要子会社グループと特定されたものも含まれおり，いずれか1つに該当すると内部TLACの回金が必要になる。この他にも，主要海外子会社の損失を吸収するタイミングや母国当局とホスト当局との役割等，規制導入に向けて検討すべき要素が多いことから，FSBは2017年7月にガイドラインを公表して，主要子会社グループの識別と構成や内部TLACの量及び構成等，グループ内における損失吸収のトリガープロセス等の論点に関して遵守すべき指針を定めている。

金融庁は，銀行持株会社形態を採る本邦G-SIBsに対してTLAC規制を導入する前提でSPEアプローチに基づく処理戦略を検討した結果を「金融システムの

安定に資する総損失吸収力（TLAC）に係る枠組み整備の方針について」として2016年4月に公表[6]している。G-SIBsは，TLACに算入される適格負債を引き受ける債権者に対して，元本毀損等のリスクを適切に開示・説明する必要があることから，破綻処理当局の立場からこのような処理戦略の概要が示されることは非常に重要である。今後，内部TLACの取扱いも含めて国内規制の内容が決まった段階では，対象金融機関もより詳細な説明を行うことが望まれる。

2.5　ステイ

リーマンブラザーズが破綻した際，多くの金融機関が，ポジション清算と資金回収を図るために無秩序なデリバティブ契約等の解約を行った結果，ヘッジ取引等を行っているカウンターパーティにも影響が伝播して金融市場の混乱を招くとともに，資産価値の急激な変動等によって適切な価額評価が困難な状況に陥り円滑な破綻処理の妨げとなった。こうした教訓から，金融システムの安定を図る目的で破綻処理を円滑に実行するには，デリバティブ取引等の一斉巻き戻しやドミノ倒しのようなデフォルトの連鎖を防ぐため，一定の場合には私法上の合意を一定程度停止する必要があるのではないかという問題意識のもと，主要な特性は，破綻処理当局が早期解約条項の発動を一定程度制限する権限を破綻処理法制に規定するよう求めており，本邦における預金保険法をはじめ，米国のドッド＝フランク法，欧州のBRRD等において，これに対応する法令が

6　本邦G-SIBs をSPE アプローチに基づき処理する場合，例えば以下のような流れが想定されている。
① 　システム上の重要性を有するとして金融庁が別途指定した子会社（子会社グループに属する会社を含む。以下，「主要子会社」という。）で発生した損失を，銀行持株会社（以下，「持株会社」という。）が吸収する
② 　内閣総理大臣が，主要子会社の損失を吸収した持株会社について，預金保険法に定める特定第二号措置に係る特定認定（同法第126条の2第1項第2号）及び特定管理を命ずる処分（同法第126条の5）を行う（以下，かかる特定管理を命ずる処分を受けた持株会社を「破綻持株会社」という。）
③ 　破綻持株会社が，システム上重要な取引に係る事業等（破綻持株会社が保有する主要子会社の株式を含む。以下同じ。）を，預金保険法に基づき特定承継金融機関等（同法第126条の34第3項）に譲渡する
④ 　事業等を譲渡した後の破綻持株会社が法的倒産手続の下で処理される

規定されている。

　国内法準拠の取引については，各国法規の効力が問題なく及ぶものと解されるが，外国法準拠の取引に関して対外効を確保するためには別途の対応が必要となる。具体的には，契約上のアプローチに基づいて金融機関が国際的に共通のプロトコルを採択する方法等が想定されている。そこで，国際スワップデリバティブ協会（ISDA）は，ISDA Resolution Stay Jurisdictional Modular Protocol及び各法域の破綻処理法制におけるステイ規定を参照するJurisdictional Module[7]を策定し，各国当局は金融機関に対して採択を促している。

2.6　その他の取組み

　ここでは，FSBが，主要な特性の規定を補完する観点から直近で公表した破綻処理関係文書のうち主なガイダンスを紹介する。

2.6.1　グローバルなシステム上重要な銀行の秩序ある破綻処理の支援に必要な一時的資金調達に係るガイダンス

　FSBは，これまでのRAP等を通じて，資金調達がG-SIBsの破綻処理の主要な障害の１つであることを認識してきた。特に，G-SIBsが短期資金の借換え（roll-over）ができないと，重要オペレーションの維持に必要な流動性が不足するリスクがあるとされてきた。上記の問題意識に基づき，破綻処理時の民間部門からの流動性調達や公的部門による一時的な流動性供給の役割，モラルハザード・リスクへの対応等を定めたガイダンスを公表している。

　特に，モラルハザード・リスクの最小化を図る観点から，民間資金源が利用

7　2016年５月以降，英国及びドイツのJurisdictional Moduleが公表されたのに続き，2017年１月には日本のJurisdictional Moduleが公表された。また金融庁は，主要行に加え中小・地域金融機関，保険会社及び金融商品取引業者等向けの総合的な監督指針を改正し，預金保険法に規定するステイの決定の効力等が外国法準拠の契約に及ぶことを目的とする国際的に共通のプロトコルを採択するとともに取引の相手方が当該プロトコルを採択していることを確認する対応や，②対象取引にステイの決定の効力等が及ぶことを契約書に明記する対応を取ることを定めた規定が同年４月より適用されている。

可能で，秩序ある破綻処理の目的に適う限り，民間資金源が最初の選択肢とされるべき旨が明確化される一方，公的部門の調達支援メカニズムは，マーケットの信頼を促進し，民間部門のカウンターパーティに対して破綻処理下のG-SIBsのクリティカルな業務を営むエンティティへの資金提供（の継続）を促すうえで適切な場合，範囲を限定して一時的な資金を提供可能とすべきとされている。また，海外拠点に対する流動性供給を意識し，母国当局とホスト当局が，グローバル（全社）及びローカルの破綻処理を一貫して効果的に実施するうえで協力し，破綻処理実行時の一時的な流動性供与に係る明確な責任分担を定めるよう求めている。

2.6.2　破綻処理時の業務継続の支援に向けた取極め

　G-SIBの破綻処理にあたって，金融システムの安定を維持するのに必要な業務に関し，その業務継続を確保するために検討すべき項目に係るガイダンスをFSBは2016年に公表した。本ガイダンスは，重要な概念[8]として，「業務継続性」，「クリティカル・ファンクション」，「クリティカル・シェアードサービス」の3点を挙げ，サービス・デリバリーモデル[9]に応じて処理時に業務継続性を確

8　当ガイダンスで説明される3つの重要な概念は以下のとおりである。
- 業務継続性は，処理時に企業の「クリティカル・ファンクション」を継続的に提供する，又は「クリティカル・ファンクション」を秩序だって解体するのに必要となる「クリティカル・シェアードサービス」の継続性を確保・支援する手段
- クリティカル・ファンクションは，第三者のための活動（第三者と関わる活動）で，その破綻が実体経済や金融安定に不可欠なサービスの混乱に繋がるもの
- クリティカル・シェアードサービスは，グループの1つあるいは複数の事業ラインやリーガルエンティティのために行われている活動／機能／サービスで，企業内のユニット，グループ内の別のリーガルエンティティ，あるいは外部業者が提供するものであり，かつ，その破綻がクリティカル・ファンクションの破綻あるいはパフォーマンスの著しい毀損に繋がるもの

9　当ガイダンスは，サービス・デリバリーモデルとして以下の3つを挙げ，破綻処理における業務継続を確保するための取極めとして，デリバリーモデルに応じて検討すべき項目として①契約条項，②経営情報システム，③財務資源，④厳格な価格構造，⑤オペレーショナル上の頑健性と資源，⑥ガバナンス，⑦利用権およびアクセス権，の7点を挙げている。
- 規制対象リーガル・エンティティ内の一部門がサービスを提供するケース
- グループ内の企業がサービスを提供するケース
- 第三者業者がサービスを提供するケース

保するための検討項目を整理している。業務継続に係る処理戦略等を考える際には，グループ全体でどのようなモデルが採用されているかを勘案することが必要になる。また，金融機関は破綻処理時にクリティカル・ファンクションを支援するシェアードサービスに関して，処理可能性の観点からサービス・デリバリーモデルが適切であるかをレビューするよう要求している。

2.6.3　金融機関の破綻処理時における金融マーケットインフラへのアクセスの継続

　2015年と2016年に実施したRAP等を通じて，現行のFMIの会員規則等の下で，G-SIBsの破綻処理を開始する前や処理実行中にFMIへのアクセスが終了又は一時停止するおそれが識別された。そこでFSBは，危機時においてFMIがG-SIBsの会員権を終了又は一時停止することで金融システムに重要な影響が及ぶ事態を回避するため，関連当事者であるFMI，金融機関，当局のそれぞれの視点から，解決に向けて取り組むべき項目を整理[10]したガイダンスを2017年7月に公表している。

10　当ガイダンスが整理している，FMI，金融機関，当局の3者が取組むべき項目の要約は以下のとおりである。
　　FMIに対しては，FMI会員やその親会社，関係会社が破綻した場合の権利義務関係および適用可能な手続の制定を要請している。
　　金融機関に対しては，FMIアクセス権の受領者としての金融機関に係る処理計画に求められる情報の収集に加え，破綻処理時にアクセスを継続する条件を充足するコンティンジェンシープランや流動性に係る要求事項を充足するコンティンジェンシープランの策定を求め，重要なFMIサービスへのアクセスを終了または一時停止する取扱いの緩和を求めている。
　　当局に対しては，重要なFMIサービス提供者の関係当局と，FMI会員の破綻処理当局との間の目的の均衡，重要なFMIサービス提供者へのアクセス継続に影響する問題に係る関係当局間の定期的な意見交換，当局間の情報共有とリスクの早期警戒，破綻処理の開始前と実行中の情報共有，破綻処理可能性の評価および破綻処理当局と重要なFMIサービス提供者との取極めを規定している。

3 規制の影響と規制を巡る論点

　第2節では，TBTF関連の規制の概要と個別論点について紹介したが，1つひとつがテクニカルな内容であるため，結果としてこれらの規制が総体的に金融システムへどのような影響を及ぼしているのか見えにくいと思われる。そこで本節は，「モラルハザードに対する歯止め」及び「金融危機への備えに対するマインドチェンジ」という2つの切り口から，新しい破綻処理制度及び関連する規制の意義や影響について筆者の見解を述べることとする。

3.1　モラルハザードに対する歯止め

3.1.1　破綻処理制度の透明性向上

　上記のとおり，各国が破綻処理制度を明文化するとともに，システム上重要な金融機関の処理戦略等を明確化することにより，これまで部外者には窺い知ることのできなかった破綻処理のメカニズムに関する透明性が一定程度向上したことは，政策上の取組みによる成果といえよう。

　従来の破綻処理では，破綻金融機関が残した巨額の損失負担という「トランプのババ」を誰が引くかという選択を求められた際に，政治的な決定により公的資金が注入され，結果として広く国民が負担を強いられるケースが多かったことへの反省として，「主要な特性」に基づく破綻処理制度では金融当局が果たすべき役割と責任，及び金融機関が平時から負うべき責任に加え，株主・債権者が負うべき負担等があらかじめ定められた。国民の立場から見れば，システム上重要な金融機関の破綻処理に際しては公的資金の注入を最小化するという金融当局の「明示的な約束」を得られたこととなり，大き過ぎて潰せないという金融機関のモラルハザードにも一定の歯止めが掛かったと受け止められよう。

　また，副次的な効果として，金融当局の立場からは，システム上重要な金融機関が解体処理されるプロセスの予見可能性が高まったことで，危機時のマー

ケットの混乱軽減と破綻処理の円滑な実施に繋がるものと期待される。リーマンショックでは，リーマンブラザーズの破綻が引き金となってマーケットの混乱が増幅し，結果として他の金融機関にも次々に危機が伝播していく事態となり，これを収束させるためにベイルアウトを余儀なくされ莫大なコストと労力を払うこととなった。この危機の連鎖を断ち切るポイントの１つを予見可能性と捉え，システム上重要な金融機関の処理計画を地震対応マニュアルに例えるなら，G-SIBsの破綻という巨大地震の発生に備えて，震源になる金融機関のマグニチュード（損失規模）や当局等が想定している警報のタイミングや避難経路（破綻処理プロセス）の概略があらかじめ記された地震対応マニュアルを被害想定区域の住人（ステークホルダー）にあらかじめ周知しておけば，被災時の混乱を最小化し，円滑に避難経路へ誘導することが可能となるだろう。

3.1.2　主要な特性の位置付け－プリンシプルかドグマか

　主要な特性が，国際合意の下で秩序ある破綻処理の枠組みの導入を各国に促した役割は大きく，英国BOEのグラシエ理事が発言しているように（Gracie, A.（2016）），大手行に対するベイルアウトが常に必要となるという批判に応えるべくFSBは引き続き主要な特性及び関連規制の導入を推進している。ただし一方で，ポリシーオプションとしてあらかじめ当局が大手行のベイルアウトを完全にルールアウトする必要があるのか否かについては，冷静に判断すべきではないかとも考える。G-SIBsの大宗は，FSBが標榜する処理戦略のうちSPEアプローチを採択しているとみられるが，組織構造や規模，財政状況，金融システムとの連関性，所在する法域で適用される各種規制等はG-SIBsごとに異なり，かつ発生する金融危機の態様もケースバイケースであることから，SPEアプローチがあらゆる事態の破綻処理に対応できる保証はないし，そのような精度で実行可能性を検証することは極めて難しいであろう。

　欧州では，2016年にイタリアの大手行であるモンテ・デイ・パスキ・ディ・シエナの不良債権問題が表面化し，増資等による資本回復を通じた自力再建を試みたものの，最終的にはイタリア政府に公的支援を求めていた。2017年に同

政府とEUの執行機関である欧州委員会の間で調整を継続した結果，公的支援は承認される見込みである。両者は，当初，単一破綻処理メカニズムのもとで公的資金の注入前に株主や債権者による損失吸収がなされるべきかを争点に協議が難航し，報道では，欧州の金融不安再燃に対する懸念や，債権者に占める個人投資家の割合が比較的高い点に対する懸念が表明されていた。

　このように，ベイルアウトの完全な排除は，万が一の場合にかえって金融危機時のシステミック・リスクを増大してしまう可能性があることに十分注意する必要がある。主要な特性は，ややもすると破綻処理に係る国際合意として金科玉条のように掲げられるが，あくまでプリンシプルであってドグマではないことを再確認すべきであろう。現実には，各法域の破綻処理法制のもとでモラルハザード防止と最終的なコスト負担の問題をクリアする前提で，緊急避難的に公的資金による資本増強や預金者保護等を図る余地も残しておく方が，金融システムの安定に資する場合もあると考える。

3.2　金融危機への備えに対するマインドチェンジ

3.2.1　システム上重要な金融機関の意識

　規制対象となる金融機関を，利益・効率性を追求する営利企業の立場からみた場合，当該規制に関して率直にネガティブな意見を持つ方が多いのではないかと思う。第1章で紹介した自己資本比率等に関する追加規制を課されたうえに当該規制を課されることに対する加重な負担感や，継続企業の前提に基づいて金融機関を経営している立場から見て，破綻に備えた計画等を平時から準備しておく必要性に対する根本的な疑問といった反応が想定される。

　確かに，全く危機の予兆がない状況で「100年に一度の頻度で発生する危機」を真剣に想定して計画を準備しておくプラクティスは荒唐無稽と捉えられなくもないし，それらの計画を定期的に更新して金融当局へ報告する対応や，破綻に備えて保有するTLAC適格債の発行等にコストをかけるなら，収益への貢献が見込まれる成長事業にその分を投資して還元される利益から自己資本の充実を図る方が建設的であるという見方にも一理あるだろう。

しかし，システム上重要な金融機関は，ここで再確認するまでもなく，企業が通常負うべき社会的責任に加えて，金融システムを支える重要なインフラとして特別な責任を負っている。昨今，経営危機に陥った企業の経営者には，「当初の予定ではこのような状況になるとは想定していなかった。想定外の事態が発生した。」といった発言に終始する姿を目にするが，システム上重要な金融機関はそのようなフレーズでは済まされない立場にある。これは決して道義的な問題に留まらず，破綻処理に要するコストを誰が負担するのかという問題に繋がる。主要な特性に沿った破綻処理制度は，金融危機の教訓をもとに，システム上重要な金融機関は破綻処理コストを最小化できるよう平時から規制コストを支払い所定の備えを講じておくことが必要だというコンセプトのもとに見直されており，破綻処理という予測不能な将来リスクを最小化するために事前負担する一種の損害保険とみることができる。前述のとおり日本の預金保険制度をTLACの一部に算入することが国際的に認められた事実に照らしても，一連の規制が金融システムの安定を維持するための保険的な役割を政策上担っていると推察できるだろう。

　このように，当該規制にかかるコストを保険料として捉えてみると，金融機関が取る行動の見え方も変わってくるのではないだろうか。自動車保険に加入しているドライバーの多くは，保険料の引上げを嫌って事故や違反を犯さないように交通ルールを遵守するよう心掛けて運転するように，金融機関も破綻処理コストの増大につながるような無秩序な大規模化やリスクテイクをできるだけ避けるよう心掛けて，より健全に経営するようインセンティブを与える効果が期待される。例えば，破綻処理に至る前の段階で十分な余裕をもって自主再建できるようにしたい場合は，再建計画に定められる再建トリガーやリカバリー・オプションの設定にあたり，想定されうる危機に幅広く対応可能となるよう念入りな実行可能性の検証が必要となる。

　より高い目線で危機管理をしようとするならば，既存のリスク管理運営にシンクロした枠組みを構築して，フォワードルッキングに危機の兆候を察知してアクションを取れるように対応するであろう。「備えあれば憂いなし」ではな

いが，危機対応に対する意識を変えてみると，従来とは違った視点からリスク管理を見直す契機になるのではないか。通常，防災袋の中には，常に生命維持に必要な水や食糧等しか入れないが，防「経営危機」袋の中身は，金融政策の変化や金融イノベーションの促進といった経営環境の目まぐるしい変化の中で見直されていくはずである。再建計画の中で識別される，危機に陥っている状況においてもグループとして維持継続すべきコアビジネスやクリティカル・ファンクションは，リストラクチャリングや事業再編をする際に，本源的な強み・弱みを把握する際の検討材料になるだろう。

3.2.2　ステークホルダーの意識

　通常，一般事業会社のステークホルダーは，継続企業の前提のもとで当該企業と取引しており，一部の機関投資家でなければ，破綻した場合の影響を平時から考慮している人は少ないのが実態と思われる。

　他方，今般導入された制度の下で破綻処理の対象となる金融機関のステークホルダーは，当該金融機関の破綻処理計画を適切に理解したうえで取引していく必要がある。例えば，TLAC債の投資家は，発行体である金融機関の所在する法域における破綻処理制度やベイルインの仕組み，当該金融機関の処理戦略を理解していないと，元本削減リスク等の適切な評価に基づく投資判断ができない。また，システム上重要な金融機関の取引先としてクリティカル・シェアードサービスを提供する外部委託業者や金融市場インフラが，2.6.2・2.6.3で述べたような破綻処理時における業務継続を確保するための取極めを求められる際，当該金融機関の所在する法域における破綻処理制度や当該金融機関の処理戦略，システム上重要な業務等を理解していないと，適切な取極め内容を検討して締結することが難しいであろう。ステークホルダーにとって，平時からこのような意識のもとで取引を求められることが煩雑であることは間違いないが，円滑な破綻処理の実行可能性を確保するには事前対応に一定程度協力することが不可欠だといえる。

4 さらなる進展に向けた課題と期待

ここまでは，専ら規制導入の成果にフォーカスして説明してきたが，最後に，規制に見え隠れする負の側面にも目を向けて，さらなる進展に向けた整理をしてみたい。

4.1 One Size fits All の議論からの脱却

FSBの主要メンバーは，主要な特性のもとで国際的に合意した破綻処理制度の整備を概ね完了し，当該制度に基づく破綻処理ツールの導入やG-SIBsごとの処理戦略の決定等，処理計画の土台となる論点を整理した段階といえる。今後は，第2フェーズへ移行し，PDCAサイクルとしてのRAPを通じて破綻処理の実行可能性の評価とその改善に向けた取組みが続くこととなるが，その中では，各国の金融システムや各金融機関が展開するビジネス等の相違を踏まえつつ，「費用対効果」と「各国間での同等性」という2つの視点が重要となると考える。

費用対効果は，金融機関やステークホルダーが規制対応に関して負担するコストと，規制導入の成果から得られるベネフィットとの比較衡量をどのように考えるかという話でなる。将来発生する金融危機のシナリオやそのストレスの深度を完全に予測することが困難であるという前提に立つと，処理ツール等をオールラウンドに開発・導入し，詳細な処理計画の策定を通じて処理可能性の高みを追求していくことは現実的ではないように思われる。前節で規制コストを損害保険に例えたが，通常我々が保険を契約する際，リスクヘッジと経済性のバランスを重視して，実際に自ら脆弱性を認識しているリスクに重点を置いた保険メニューを選択するのが合理的行動だといえる。規制の趣旨に照らしてメニュー選択が保守的になりがちだと推察するが，第2節で紹介したFSBによる既出のガイダンスだけを見ても，相当幅広くかつテクニカルな論点についても言及されており，関係者でないと直ちにキャッチアップするのが難しい規制

体系のように思われる。ぜひ今後のRAPを通じてメリハリを意識した評価と課題整理がなされるとともに，国際的見地から必ずしも各国連携した対応を講じずに解決を図ることが可能な論点等にまで議論を拡散せず，効果的かつ効率的な検討が進められることを期待したい。

　同等性は，国別や金融機関別のばらつきをどの程度まで許容しつつ国際合意の遵守状況をモニターしていくかという話になる。具体的なモニタリングの枠組みとしては，FSBが分析・策定しているG20への破綻処理に関する進捗状況報告書や国別ピアレビューが挙げられる。例えば，TLAC債の発行状況のように定量基準が規制上設定されているものに関しては進捗状況を比較しやすい一方で，定性基準が介在する項目の評価を主要な特性や第2節で紹介したガイダンス等に基づいて画一的に実施するような対応は，必ずしも実態を反映したものにはならないと思われる。第3節で述べたように，G-SIBsの大宗が採択するSPEアプローチについても，あらゆる事態の破綻処理に対応できるとは限らないことに留意し，画一的な処理戦略の採択が目的化しないように実行可能性を踏まえた同等性を評価すべきである。

　また，TLACに代表されるように，主要な特性を巡る一連の規制対応は，金融機関の組織構造やビジネスにも直接的もしくは間接的な影響を及ぼすことから，そのインパクトを正しく理解し優先順位を勘案した導入スケジュールを組むことで，合成の誤謬を招く事態は避けなくてはならない。バーゼル委員会は，G-SIBsの選定にあたり，世界70社超の大手銀行につき，5つの基準[11]に対応した12の指標[12]を用い，各社の定量スコアを算出して決定しているが，当該スコア自体の高低で破綻のインパクトが判断されるべきではない。金融機関ごとに組織構造や金融システムとの連関性は異なることから，実際に破綻が及ぼすインパクトをいかに適切に把握できるかが最も重要になる。誤解を恐れずに記述

11　5基準とは，①「規模」，②「相互連関性」，③「代替可能性／金融インフラ」，④「複雑性」，⑤「国際的活動」をいう。

12　指標とは，①規模，②金融機関向け与信，③金融機関からの債務，④発行済有価証券，⑤決済取引，⑥カストディ資産，⑦引受額，⑧OTCデリバティブ想定元本，⑨売買目的有価証券及びその他有価証券，⑩レベル3資産，⑪対外与信，⑫対外債務をいう。

すれば，再建計画及び処理計画の本質は，実際に再建や破綻処理をそのまま実行するための計画書を策定することではなく，フォワードルッキングに危機を想定するもとで，様々な危機のパターンから発生するインパクトの大きさと波及経路をシミュレーションし，危機の態様に応じて迅速かつ柔軟に対処できるフィージビリティを確保することにあると考える。したがって，規制の優先順位や導入スケジュールの検討に当たっては，こうしたフィージビリティの確保に資するよう各国や各金融機関の置かれた状況を勘案していくことが重要になるだろう。

4.2 本邦の当局や金融機関に求められる行動

本邦G-SIBsは，グループに占める海外比率が近時高まっており，経営戦略上の成長分野として海外向けエクスポージャーの増加や海外金融機関をターゲットにしたM&A等のトレンドが今後も継続すると見込まれる。こうした環境下で，ビジネスリスクの考慮事項として規制対応を検討する場合，対象法域の破綻処理制度や主要な特性に係る現地当局の対応状況等を分析・理解しておくことが重要になる。また，SPEアプローチの実行可能性を確保していくうえで，破綻時に持株会社から承継金融機関へ重要な子会社を迅速に移管するためには，組織構造やグループ内の相互連関性・相互依存関係をシンプルにしておく必要がある。このため，グループ再編や資金調達構造を見直す場合には，こうした「破綻処理のしやすさ」まで考慮に入れて新しいフレームワークを設計することが求められるであろう。

他方，本邦当局は，欧米の金融当局と比較して政策課題の優先順位が相対的に高くない状況であるものの，日本初の金融危機を絶対に起こさないためには，健全な監督に加えて，強靭な破綻処理制度の整備・運用が不可欠であり，従来から主要な特性に対応する目的の預金保険法改正や，TLAC規制等に関する国際合意の形成に貢献してきている。今後は，FSBがピアレビュー報告に掲げている提言への対応やSPEアプローチに基づいてクロスボーダーでG-SIBsグループを処理する場合に想定される論点（例えば，預金保険法に基づく破綻処理の

権限行使に係る海外法域での有効性や，海外子会社へ内部TLACを回金する場合の方法や条件等）の検討が進むものと見込まれる。

　特に，FSBのピアレビュー報告[13]では，預金保険法に定める金融危機対応措置（第102条）と秩序ある処理（第126条の２）に定める各措置の相違を明らかにし，特定第二号措置に規定される債務超過のおそれの概念を詳述すべき旨が提言されていることから，当局の対応が注目される。各措置の相違に関しては，前章で述べたとおり，ポリシーオプションとして予め当局が大手行のベイルアウトを完全にルールアウトする必要はなく，また，本邦における不良債権処理問題を終結させた経験と実績を反映した預金保険法上の破綻処理制度が整備・運用されていることを踏まえれば，危機の態様および対象金融機関の状況に応じて適切な措置が選択される一定の柔軟性は許容されるべきであろう。一方，特定第二号措置に規定される債務超過のおそれに関しては，G-SIBs等に係るクロスボーダーの破綻処理に備えて対外的に説明可能な整理が必要ではないかと考えられる。例えば，債務超過前における一定の要件を充足した段階で当局がベイルインを実行する法的権限を制度上担保することや，損失負担する株主や債権者等の損失吸収順位を明確化することも含めて，慎重な検討を要すると思われる。

　また，前節で述べたとおり，円滑な破綻処理の実行には，ステークホルダーの理解と予見可能性の確保が重要であることから，危機時を想定したステークホルダーとの適切なコミュニケーション戦略に関しても再建・処理計画の中で予め定めておくのが望ましいのではないだろうか。**図表2-4**に記載したよう

13　FSBが2016年に公表した日本のピアレビュー報告では，金融機関の破綻処理の枠組みに係る評価の中で以下に掲げる４つの提言（要約）に言及している。

- 預金保険法に定める金融危機対応措置（第102条）と秩序ある処理（第126条の２）との手段の相違を明確化し，特定第二号措置での債務超過の可能性の概念を詳述すべき
- モラルハザード防止の観点から，まず民間資金に依存することを意図していること，および当局からの資金は最終的に業界による負担を期待していることを明確にすべき
- 国際的な議論の進展を踏まえ，システミックなノンバンク金融機関の破綻処理枠組みを検討すべき
- 処理計画の一部として，破綻処理プロセスの円滑な実行に資する裁判所の関与（特に，システム上重要な資産と負債を特定承継金融機関へ移転する場合）を考えるべき

な公表情報に加え，特に破綻処理当局の権限が既存の法的枠組みや私的契約関係に影響する可能性のある項目（金融庁告示における自己資本比率規制とTLAC規制との関係等）に関しては，明確な整理が適時に示されるものと期待される。アジア地域には主要な特性が規定する破綻処理制度が検討途上にある法域が未だ存在していることから，こうした対応を通じて培われた知見を活用して関係当局との間で意見交換や技術支援等を重ねることは国際貢献に資するとともに，欧米主導で議論が進められている現状を改善し，国際的な意見発信力を高めることにもなると期待される。

　最後に，当局と個別金融機関との間には情報格差が存在することから，両者がRRPを高度化していくには，適時の情報交換が必要となる。特に，前節で述べた破綻のインパクトをシミュレーションするには，金融システム内に遍在するリスクに係るマクロ・プルーデンスの分析と，金融システムとの連関性を踏まえた個別金融機関ごとのインパクト分析が必要となり，当局のマクロデータと各社のミクロデータを適時に収集することが求められる。リアルタイムで大量の情報・データを分析することを想定すると，将来的にはReg Techが活用できる分野かもしれない。

　このように，大手金融機関の破綻処理の円滑化を巡る議論は，究極的には危機時の金融システムの安定確保という政策目標の達成を企図しつつ，当局行動や金融機関の経営に少なからぬ影響を及ぼしており，株主や債権者・預金者等を含むステークホルダーの立場からも引き続き動向を注視していく必要がある。

（参考文献）

金融庁「主要行等向け総合的な監督指針」

澤井豊，米井道代（2013）「ドッド＝フランク法による新たな破綻処理制度」預金保険機構／預金保険研究第十五号／2013年5月

小立敬（2015）「欧米におけるベイルインの導入状況と論点の整理」野村資本研究所／野村資本市場クォータリー／2015年春号

金融庁（2016）「金融システムの安定に資する総損失吸収力（TLAC）に係る枠組み整備の方針について」

国際金融規制研究会（2017）「国際金融規制の課題と国際基準のあり方について」

佐志田晶夫（2017）「FSB（金融安定化理事会）による日本ピアレビュー（下）—金融機関の破綻処理枠組みの評価」日本証券経済研究所／2017年7月

森下哲朗（2013）「欧米における金融破綻処理法制の動向」金融庁金融研究センター／ディスカッションペーパー／2013年9月

FSB（2013）*Key Attributes of Effective Resolution Regimes for Financial Institutions,* October 2013

FSB（2013）*Guidance on Developing Effective Resolution Strategies,* July 2013

FSB（2013）*Guidance on Identification of Critical Functions and Critical Shared Services,* July 2013

FSB（2013）*Guidance on Recovery Triggers and Stress Scenarios,* July 2013

FSB（2014）*Report to the G20 on progress in reform of resolution regimes and resolution planning for global systemically important financial institutions (G-SIFIs),* November 2014

FSB（2015）*Principles for Cross-border Effectiveness of Resolution Actions,* November 2015

FSB（2015）*Guidance on Cooperation and Information Sharing with Host Authorities of Jurisdictions where a G-SIFI has a Systemic Presence that are Not Represented on its CMG,* November 2015

FSB（2015）*Principles on Loss-absorbing and Recapitalisation Capacity of G-SIBs in Resolution and Total Loss-absorbing Capacity (TLAC) Term Sheet,* November 2015

FSB（2015）*Summary of Findings from the TLAC Impact Assessment Studies Overview Report,* November 2015

FSB（2016）*Resilience through resolvability-moving from policy design to implementation 5th Report to the G20 on progress in resolution,* August 2016

FSB（2016）*Guiding principles on the temporary funding needed to support the orderly resolution of a global systemically important bank ("G-SIB"),* August 2016

FSB（2016）*Guidance on Arrangements to Support Operational Continuity in Resolution,* August 2016

BCBS（2016）*Standard TLAC holdings Amendments to the Basel III standard on the definition of capital,* October 2016

FSB（2016）*Guiding Principles on the Internal Total Loss-absorbing Capacity of G-SIBs ('Internal TLAC') Consultative Document,* December 2016

FSB（2016）*Guidance on Continuity of Access to Financial Market Infrastructures ("FMIs") for a Firm in Resolution Consultative Document,* December 2016

Gracie, A.（2016）*Ending too big to fail: Getting the job done,* Speech given by Andrew Gracie, Executive Director, Resolution, Bank of England, May 2016

FSB（2016）*Peer Review of Japan,* December 2016

FSB (2017) *Guiding Principles on the Internal Total Loss-absorbing Capacity of G-SIBs ('Internal TLAC')*, July 2017

第3章

大手金融機関の
ガバナンス・文化の変革

大山　剛

1 規制の概要と規制が作られた背景

　金融機関の行動を，自己資本比率等の定量的な視点に基づく規制で縛るのではなく，その「行動原理」に焦点を当てた上で，仮に過度のリスクをとる誘惑に晒されても，あるいは想定外の危機的な状況に直面しても，適切・迅速に対応できる「体制」や「思考パターン」をあらかじめ築いておくこと，これがこのカテゴリーの中心的な内容となる。他のカテゴリーと異なり，このカテゴリーでは，規制というよりは，監督当局による「監督」を通じた指導・対話が目的達成のための中心的な手段になることも特徴である。

　グローバル金融危機，さらにはその後の金融システムが安定に向かう時期においても，主に欧米諸国の金融機関を中心に，ガバナンスや経営としての体制のあり方に疑問を生じさせるような事件が相次いだ。簡単に言えば，ステークホルダーや顧客の利益・期待を裏切る形で，個人や組織の利益を追求する動きが目立ったのである。いくら財務指標やリスク指標等，定量的指標に基づく規制を強化しても，金融機関の行動原理そのものが変わらなければ，結局金融機関は規制の「抜け道」を探し出す方向に動いてしまう。東日本大震災でも，原発事故の結果，様々な新たな規制が原発運営に対し導入されることとなったが，同時に電力会社のガバナンスのあり方（例えば，原発に対しダメージを与える自然災害の規模や蓋然性等を過小評価する傾向）も問われるようになった。これと同じようなことが，金融業界でも起きているのだ。

　さらに，金融危機に直面した金融機関の機敏で適切な対応の有無が，結果的に金融機関にもたらすダメージに大きな影響を与えたことも分かっている。財務的な備えや特定の危機を想定したマニュアルの準備だけでは不十分なのである。こうした備えはかえって，危機時の対応を鈍らせる「慢心」をもたらす可能性さえある。この点も，東日本大震災で学んだ教訓（例えば，高い防潮堤があることに安心して，津波からの避難が遅れたケース）と同じである。

　もっとも，金融機関も民間の株式会社に過ぎず，基本的には株主を中心とし

たガバナンスのシステムが存在する。他の一般企業と異なり，その活動が公共性を帯びている，あるいは社会にもたらす影響が大きいという理由で，監督当局がどの程度，金融機関のガバナンスのあり方に直接的に介入すべきは難しい問題だといえる。その際に考慮すべき点としては，①金融機関の行動が社会やステークホルダーの期待から逸脱してしまう理由は何か（既存のガバナンス体制がうまく機能しない理由は何か），さらにはこの要因はどの程度金融機関の特殊性に依存しているのか，②監督当局は，何をどうすれば金融機関のモラルハザード的行動を変えることができるのか，③想定外の事象が生じても金融機関が適時適切に事態に対処できるようにするには，いかなる体制を構築すべきなのか，を挙げることができる。これまでのFSBやBCBSにおける議論を纏めると，グローバル監督当局の上記3点に関する考え方は次のとおりである。

1.1　金融機関の行動が社会やステークホルダーの期待から逸脱してしまう理由（既存のガバナンス体制がうまく機能しない理由），及びこれが金融機関の特殊性に依存している程度

　金融機関が，特に先般のグローバル金融危機前の時点で，過度なリスクをテイクしていた背景としては，よく2つの点が指摘される（例えば，児玉（2016）参照）。1つは，株主の利益に相反する形で，"経営者"の利益を最大化する目的でなされたというものである。株主は経営者に経営を委託した上で事業からのリターンを得るわけだが，株主と経営者の間に情報の非対称性が存在する限り，経営者が株主を騙す（株主に過度なリスクを転嫁する）可能性が生じる（いわゆる，エージェンシー問題と呼ばれるもの）。

　もう1つは，経営者は単に株主の「期待通り」に利益を追求しただけであり，その結果が金融危機前の過度なリスクテイクに繋がったというものである。銀行業は他産業と比べ，①一般にレバレッジが高く，リスクテイクに伴うアップサイドの果実を株主が享受しやすい，②政府の預金保護により資金調達コストを抑えながらレバレッジを高めることができる，③大規模な金融機関（いわゆるTBTF）の場合は，破綻に瀕してもシステミック・リスクの大きさから，最

終的には政府が救済してくれると期待できる，といった特殊性がある。株主は，こうした特殊性を最大限利用し，一般債権者や政府・国民を犠牲にする形で自己の利益を最大化することもできる。経営者は，単にこうした株主の意向に従ったまでというのが，この考え方だ。

　仮に，株主の利益に背いたのが理由なのであれば，これは金融業の問題というよりは，一般事業法人を含めた企業全体のコーポレート・ガバナンスの問題だといえる。一方，後者の場合は，金融業特有の問題ということになる。そしてこの場合は，株主との関係改善に重きを置く単純なコーポレート・ガバナンスの高度化では，かえって問題を悪化させてしまう可能性さえ出てくる。

　上記の点に関する，グローバル監督当局の姿勢は，実はそれほど明確ではない。当局は様々な分析の中で，大手金融機関のモラルハザードを非常に問題視してきた。特にグローバル・ベースで活動している欧米の大手金融機関の場合は，仮に破綻するようなこととなれば，所在国，あるいはグローバルの金融システム全体に大きなショックをもたらす可能性が高い。このため，結果的に当局はこうした金融機関を，公的資本を投入してでも救済せざるを得なかった経緯があるからだ（俗に，これら金融機関をTBTF＜too big to fail＞と呼ぶ所以である）。またその結果，経営者の責任追及や，リスク資本提供者の損失シェアを求めることも難しくなる。このような状況下では，大手金融機関は，経営が失敗しても救済される，あるいは経営者個人の自己責任も問われることもないため，過度のリスクをテイクするインセンティブが強まることとなる。

　このように考えれば，当局は，大手金融機関が株主の利益に追従したことを問題視しているようにもみえる。もっともその一方で，当局はコーポレート・ガバナンスそのものの改善も金融機関に求めている。これは，株主の意向が経営に十分反映されていないことを問題視しているようにもみえる。

【図表3-1】株主と経営者の関係がリスクテイク姿勢にもたらす影響

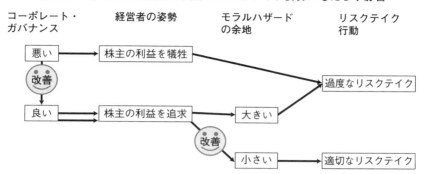

1.2 監督当局が金融機関の行動を変える方法

　1つの手法は第2章「大手金融機関の破綻処理の円滑化」でも説明したように，組織構造の視点や破綻を巡る制度の視点から，TBTFの存在をなくすことである。換言すれば，仮にこうした先が破綻したとしても，社会へのインパクト（システミック・リスク）が大きなものにならないような措置を施すこととなる。もう1つの手法は，第1章「財務バッファーの増強」でも説明したように，大手金融機関に対し，他の金融機関以上の自己資本等を（金融機関の大きさや複雑さに応じて）積ませることである。これにより，大手金融機関の破綻確率が一段と減じることとなる。同時に，これまでは外部不経済であった各金融機関がもたらし得るシステミック・リスクのコスト（経営危機に陥った際に世の中に迷惑をかける程度）自体が，より高い資本コストという形で内部化されるため，大手金融機関にもモラルハザードを避けるインセンティブが生じることとなる。最後に3番目の手法は，銀行経営（ガバナンスやリスク文化，インセンティブ体系）に対する外部からのチェックを強めたり，あるいは当局が直接介入することで，銀行のあるべき姿に係る社会通念とのギャップ（例えば，TBTF的考え方やモラルハザード）を正す手法だといえる。本章で議論するのは，この3番目の手法となる。

　具体的には，リスクアペタイト・フレームワーク（RAF）の構築，リスク

文化の確立，コーポレート・ガバナンスの改善（この3つは互いに相当部分がオーバーラップする傾向にある），リスクデータ・ガバナンスの確立，そして報酬等インセンティブ体系の改革や個人責任の明確化等が主要な手段となる。既述のとおり，これらの手法がモラルハザードの源泉を残したまま単に株主の経営者に対する監視力を強めるだけに終われば，かえって問題を悪化させることとなるかもしれない。ただし，RAFの構築やリスク文化の確立により，ステークホルダーとして単に株主の意向のみを重視するのではなく，その他のステークホルダー（監督当局，一般債権者，顧客，メインストリートの人々等）の利益も勘案されるようになることは，モラルハザードの源泉の抑制に寄与することとなる。

　なお，上記の中の一部（例えば，報酬や個人責任に係るもの）は新たな規制の導入により実行されることとなるが，それ以外の大部分は，当局がサウンドプラクティスを示す中で，監督や検査における金融機関との対話を通じて行動の是正を促す，いわゆる「道義的説得」（moral suasion）的なものとなる。

1.3　想定外の事象発生時に金融機関が適時適切に事態に対処できるような体制

　基本的には，トップダウン的な行動を取れるような体制の構築と，トップダウン的な判断を可能とするようなリスク情報の収集や分析・モニタリング体制の確立が求められる。例えば，感染症がアウトブレイクしても，慌てないで適切に対処できるような「信頼できる司令塔」の確立だといえる。具体的な手法としては，まずはガバナンスの高度化やリスク文化の確立を図る中で，トップダウン的なリスクへの対処を体制として固めることが挙げられる。同時に，RAFの構築を通じて，フォワードルッキングな形でエマージング・リスクを常に把握し，これに対処するような体制の構築も必要である。さらに，リスクに係るデータを素早く収集し，これを経営判断に用いることができるような経営情報システム（MIS）を構築することも求められる。

2 規制の具体的な内容

　以下では，「大手金融機関のガバナンス・文化の変革」に関連する当局の主な動きを簡単に示す。

2.1　リスクアペタイト・フレームワークの導入

　リスクアペタイト・フレームワーク（RAF）とは，各金融機関がステークホルダーの期待を反映した経営の目標を達成するために「敢えて取るリスク」に関し，そのタイプと適切な水準の範囲をしっかりと決めた上で，実際に取っているリスクがこの範囲内に収まっているか否かをモニタリングし，必要に応じ是正措置をとる枠組みを指す。人間の食欲が，本来「生きる」という目的のために自然に湧いてくるように，各企業や金融機関のリスクアペタイトも，ステークホルダーの期待に応えるために，自然に湧いてくるものだといえる。もっとも，食欲がときに適切な範囲を超えて食欲過多となり，メタボ等の健康被害をもたらすこともあれば，逆に適切な範囲を下回って身体衰弱に陥ることもある。こうした状況を防ぐために，まずはアペタイトの適切な範囲を経営が決めた上で，実際のアペタイトがこの範囲内に収まっているかを常に監視するのがリスクアペタイト・フレームワークとなる。

　グローバル監督当局が，RAFに関する考えを最初に文書という形で出したのが，2010年にシニア監督者グループ（SSG）より公表された「リスク許容度フレームワークとITインフラの構築状況」（SSG（2010））である。その後，金融安定理事会（FSB）が2013年に「実効的なRAFの原則」（FSB（2013））を出しており，この中では用語の定義を含めて，大手金融機関が構築すべきRAFの姿が体系立って説明された。さらに今では，グローバル監督当局が出す新しい規制やサウンド・プラクティスに係る文書の中でRAFやRAの記載がないものはないほど，金融機関のリスク管理とは切っても切り離さない関係となっている。

RAFの構築は，特にG-SibやD-Sibと呼ばれている大手金融機関にとっては，その構築がグローバル当局間の取極めにより必須となっており，そういう意味では規制として捉えることもできる。もっとも，構築が義務化されていないその他の金融機関にとっても，監督当局は多くの場面で，「RAF的なもの」の導入を求めるようになってきた（例えば，最近日本の金融庁が標榜している「動的な監督」に対応する金融機関の経営や，金融庁が公表した「ベンチマーク指標」の活用もRAF的なものとみなすことができる）。したがって，RAFは今や規制という狭い枠組みを超えて，監督当局が金融機関に慫慂する「1つの経営管理体制の姿」となりつつあるともいえる。

RAFの運営に際し重要となるプロセスは，①いかなるステークホルダーが自分たちにいかなる期待を抱いているのかを明確化する，②こうした様々な期待をバランスさせ自らの経営目標に反映させるに際し，ステークホルダーの期待を満足させる（あるいは裏切る）程度を，様々な指標を用いながらあらかじめレンジとして決定しておく（これがいわゆるリスクアペタイトの決定），③実際の経営戦略に伴うリスクが②で決定したレンジ内に収まっているかを確認すると同時に，これを逸脱した場合には即座に是正する体制も整えることとなる。さらには，こうしたプロセス全体が，外部の目からもみえることが重要だ。

こうしたRAFは，株主や監督当局，さらには顧客という大事なステークホルダーの期待と自分たちの経営目標が整合的なものとなっているか，さらには，彼らの期待から逸脱する可能性が出てきた場合は，これが是正される仕組みとなっているかという，大手金融機関がこれまで経験したガバナンスやリスク文化の問題に見事に応える内容となっている。また同時に，経営戦略に潜むリスクをRAとの比較で捉える際には，フォワードルッキングな形でのエマージング・リスクの把握も求められることとなり，その点でも，当局が期待する「想定外の事象が生じても金融機関が適時適切に事態に対処できる」枠組みとなっている。

2.2　リスク文化の変革

　グローバル金融危機やその後に発生した，欧米大手金融機関の様々な不祥事（モーゲージや保険商品の誤販売，Liborや為替レート操作等。詳細については，第5章「既存の規制が対象としてこなかったリスクの取込み」を参照）は，大手金融機関に根付いている「リスク文化」そのものに対し，当局による疑いの目を向けさせることとなった。この「リスク文化」とは，組織全体の中に自然に根付くリスクに対する考え方・接し方であり，リスクテイクに対し形成された価値観だということもできる。

　こうした価値観は通常，様々なステークホルダーの中でもとりわけ「長期的視点」で大きな影響力をもつ「社会一般」が，金融機関に期待する姿勢を反映したものとなる。例えば，個々人の行動が，「社会一般がこうした行動をどうみるか」という意識の中で常に決定され，これが潜在意識の中に蓄積されていわゆる「常識」となるように，大手金融機関にとっても，社会の中で正しく振る舞う「常識」が存在する。この「常識」こそが，各組織にとっての「企業文化」，あるいは特にリスクとの関係に焦点を当てた場合には「リスク文化」ということになる。

　グローバル監督当局が大手金融機関のリスク文化のあり方に関し，包括的に示したガイドラインの1つが，2014年に金融安定理事会が公表した「リスク文化に関する金融機関と監督当局の相互作用に関するガイダンス」でなる。この中で当局は，あるべきリスク文化の姿を示すというよりも，いかにして，各金融機関が掲げるあるべき姿に近づくか，そのアプローチに関するあるべき姿を示している。具体的には，①トップ主導による組織の考え方の啓蒙，②多様な意見が尊重される環境の形成，③問題が発見された際のスムースな報告体制の構築，④リスク文化を支えるような適切な報酬・評価体系の構築，の4つの重要性が強調されている。

　当局が示したリスク文化の姿は，RAFと同様に，G-Sibといった大手金融機関に対してはその遵守を求めており，その点では一部金融機関にとり規制的色

合いが濃い。実際，オランダの監督当局のように，金融機関の検査に心理学の専門家も連れ添った上で，リスク文化の状況に関しチェックしている国もある。ただし，日本を含め多くの国では，リスク文化の確立の名の下に求める内容がやや漠然としていることもあり，規制的運用，あるいはcomply or explainといった規制に準じるような運用には至っていない。

このリスク文化は，先に紹介したRAFとも密接な関係を持つ。経営のレベルで考えれば，適切なリスク文化の形成は，RAFにとって必要なステークホルダーの様々な期待をバランスよくRAに取り込む体制の構築にも，大きく貢献することとなる。一方，組織全体でみれば，本来組織が直面するリスクを網羅的に取り込むのがRAFであるが，仮にその網から漏れたリスクがあったとしてもリスク文化がしっかりと確立されている限り，現場の判断が想定外のリスクに対する適切な対処をもたらすことが期待できる。

2.3 コーポレート・ガバナンスの変革

金融機関におけるコーポレート・ガバナンスの強化は，グローバル監督当局（バーゼル銀行監督委員会）にとっても長く大きな課題の1つであり，これまでもサウンド・プラクティスを示すガイドラインを出してきたが，先般の金融危機以降の状況も踏まえた上で，2014年にはこれまでの内容を大きく改定した「銀行のためのコーポレート・ガバナンス諸原則」（BCBS（2015））を公表した。

今回の改定内容の大きな特徴の1つは，取締役会の責任や役割を従来よりも詳細かつ明瞭に示した上で，RAF的な考え方（さらにはリスク文化）をコーポレート・ガバナンスの体系の随所に取り込んだことにある。そういう意味では，RAFをコーポレート・ガバナンスの根幹に据えた姿が，今後の金融機関には求められることになる。

このガイドラインも規制という形をとるわけではない。もっとも，例えば国際通貨基金（IMF）等は，このガイドラインをベースに，FSAPと呼ばれるプログラムの中で定期的に日本を含む加盟国の金融システム評価を行っており，こうした間接的な形での柔らかい拘束は本邦金融機関にも及ぶこととなる。

2.4　リスクデータ・ガバナンスの高度化

　グローバル金融危機時や，その後の欧州におけるソブリン危機時には，大手金融機関において，グループ全体でテイクしている特定のリスクに係る情報が迅速に収集できる体制が構築されていない（要は，そのような情報収集を可能とするような経営情報システム＜MISと呼ばれるもの＞が構築されていない）ことが問題となった。同時に，ITシステムを用いたグループ内でのリスク情報の一元的収集に関し，その重要性にもかかわらず経営トップが十分に関与していないという，データ・ガバナンス上の問題も明らかになった。

　バーゼル銀行監督委員会が2013年に公表した「実効的なリスクデータ収集とリスク報告に関する諸原則」（BCBS（2013））は，こうした問題に対処すべく，一定の期限内に，ガバナンスやデータ・アーキテクチャー，正確性や完全性等の視点からのデータ集計能力，リスク報告体制といった分野において，監督当局が満足する一定の水準に達することをG-Sibに求めている。その点では，少なくとも大手金融機関にとってこの原則は，限りなく規制に近いものだといえる。もっとも，当初の達成期限であった2016年年初においても，大半のG-Sibで目標未達成であったことから結局達成年限が延期となるなど，原則の遵守を求める程度は相当「緩い」ものとなっている。

2.5　報酬体系の改革，個人責任の強化

　リスク文化の節でも指摘したように，グローバル金融危機やその後に発生した多くの大手金融機関による不祥事の原因の1つとして，過度に収益を重視した報酬体系や，仮に金融機関や一般社会に大きな損害をもたらす事象が発生しても，組織のトップや責任者が法的責任を追及されない点が挙げられている。実際，先般のグローバル金融危機では，これだけ大きなダメージを欧米経済のみならず世界経済にもたらしたにもかかわらず，その張本人といわれる欧米の大手金融機関のトップは，（責任をとって辞職することはあっても）誰一人として刑事どころか民事責任にも問われなかったことが指摘されている。さらに

は，こうしたトップの多くは責任をとって辞職する場合でも，バブル期の報酬を返還するどころか，ゴールデン・パラシュートという特別の退職金を受け取りながら辞めていったとも言われる。このようなインセンティブ・システムが公に認められる社会であれば，金融機関の経営者が向こう見ずなリスクを取らない方が，経済的にみればむしろ「非合理的」とみなされるかもしれない。

こうした問題に対しては，例えば，金融安定理事会が2009年に「健全な報酬慣行に関する原則・実施基準」（FSB（2009））といったガイダンスを公表しており，リスクテイクを誘引する報酬体系の禁止，ボーナス・キャップの導入，報酬支払の繰延べ等，プラクティスの改善をG-Sib等の大手金融機関に求めている。もっとも，この分野では各国で事情が大きく異なることもあり，実際の規制の導入は，特に過去数年で大きな問題が相次いだ英国や米国等が先行する形となっている。例えば，英国では2016年に"The Senior Managers Regime"という規制を導入することで，外銀を含む全ての金融機関に対し，その重要な機能1つひとつに関し責任者を特定化させ，何か大きな問題が発生した際には，第一義的な責任を個人に負わせる仕組みを確立した。また米国でも2015年9月に，司法次官の名で「企業不祥事における個人責任」と題した指針（Department of Justice（2015））が全米の連邦検事向けに送付されており，英国同様に個人責任追及強化の動きをみせている。また米英や欧州では，変動所得と固定所得の比率，さらには支払済み，あるいはコミットメント済みのボーナスであっても，相当の長期間にわたり，受け取った個人に責任が帰結するような不祥事が発生した場合にはこれを返還させる制度（クローバックやマルスと呼ばれるシステム）が導入されつつある。

一方日本では，そもそもグローバル金融危機の震源地ではなかったことに加え，報酬体系が必ずしも欧米のように収益偏重のアグレッシブなものではなく，さらに経営者の個人責任の追及も過去のケースをみる限り一定程度はなされてきている，等の事情もあってか，欧米のように，この分野における規制の導入を急ぐ動きはみられない。

2.6 監督上のストレステストの実施

　監督上のストレステストに関しては，第1章でも「財務バッファー増強」の一手段として触れた。欧米における監督上のストレステストは，金融機関に対しより多くの自己資本や流動性バッファーを積ませる目的があると同時に，リスク管理全般に係るガバナンスの強化や資本政策にも大きな影響を与えるものである。具体的には，ストレステストが実施される体制面や実際の実施のプロセスも監督の対象となっており，この点で不備があれば，その是正が求められる。また，所定の自己資本水準がストレスシナリオ下で達成できなければ，配当の支払い予定を中止するといった，資本政策面での対応が求められる（例えば，米国のケースについては，Tarullo, D. (2016) 参照）。

3 規制の影響と規制を巡る論点

3.1 当局によるガバナンス・文化への介入が大手金融機関の モラルハザードにもたらす変化

　本章の冒頭で述べたとおり，当局による大手金融機関のガバナンス・文化への介入の最大の狙いは，大手金融機関が有するモラルハザードの是正である。しかしながら，前節でみたように，当局による介入対象は，報酬体系や個人責任の部分（これらは別途後述）を除けば，RAFの構築や望ましいリスク文化に近づくための手法等，ガバナンスやリスク文化の目指すべき最終形に「行き着くため」のアプローチやフレームワークだといえる。監督当局が満足するような形でこれらが確立されれば，一般社会等必ずしも普段大手金融機関からは重視されないステークホルダーの期待も勘案されると同時に，TBTFやシステミック・リスクといった外部不経済も内部化され，結果的にモラルハザードが発生する可能性も減じると期待される。

　もっとも，現実問題として，金融機関が様々なステークホルダーの様々な期

待を適切にバランスさせながら経営に反映させるに際し，監督当局が本当に適切なアドバイスを行うことができるのかという論点がある。「できるのか」の意味は2つある。1つは，そもそもそのような能力が，監督当局の検査官に備わっているのかという点。そしてもう1つは，仮に能力的には可能であったとしても，金融機関の一ステークホルダーに過ぎない監督当局が，自己資本比率やリスク管理体制等，金融機関が最低限満たすべき分野を超えて，どの程度まで「経営」に介入することが，資本主義社会において許されるのかという点である。

　大手金融機関のTBTF的状況から生じるモラルハザードは，一義的には，大手金融機関に対しより大きな自己資本をもたせる（詳細は第1章「財務バッファーの増強」参照），あるいは大手金融機関の破綻処理を円滑化させる（詳細は第2章「大手金融機関の破綻処理の円滑化」参照）ことで，対応済みのはずだ。これに加えて，経営戦略やリスク文化にまで監督当局が介入する根拠が何なのかは，明確にさせる必要がある。例えば，RAFやリスク文化の高度化といった考え方自体は，金融機関に限らず広く多くの一般事業法人にも当てはまる考え方である。そうであれば，金融業のみをターゲットとするのではなく，例えばコーポレート・ガバナンス・コードの一部として導入することも考えられる。このような「制約」を課さない限り，経営結果に責任を持つわけではない監督当局が，私企業の経営に深く関与するハードルが下がることで，かえって「無責任」な経営を助長してしまうリスクも考えられる。

　なお，日本においても，監督当局は金融機関に対して，近年特にガバナンスやリスク文化，さらには「動的な監督」に対応した動的な経営（イメージとしては，RAFに基づく経営）の重要性を強調する傾向にある。ただし日本の場合，その事情は欧米とはやや異なる。欧米では，大手金融機関のリスクテイクに対する非常にアグレッシブな姿勢が問題になったのに対し，日本ではむしろ逆に，リスクテイクに対し非常に慎重な姿勢に終始していることが問題となっている。このため，金融庁が重視する動的な監督や，さらには政府が強調するコーポレート・ガバナンス改革に関しても，その重点は，如何に適切なリスクをテイ

クした上で収益力を強化し，その上で経営の持続可能性を高めるかに置かれている。

このように欧米と日本では，金融機関のガバナンスやリスク文化を変えようとする監督当局の動機はまったく異なるのだが，それでも，そこで問題となる点は両者共通といえる。すなわち，私企業の経営への深い関与がもたらす責任を監督当局が取ることができるのかという点である。コーポレート・ガバナンスを通じた経営の透明性を高めて，株主等ステークホルダーの経営への圧力を強めるにとどまるならば，それは資本主義機能の強化であり，当局主導のイニシアチブであっても何ら問題は生じない。もっとも，仮に当局が，金融機関の経営，あるいはリスクテイクのあり方に関して，1つの強い方向性を志向し，これを強く促すようになれば，それは市場メカニズムを歪める「行き過ぎた」経営介入になりかねない。

3.2 当局によるガバナンス・文化への介入がインセンティブ体系にもたらす変化

前節で指摘した，RAFの構築やリスク文化の確立等を通じた金融機関経営への介入以上に，より直接的な介入を目指すのが，報酬体系の是正や個人責任の明確化といった分野である。当局の介入の結果，少なくとも欧米の大手金融機関では，それまでのインセンティブ体系が，リスクテイクに対しより慎重に臨ませる方向に大きく変化しつつある。

もっともインセンティブ体系は，資本主義社会における企業経営の根幹に当たる部分である。さらに，企業における経営者の個人責任も，企業活動の根幹に相当する制度だと考えられる。これらの分野で，監督当局が直接的に介入する，あるいは，金融業のみを他の産業と区別するというのは，通常であれば，よほどの強い根拠がない限り認められるものではない。

さらに，金融業のインセンティブ体系が他産業のそれと大きく異なるのか否か，という点も考える必要がある。例えば，Cai, J. *et al.*（2010）によれば，米国における金融業の役員の報酬は，2005年時点では，他の産業を大きく上回る

傾向があったものの、その一方で商業銀行のみに限れば、他の産業とあまり変わらない（むしろ最も低い部類に属する）ことがわかる（**図表3-2**）。こうした結果に基づけば、商業銀行と投資銀行やノンバンクを同様に扱う是非が問われることとなる。さらに、本章の冒頭で議論したとおり、先般の金融危機以前に金融機関が過度なリスクをテイクしていたのは、金融業の特殊性というより

【図表3-2】米国における金融業とその他産業の役員報酬の比較

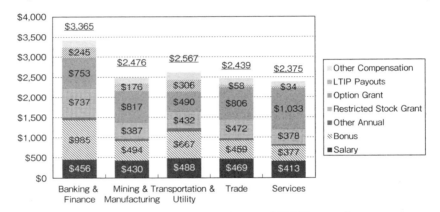

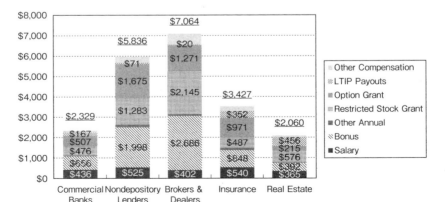

（出所）Cai, J. et al.（2010）

は，全般にコーポレート・ガバナンス機能が弱い中で，たまたま金融業が中央銀行の過度な金融緩和が招いた信用サイクルの大きな波に乗ってしまっただけ，という解釈もできるかもしれない。

この場合，仮に規制された金融業のインセンティブ体系のみを変えたとしても，その他の企業一般のインセンティブ体系が従来のままであれば，現在金融業が行っている業務の多くが，監督当局の直接的な監督下にないシャドーバンクにシフトするだけという結果になりかねない（欧米の大手金融機関の多くも，こうした事態を恐れている模様）。したがって，こうした事態を防ぐためには，単に金融業のみではなく，産業界全体に対し広く過度なリスクテイクに走らないインセンティブ体系規制を導入する必要が出てくる。最終的に問題となるのは，こうした規制が本当に民意に即しているのか，あるいはそれぞれの国が持つ企業文化や経済文化に即しているのかということであろう。

なお，日本に関しては，現状の金融機関のインセンティブ体系が金融機関行動に大きな問題をもたらしているとの認識は，特定のビジネスを除けば，当局や金融機関の間ではない。逆に前節でも指摘しているように，金融機関のリスクテイクに対する消極的姿勢が問題になる中で，本来であれば「大人しすぎる」インセンティブ体系が問題視されてもおかしくない状況だ。もっとも，そうした声は，少なくとも当局の側からはまだ強くは聞こえてこない。これは国民感情を意識してということかもしれないが，本当に日本の金融機関（あるいは日本の企業一般）のリスクテイクに対する姿勢をアグレッシブに変えようというのであれば，やはり経営者等に対するインセンティブ体系を大きく変えない限り（さらには，リスクテイクを促すような税制を導入しない限り），非常に困難だといえる。

3.3 当局によるガバナンス・文化への介入が金融機関のビジネスへの姿勢にもたらす変化

当局が金融機関のガバナンス・文化に介入することの最大の狙いは，欧米の大手金融機関がこれまで示してきたような，収益に対して「貪欲な」ビジネ

ス・スタイルを変えることにある。そういう意味では，これまでの施策が上手く効果を発揮していれば，これら金融機関のビジネスに対する姿勢も変化しているはずである。果たして，大手欧米金融機関の「貪欲さ」は，ガバナンスや文化の変化，さらにはインセンティブ体系の変化によって変わったのであろうか。

　近年コンダクト・リスクの顕現化がみられた先を中心に，リスク文化を大きく変える試みがなされている先は多い。この結果，少なくとも大手金融機関のトップ層の意識は，ガバナンス・リスク文化重視の風潮の中で，変わったとの見方も出ている（例えば，Bailey, A. (2016) 参照）。もっとも，そうした中でも，引き続きミドル層の意識を変えるには時間が掛かるとの指摘が多いのも事実だ。また，グローバル金融危機以降，これだけリスク文化の重要性が強調されてきたにもかかわらず，ここに来ても，米国大手金融機関で，クロスセルのビジネスに絡み多くの架空口座を開くといったミスコンダクトが大規模に展開されるなど，リスク文化に大きな問題がありそうな事件が続いている。金融機関のリスク文化に対し，当局を中心に，引き続き批判的な見方も多い（例えば，Dudley, W. (2014) 参照）。このように考えると，欧米大手金融機関のガバナンスなりリスク文化が本当に変わったかは，現時点では必ずしも明確ではない。

　なお，これまで，本邦金融機関のガバナンスやリスク文化，さらにインセンティブ体系は，欧米の金融機関のように過度なリスクテイクを促すような問題を（少なくとも欧米的な意味で）有していない点を指摘してきた。もっとも，金融機関というよりは，日本の企業全般の問題として，組織防衛のために不正が隠される，あるいは第三者的視点からは無理だと思われるようなビジネスプランが，チャレンジもなく通ってしまうといったガバナンス上の問題が別途存在することは認識しておく必要がある。これは，引き続き大手企業等で根強く残る「終身雇用制」に起因する，いわゆる「サラリーマン文化」の問題だともいえるかもしれない。

　換言すれば，終身雇用を前提とする限り，多くの従業員が特定会社内でのみ通用するエキスパティーズ習得のために行う投資の費用（埋没する費用という

意味でサンクコストとも呼ばれる）は通常勤務年数とともに大きくなる。その結果として，同従業員は，コンテスタビリティ（市場への自由な参入や退出）を失うこととなる。つまりシニアになればなるほど，経営者や上司の不正あるいは，無理なビジネス計画に対し，自らがこれまで積み上げてきたキャリア（これがサンクコスト）を犠牲にしてまで，これにチャレンジする経済的合理性は小さくなる傾向があるのだ。近年のわが国の大企業における不祥事のケースをみても，いかにこのようなケースが多いかはよくわかる。このように，インセンティブ体系や一獲千金の文化に踊らされるようなミスコンダクトは日本の企業には少なくても，一方でサラリーマン文化に基づくミスコンダクトはそれなりに多いのも事実だといえる。こうした問題に対し，欧米の当局が自らの問題に対し「科学的」に対処しているように，日本の当局も，その根源的要因（日本的雇用慣行）を分析し，何らかの対策を講じることが本来であれば求められるはずだ（市場がコンテスタブルではないという意味では，投資の埋没費用の存在からやはりコンテスタブルではない電力等の公益産業に対し，政府が新規業者の市場参入を促すような施策を講じているように，日本のサラリーマンに対しても，職場の移動が容易となるような施策を政府が行うことも考えられる）。

4 本邦当局や金融機関，さらには日本政府に求められる行動

4.1 大手金融機関のガバナンス・文化の変革に係る当局間の考え方の相違

　現状，BCBSやFSB等を中心に進んでいる大手金融機関のガバナンス・文化の変革に係る動きは，その多くが個別具体的な内容に関し，各国ごとの事情に応じて各国当局の選択が許されるような柔軟性をもつものとなっていることから，これに対し敢えて反対する動きはない。そして，これまで記してきたよう

に，例えば日本に関しては，欧米の状況とは大きく異なる中で，欧米と同じような方向性の規制や監督を導入する動きはない。むしろ，日本の監督当局は，金融機関に対しリスクをより積極的にテイクするという欧米とは全く異なる方向へ誘導するようなガバナンス・文化の変革を求めている。

4.2 本邦当局や金融機関に求められる行動

4.2.1 欧米と日本の大手金融機関間のインセンティブ体系等に係る「差異」の明確化と規制への反映

ガバナンスやリスク文化，さらにはインセンティブ体系の問題が先般のグローバル金融危機の深刻化に対し，大きな役割を果たしたことを考えれば，本邦当局は，仮に日本の金融機関が現在直面している問題ではないとしても，欧米の当局がこうした問題に対し適切に対処しているか否かをしっかりと監視する必要がある。例えば，インセンティブ体系に係る本邦金融機関の例を引き合いに出した上で，これが本邦金融機関の比較的穏当なリスクテイクにこれまで結び付いてきたことを指摘し，欧米の大手金融機関が目指すべき1つの究極の姿として，本邦金融機関が有しているようなフラットなインセンティブ体系を示すくらいの図々しさがあってもよいかもしれない。

もちろん，本邦大手金融機関の低収益性は大きな問題として残っており，だからこそ，国内では欧米とは逆の方向の議論が進んでいるわけだ。ただし，国自体が有するリスク文化が「獰猛」な中で，仮に欧米の民意が「大人しい」金融機関を望んでいるのであれば，「日本を見習え」といったショック療法を強く主張することも，わが国がグローバルの金融システム安定化に寄与できる1つの方法ではないだろうか。欧米の金融機関は，そのようなフラットなインセンティブ体系では，人材が流出してそもそも経営が成り立たないと主張するかもしれない。しかしながら，現に日本の大手金融機関は，そうしたシステムを取り入れながら，低収益ながらもグローバルにビジネスを行っているのである。欧米のメインストリートの人々が，とにかく「大人しい」金融機関を求めているのであれば，究極の「ユーティリティ・バンク」の1つのモデルとして，本

邦金融機関のインセンティブ体系を胸を張って示してもよいように思う。

　さらに，ガバナンスや文化，インセンティブ体系が金融機関のリスクテイクの姿勢に大きな影響を与えるということであれば，これらの状況と，例えば第１章でみた財務バッファーの規制を明示的に結び付けることも考えるべきだ。本邦金融機関の立場に立てば，先般のグローバル金融危機で大きな問題を起こした欧米の大手金融機関とは大きく異なるインセンティブ体系を有しているにもかかわらず，これまではこうした違いが考慮されず，一律のルールに基づく所要自己資本や流動性バッファーを求められてきたわけで，当然ながら不満が残るものであった。仮に，インセンティブ・メカニズムに基づく経営の「アグレッシブ度」を何らかの形で指数化できたならば，これを用いて本邦金融機関に対する，欧米金融機関対比でみた「過剰な」所要自己資本等を「適正化」する議論が可能となるかもしれない（アカデミックの世界では既に，ガバナンスやリスク文化の程度と，金融機関の財務耐久力間に正の相関関係があるような研究結果も出ている。例えば，Fritz-Morgenthal, S. *et al.* (2015) 参照)。

4.2.2　日本の金融機関のリスクテイクを促す枠組みの整備

　なお，欧米のメインストリートの人々からみれば称賛に値する「大人しい」リスクテイクをもたらすガバナンス・文化・インセンティブ体系であっても，低成長や低インフレ・デフレに喘ぐ日本のメインストリートの人々からは，必ずしも歓迎されない事実もある。したがって，日本の監督当局としては，欧米とは逆に，本邦金融機関が適切なリスクテイクに積極的となれるような環境を整備することが重要となる。

　既述のとおり，既に金融庁は，コーポレート・ガバナンスの強化に加え，従来の資産査定を中心とした検査手法の改革，フォワードルッキングな経営戦略を重視する「動的な監督」の考えの強調，そしてベンチマーク指標の導入等を通じて，金融機関に対し，より一層積極的にリスクテイクの方向に動くことを促してきた。こうした動きは，日本経済が直面している課題の克服に向けた大きなステップだと評価できる。ただし，やや心配なのは，特にベンチマーク指

標等を用いることで，恣意性を残しつつ，特定の方向に金融機関の経営を導くことだといえよう。それくらい強く金融機関を導かないと，これまでの金融庁からの指導の影響もあって，リスクを取らないことに慣れ過ぎてきた多くの地域金融機関の経営を変えることはできないとの見方もある。

　それでも，経営の結果に責任をもつわけでもない監督当局が，経営の具体的な方向性にまで口を出すことは，市場経済の機能を歪めることにつながる。したがって，監督当局は自らの役割を，株主や地域社会といったステークホルダーの期待が，金融機関の実際の経営に反映されるような枠組みの確立を求めるに止めるべきであろう。さらに，経営リスクを評価する際のタイムホライズンが短い（日本経済や地域経済が中長期で直面する試練から目を背けている）ということであれば，中長期の収益力を図る客観的な指標を経営のサステイナビリティの物差しとして導入し，これに基づきソルベンシーを判断することも考える必要がある。

4.2.3　日本的ガバナンスの問題への対処

　既述のとおり，日本には，欧米ではあまり強く意識されないような，日本企業に特有のガバナンス上の問題が存在する。日本企業の雇用慣行に起因する，強すぎる組織防衛本能に基づくミスコンダクトや野放図なビジネスの許容がそれに当たる。これは広く日本の企業全般に当てはまる問題であり，必ずしも金融機関のみが対象となるわけではないが，欧米において，金融機関のガバナンスや文化が問われているこの機会に，日本の金融機関（あるいは一般企業）の問題も，その根源的要因に立ち返った上で対処策を考えるべきではないだろうか。

　「終身雇用」という，徐々に変容は遂げているものの，日本の多くの大企業にとって引き続き重要な雇用慣行が，日本的ガバナンスの問題の本源的要因ということであれば，これへの対処も決して容易でないであろう。そうした中にあっても，例えば，外部取締役を増やしているトップ層のみではなく，例えば中間管理層において途中入社組を一定比率確保することを義務付け，これらス

タッフのコンテスタビリティを高めることで，結果として外部の目からは許されないようなミスコンダクトやビジネス戦略に対し"No"といえるような経済的余裕を持たせることも一案である。これは，FSBが出した「リスク文化に関する金融機関と監督当局の相互作用に関するガイダンス」が強調する，多様な意見が尊重される環境や，問題が発見された際のスムースな報告体制の構築に直接的に結び付くものでもある。

(参考文献)

兒玉啓宗（2016）「金融機関に対する報酬規制は合理的か？」日本銀行金融研究所/金融研究/2016年1月

Bailey, A. (2016) *Culture in financial services ? a regulator's perspective*, City Week 2016 Conference 9 May 2016

BCBS（2013）*Principles for effective risk data aggregation and risk reporting*, January 2013

BCBS（2015）*Corporate governance principles for banks*, July 2015

BOE（2016）*Senior Managers Regime*, 2016
http://www.bankofengland.co.uk/about/Documents/smr.pdf

Cai, J., Kent Cherny, Todd Milbourn（2010）*Compensation and Risk Incentives in Banking, Economic Commentary*, Olin Business School, Washington University in St. Louis

Department of Justice（2015）*Deputy Attorney General Sally Quillian Yates Delivers Remarks at New York University School of Law Announcing New Policy on Individual Liability in Matters of Corporate Wrongdoing*, September 2015

Dudley, W.（2014）*Enhancing Financial Stability by Improving Culture in the Financial Services Industry*, Remarks at the Workshop on Reforming Culture and Behavior in the Financial Services Industry, Federal Reserve Bank of New York, October 2014

Fritz-Morgenthal, S., Julia Hellmuth, Natalie Packham（2015）*Does risk culture matter? The relationship between risk culture indicators and stress test results*, December 2015

FSB（2009）*FSB Principles for Sound Compensation Practices--Implementation Standards*, September 2009

FSB（2013）*Principles on An Effective Risk Appetite Framework*, November 2013

FSB（2014）*Guidance on Supervisory Interaction with Financial Institutions on Risk Culture*, April 2014

SSG (2010) *Observation on Development in Risk Appetite Frameworks and IT Infrastructure,* December 2010

Tarullo, D. (2016) *Next Steps in the Evolution of Stress Testing,* Remarks by Daniel K. Tarullo Member Board of Governors of the Federal Reserve System at Yale University School of Management Leaders Forum Yale University, September 2016

第4章

既存の規制が対象とした
リスクの再評価

岡崎　貫治

1 規制の概要と規制が作られた背景

　金融機関が直面しているリスクに関し，従来の評価手法に問題があったということで，これをより正確，あるいは保守的な方向で見直すことが，この規制カテゴリーの中心的な内容となる。従来，国際的に活動する金融機関が有する主要なリスクの量は，主要国の金融機関監督当局で構成されるバーゼル銀行監督委員会が定める，いわゆる「バーゼル規制」によって決められてきた。先般のグローバル金融危機以前では，2006年より順次主要国で実施に移された「バーゼルⅡ規制」に基づきリスク量が計測され，このリスク量の一定比率以上を自己資本として持つことが求められてきた。

　ところが，グローバル金融危機の結果，バーゼルⅡ規制で計測されたリスク量が，当時金融機関が実際に直面していたリスク量を，大幅に過小評価していたことが分かった。想定する津波に対してどんなに立派な防潮堤を築いても，これを大きく上回る津波が来ては元も子もないのと同様に，一定の僅かな確率で起きることが想定される損失額に対し，どんなに十分な自己資本を積んだとしても，その数倍の損失が頻繁に発生するようでは，とても「十分な」自己資本を確保したとはいえなくなる。

　それでは一体，どうしてこれまでの国際規制は，リスク量を過小に評価していたのであろうか。グローバル監督当局の考えに基づけば，それは主に，①リスク計測に際し，金融機関側に裁量を大きく認めた結果，金融機関側に有利となるようにリスク量が計測されるようになった，②規制に基づくリスク計測に係る要件が非常に複雑なことが，監督当局のチェック機能を弱めることで①の傾向に輪をかけた，ためとなる。なお①に関しては，金融機関はチャンスさえあれば，リスク量を過小に評価するという「性悪説」的な前提条件も想定されている。

　このため，グローバル金融危機以降の新しい規制の中では，①金融機関側の裁量が大きくなる内部モデルの運用はできるだけ制限し，当局が作成した標準

モデルを用いてリスクを計量化させる，②標準モデルの体裁もできるだけシンプルにする，③①や②にもかかわらず，モデルのリスクに対する感応度に関してはこれを高くする，が標榜されることとなった。簡単にいってしまえば，リスクの計量化を，従来の金融機関ごとの事情や裁量が色濃く反映された「複雑な」内部モデル中心から，監督当局が作成した「シンプルな」標準モデル中心に変えようということだ。しかも，モデルのリスク感応度をあまり落とさずに，である。

2 規制の具体的な内容

2017年1月現在，バーゼル銀行監督委員会（以下，「バーゼル委」という）は，先般の金融危機で明らかになったリスク評価上の問題点を是正すべく，バーゼルⅢの最終化を目指して，議論を進めている。バーゼルⅢ規制は，2010年に合意され，本邦では2013年3月期から実施[1]されているものの，この時点の合意は，主に自己資本比率の分子（自己資本の額）の見直しに止まっていた。現在，最終化されつつあるバーゼルⅢの主な追加内容は，リスク捕捉の適切性を確保する観点からの，自己資本比率計算上の分母（リスク・アセットの額＜RWA：Risk-weighted Asset＞）の見直しとなっている。この見直しでは，バーゼル規制の複雑さにも懸念が示され，その複雑さが銀行間の比較可能性を喪失させているのではないかという問題提起もなされた。こうした問題提起を受けて，バーゼル委では「リスク感応度，簡素さ，比較可能性のバランス」を念頭に議論を進めている。

2.1 バーゼル規制の変遷

＜現行バーゼル規制の枠組み＞

改めて，現行バーゼル規制の枠組みを整理しよう。バーゼル規制は，バーゼ

---

1 2013年3月期からは国際統一基準行が対象。国内基準行は2014年3月期より実施されている。

ル委で取り決められており，リスクカテゴリー（信用，市場，オペレーション）ごとに，銀行の健全性を評価する自己資本比率の算出方法が定められている。ただし，バーゼル委が合意（以下，「バーゼル合意」という）する規制は，あくまでも紳士協定であり，各国の銀行に規制を適用するためには，各国において法制化する必要がある。したがって，法制化の過程において，各国当局の裁量でバーゼル合意から乖離することも技術的には可能となっている[2]（しかし，実際に乖離する場合，銀行は他国当局又は海外投資家等からバーゼル合意と同等の健全性が確保されていないと見なされるリスクがある）[3]。

　日本では，告示（銀行法第十四条の二の規定に基づき，銀行がその保有する資産等に照らし自己資本の充実の状況が適当であるかどうかを判断するための基準＜平成十八年金融庁告示第十九号＞）において定められている。自己資本比率は，分子（自己資本の額）と分母（RWA）で構成されており，その算出手法は，当局承認が必要な「内部モデル手法」と当局承認が不要な「非内部モデル手法」に分けられる。例えば，信用リスクに関する「内部モデル手法[4]」は，銀行が内部リスク管理で使用する内部モデルを利用して，債務者の内部格付を付与するほか，蓄積した内部データに基づいて，デフォルト確率（PD：Probability of Default），デフォルト時損失率（LGD：Loss Given Default），デフォルト時エクスポージャー（EAD：Exposure at Default）を推計した上で，RWAを計測して自己資本比率を算出する手法となっている。

2　各国におけるバーゼル合意の遵守状況は，整合性評価プログラム（RCAP：Regulatory Consistency Assessment Programme）の枠組みで確認されることとなっており，遵守の度合いに応じて評価が付けられている。

3　バーゼル合意は，基本的には，国際的に活動する銀行（国際統一基準行）を対象としている。日本の場合，国際統一基準行と国内基準行とに分けて規制が実施されており，国際統一基準行は基本的にはバーゼル合意に準拠する規制が適用されている。

4　内部モデル手法の当局承認を得るためには，告示で定める最低要件を充足するためのリスク管理体制を整備する必要があるため，一般的に，内部モデル手法を採用している銀行はリスク管理の高度化が進んでいると言える。

【図表4-1】現行のバーゼル規制の枠組み（バーゼルⅢ）

	内部モデル手法（要当局承認）	非内部モデル手法
信用リスク	基礎的内部格付手法（FIRB：Foundation Internal Rating-based Approach） 先進的内部格付手法（AIRB：Advanced Internal Rating-based Approach）	標準的手法（SA：Standardised Approach）
市場リスク	内部モデル手法（IMA：Internal Models Approach）	標準的手法（SMM：Standardised Measurement Method）
オペレーショナル・リスク	先進的手法（AMA：Advanced Measurement Approach）	基礎的手法（BIA：Basic Indicator Approach） 粗利益配分手法（TSA：The Standardised Approach）[5]

　また，現行バーゼル規制では，内部モデル手法で計測されたRWAが小さくなり，所要自己資本の額が過小となることを防止するために，アウトプット・フロア（資本フロア）が設けられている。本邦の規制の資本フロア水準は，内部モデル手法の採用初年度は，非モデル手法[6]対比で90％の水準，2年目以降は80％の水準まで所要自己資本の額を削減することが認められている[7]。この資本フロアは，バーゼルⅡの実施により内部モデル手法が導入されることで，所要自己資本の額が急激に減少しないようにするための激変緩和を目的とした経過措置的な位置づけであったが，バーゼル委は2009年に資本フロアを継続適用することを表明している[8]。

5　粗利益配分手法は，非モデル手法ながら，定性的側面等の面で，当局からの承認が求められる。

6　現行のバーゼル規制では，例えば，信用リスクではバーゼルⅠ並びに標準的手法の両方が認められている。

7　資本フロアの厳密な計算方法は，告示第13条を参照頂きたい。なお，第13条は国際統一基準の連結自己資本比率の計算方法について定めているため，国内基準や単体自己資本比率の場合には別途該当する条文を参照する必要がある。

8　Basel Ⅱ capital framework enhancements announced by the Basel, 13 July 2009 (Committeehttp://www.bis.org/press/p090713.htm)

＜バーゼルＩ＞

バーゼルＩは，1988年に，国際的な金融システムの健全性強化と国際的に活動する銀行間の競争上の公平性を確保する観点で，国際的に共通な自己資本比率規制として合意された。当初は信用リスクだけが対象となっていた。その後，1996年に，銀行がトレーディング勘定で抱える価格変動リスクに対応するために，市場リスクについても自己資本比率に含めることが合意された。

＜バーゼルⅡ＞

バーゼルＩの枠組みは，簡素で理解しやすかった半面，リスク感応度に欠ける枠組みであったことから，1990年代における金融取引の多様化と複雑化，さらにはリスク管理の高度化に追随できないことが懸念されるようになった。具体的には，非常に大まかな債務者属性（ソブリン，銀行，事業法人等）だけでリスク・ウェイト（RW：Risk Weight）が決まることから，個々の債務者の実態に即したきめ細かいリスクの違いを反映できないという問題が指摘されていた。また，この結果，本来であれば高RWとなるべきエクスポージャーの，規制上のRWが低くなる場合には，銀行はこうしたリスクの高いエクスポージャーの比率を高めるインセンティブを持つなど，銀行行動の歪みを招くこととなった。そこで，リスク感応度を高める枠組みとするために，信用リスクに関し標準的手法や内部モデル手法を導入する等，一段のリスク計測の精緻化を図ったバーゼルⅡが2004年に合意された。なお，バーゼルⅡからオペレーショナル・リスクも自己資本比率の計測対象となっており，このオペレーショナル・リスクの計測に関しても，標準的手法に加え，内部モデル手法が導入されることとなった。

また，バーゼルⅡで特筆すべき点は，3つの柱の概念が導入されたことである。第1の柱は最低所要自己資本比率，第2の柱は金融機関の自己管理と監督上の検証，第3の柱は市場規律の活用となっている。

【図表4-2】（参考）信用リスク・標準的手法のRW枠組み（バーゼルⅠ vs バーゼルⅡ）

エクスポージャー	バーゼルⅠ	バーゼルⅡ[9]
国・地方公共団体	0%	0%
政府関係機関 （うち地方三公社）	10%	10% （20%）
銀行・証券会社	20%	20%
事業法人	100%	格付に応じて付与20〜 150%又は一律100%
中小企業・個人	100%	75%
住宅ローン	50%	35%
延滞債権	100%	50〜150% （貸倒引当率に応じて増減）
株式	100%	100%

【図表4-3】３つの柱と国内法制等の枠組み

第1の柱	府令，告示，告示Q&A	信用リスク 市場リスク オペレーショナル・リスク	• 自己資本比率の最低基準を規定 • 自己資本比率の計算方法を規定
第2の柱	監督指針	• 大口与信リスク • 金利リスク（アウトライヤー基準）	第1の柱で対応できないリスク
第3の柱	告示，監督指針	情報開示	• ディスクロージャー誌等での情報開示

＜バーゼルⅢ＞

　バーゼルⅡ導入で自己資本比率規制に係る改革は，いったん終結を見たと思われたが，2008年のいわゆるリーマン・ショックを契機とした世界的な金融危機を受けて，一段と銀行の健全性を高めるために，バーゼルⅢに係る議論が開始されることとなった。バーゼルⅢは，2010年に，主に自己資本比率の分子（資本）を強化する枠組みで合意されたが，2017年9月現在，自己資本比率の

9　バーゼルⅡの信用リスク・標準的手法は，バーゼルⅠのリスク感応度を高めたものである。

分母（RWA）についても，リスク捕捉の適切性を確保する観点から，現行バーゼル規制の見直しが進められている。RWAについては，世界的な金融危機を経て，各国当局の間で，内部モデルが適切にRWAを計測できていないのではないかとの懸念が持ち上がり，バーゼル委が各国の個別銀行を対象に内部モデル手法によるRWA計測に関する調査を実施した[10]。この調査の結果，銀行間でRWA計測に相当のばらつきがある（同じリスクアセットであるにもかかわらず，各銀行の内部モデルを用いると，随分と異なるリスク量が算出される）ことが判明し，「リスク感応度，簡素さ，比較可能性のバランスの観点」に基づく，内部モデル手法の見直しが開始されることとなった。なお，2017年9月現在の見直しでは，内部モデル手法だけでなく，非内部モデル手法（標準的手法等）も対象となっている。

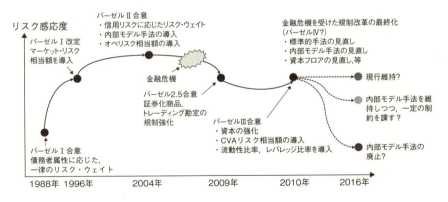

【図表4-4】バーゼル規制の変遷

---

10 信用リスク：Regulatory Consistency Assessment Programme (RCAP) - Analysis of risk-weighted assets) for credit risk in the banking book, July 2013 (http://www.bis.org/publ/bcbs256.pdf), 市場リスク：Regulatory consistency assessment programme (RCAP) - Analysis of risk-weighted assets for market risk, January 2013 (http://www.bis.org/publ/bcbs240.pdf)。

2.2　RWA計測のばらつきの削減

　前節で述べたとおり，バーゼル委では，内部モデル手法によるRWA計測の
ばらつきが，銀行の健全性に問題を生じさせたと考えており，2013年に「規制
枠組み：リスク感応度，簡素さ，比較可能性のバランス[11]」といったディスカッ
ション・ペーパーを公表した。このディスカッション・ペーパーは，2013年以
降の内部モデル手法の見直しに関する議論の方向性を決めたとも言われている。
その方向性とは，「モデル化に馴染まない資産区分の特定や内部モデル手法に
一定の制約を課す」というものである。なお，その一方で，バーゼル委が
RWAのばらつき自体を完全に否定しているわけでないことも明らかになった。
つまり，バーゼルⅡで導入された，銀行の内部リスク管理と規制上の自己資本
比率の整合性を確保するユーステスト（規制で求められるリスク計測やリスク
認識等が，実際の金融機関のリスク管理の中でも用いられているかを当局がみ
るもので，これにより規制上算出されるリスク指標等の信頼性を確保するとい
うもの）の観点は，バーゼルⅢにおいても引き続き重要な位置づけとなってい
る。

　バーゼル委は，2017年9月現在，信用リスク，オペレーショナル・リスク
（市場リスクは2016年1月に最終合意されている。），資本フロア（内部モデル
手法で計算されたリスク量に一定の下限を設けるもの）について，RWA計測
のばらつきを削減するための見直しを進めている。見直しのスケジュールは，
2015年のG20向け報告書では2016年末までの最終化を目指すこととなっていた
が，2017年9月現在，最終化には至っていない。

2.3　信用リスク評価の見直し

　この節以下では，各リスクカテゴリーにおける規制見直しの概要について解
説を行う。ただし，詳しい内容は，バーゼル委が公表する市中協議文書，又は

11　BCBS（2013）Discussion paper The regulatory framework: balancing risk sensitivity,
simplicity and comparability, July 2013

最終合意文書に譲ることとしたい。

　信用リスクでは，内部モデル手法と非内部モデル手法（標準的手法）について見直しが進められている。ここではその概要を，標準的手法と内部モデル手法に分けて説明する。

＜標準的手法＞

　標準的手法の見直しの基本的な考え方は，従来の簡素さをできるだけ維持しつつも，リスク感応度を高め，従来の標準的手法では非常に重要な役割を果たしていた外部格付に関しては，あくまでも「機械的ではない」形でのみ利用することにある。外部格付の利用は，世界的な金融危機において，外部格付機関による後追い的な格下げが銀行資産のさらなる大幅な劣化という悪循環を招いた反省から，それに依存しない枠組みを構築することが検討されてきた。

　第1次市中協議（2014年12月）では，銀行・事業法人向け債権については，外部格付の利用の廃止まで踏み込んだ案が提示されていたが，市中からの意見[12]を受けて，第2次市中協議では外部格付の利用を維持しつつ，「機械的な利用」とならない方法が提案されている。また，外部格付の取扱い以外では，住宅ローン等において，LTV（Loan to Value：購入対象の不動産価格に対する借入の比率）の水準でRWを決定する方法が提案されている。

＜内部モデル手法＞

　内部モデル手法の見直しは，前節で述べたとおり，「モデル化に馴染まない資産区分の特定や内部モデル手法に一定の制約を課す」方向性で議論が進められてきた。具体的には，銀行や大企業（連結総資産500億ユーロ超）には内部モデル手法の利用を廃止し，標準的手法の適用が提案されている。金融機関

12　第1次市中協議では，銀行・事業法人向け債権について，外部格付の参照ではなく，いくつかの代替的リスクドライバー（例：貸出先企業の売上高，レバレッジの水準）を参照して，リスクウェイト（RW）を適用するアプローチが提案されていたが，実際に適用されるRWが個々の債権のリスクを適切に反映していない等の意見を受けて，再度の外部格付の利用へと舵を切ることとなった。

（銀行[13]，その他金融機関[14]，等）や大企業はデフォルト発生頻度が低い債務者（LDP：Low Default Portfolio）であり，信頼性の高いパラメータを推計するための十分なデータがないことから，内部モデル手法の利用は適当ではないというのが理由だ。さらに，連結年間収入の多寡に応じて，先進的内部格付手法の適用を廃止する（具体的にはデフォルト時損失率（LGD）に関し，内部モデル算出値ではなく，当局が指定した値を用いる）こと等が提案されている。

　また，株式は，内部モデル手法を廃止し，標準的手法を用いることが提案されている。現行の内部モデル手法では，株式のRWAを計測する際に，株式をローンと見なして計測するPD/LGD方式[15]が導入されてきた。このPD/LGD方式では，株式を発行する企業の格付は高い（PDが低い）ため，相応に低いRWが適用されていた。一方，標準的手法では，現行のRW100％から，見直し後は，250％に引き上げられることが提案されている。したがって，株式に関する資本賦課は，内部モデル手法，標準的手法のいずれを採用する銀行でも，現行対比で相当大きくなると考えられる。

【図表4-5】信用リスク・内部モデル手法の見直し案

資産区分		市中協議案	
金融機関		—	標準的手法
事業法人	連結総資産500億ユーロ超		
	〃 以下	連結年間収入2億ユーロ超	基礎的内部格付
		〃 以下	先進的内部格付手法
	SME（年間売上高0.5億ユーロ以下）		
	特定貸付債権[16]	—	標準的手法，スロッティング・クライテリア方式
株式		—	標準的手法

13　銀行と同等の監督に服する証券会社を含む。

14　保険会社，リース事業者，貸金業者等の会社が含まれると考えられる。

15　PDは内部格付に応じて決定され，LGDは当局設定値90％を用いる手法である。

16　特定貸付債権は，Specialised Lendingと呼ばれており，プロジェクト・ファイナンス，オブジェクト・ファイナンス，コモディティ・ファイナンス，事業用不動産向け貸付が含まれる。

さらに，インプット・フロアの見直し等が提案されている。これは，PD，LGD，EADといったパラメータ推計値に下限を設けるものである。例えば，現行バーゼル規制のPD下限値は0.03％[17]であるが，これを0.05％に引き上げることが提案されている。また，コミットメントライン等の空き枠に対する掛け目（EAD-CCF：EAD-Cash Conversion Factor）の引上げも提案されている[18]。例えば，「無条件に取消可能なコミットメント（UCC: Unconditionally Cancellable Commitment）」を，現行の0％から10-20％（リテール向け債権）とする等である。つまり，クレジットカードやカードローンの未使用枠は，現在は掛け目が0％となり，資本賦課もなかったが，今後は未使用枠の額の10-20％がEADとして認識される可能性がある。さらに，UCCの定義見直しにも踏み込んでいる。すなわち，与信枠を設定していても，顧客から貸出の申し出がある都度，銀行に貸出の留保を判断する機会がある場合には，これまではコミットメント性が否定されてきた与信枠も，今後はコミットメントとして取り扱う方向で議論がされている[19]。

＜バーゼル委の公表文書＞

標準的手法：

- 第1次市中協議（2014年12月）：信用リスクに係る標準的手法の見直し（Revisions to the Standardised Approach for credit risk）
- 第2次市中協議（2015年12月）：信用リスクに係る標準的手法の見直し（Revisions to the Standardised Approach for credit risk）

---

17 ソブリンは除かれている。したがって，ソブリンのPDは0.00％～0.03%未満とすることができる。
18 当局設定EAD-CCFの引上げが提案されている。なお，引上げの対象は内部モデル手法と標準的手法の両方である。
19 コミットメント性が否定される取扱いは自己資本比率規制告示Q&Aの第78条-Q4を参照のこと。

内部モデル手法：

- 第 1 次市中協議（2016年 3 月）：信用リスクアセットのばらつきの削減（内部モデル手法の利用の制約）（Reducing variation in credit risk-weighted assets - constraints on the use of internal model approaches, BCBS362）

2.4　市場リスク評価の見直し[20]

　市場リスクは，「トレーディング勘定の抜本的な見直し」と銘打って議論がなされ，2016年 1 月に最終合意に至っている。各国法制に従った規制の適用開始時期は，2019年末とされている。なお，市場リスクについては，先の世界的な金融危機を受けて，いち早く資本賦課の大幅引上げが合意されている（バーゼル2.5[21]）。もっとも，バーゼル2.5は，危機に対する応急措置として導入された側面が否めなかったため，規制の枠組みに一貫性がない等の問題意識の下，「トレーディング勘定の抜本的な見直し」へと繋がった。

　市場リスクの見直しは非常に多岐にわたることから，詳細な説明はバーゼル委が公表する最終合意文書を参照することを推奨するが，主な見直し内容は以下となる。

①　内部モデル手法の見直し

　内部モデル手法を採用するために必要となる当局承認の一段の厳格化が図られている。資本賦課を低減する分散効果の勘案に対する制約が掛けられている。

②　標準的手法の見直し

　内部モデル手法とのリスク計測概念の整合性強化（リスク感応度向上等）が図られており，内部モデル手法と同等の考え方で計測されたリスクウェイトが適用されることとなる。

20　金融庁ホームページ（平成28年 1 月19日）「バーゼル銀行監督委員会による最終規則文書「マーケット・リスクの最低所要自己資本」の公表について」を参照した。
21　バーゼル2.5は，2009年に合意。2011年末より実施されている。

③ リスク計量化手法の変更─VaR（Value at Risk）から
ES（Expected Shortfall）に変更

テール・リスクを捕捉するために，内部モデル手法のリスク計測方法がVaR
からESへと変更された。ESとは，確率的な信頼区間を超えたところで生じる
平均的なリスクであり，VaRよりも保守的な計測方法と言える。なお，標準的
手法のリスクウェイトの水準は，ESを基礎に設定されている。

④ 市場流動性リスクの捕捉

標準的手法と内部モデル手法において，様々な流動性ホライズンを取り込み，
市場流動性の低下から生じるリスクを捉えるとしている。

⑤ トレーディング勘定と銀行勘定の境界

銀行勘定とトレーディング勘定の間の規制裁定[22]を防止するために，勘定間
の境界の明確化を図っている。トレーディングの目的（a．短期間の再売却，
b．短期の価格変動による利益獲得，c．裁定利益の確定，a～cのいずれか
を目的とした商品から生じるリスクのヘッジ）で保有する商品は，トレーディ
ング勘定に分類しなければならないとしている。

＜バーゼル委の公表文書＞

- 第1次市中協議（2012年5月）：トレーディング勘定の抜本的見直し
  （Fundamental review of the trading book, BCBS219）
- 第2次市中協議（2013年10月）：トレーディング勘定の抜本的見直し：マー
  ケット・リスク枠組みの改訂（Fundamental review of the trading book: A
  revised market risk framework, BCBS265）
- 第三次市中協議（2014年12月）：トレーディング勘定の抜本的見直し：検討
  中の論点について（Fundamental review of the trading book: outstanding
  issues, BCBS305）

22　任意の商品について，トレーディング勘定で計算するリスクアセットの額が銀行勘定で
計算する場合よりも不利な場合に，当該商品を銀行勘定に移し替える等を意味する。

- 第四次市中協議（2015年7月）[23]：CVA[24]リスクの定量的影響度調査の仕様書（Instructions: Impact study on the proposed frameworks for market risk and CVA risk）の付属文書（Annex 1 Proposed market risk framework (July 2015)）として公表
- 最終合意（2016年1月）：マーケット・リスクの最低所要自己資本（Minimum capital requirements for Market Risk, BCBS352）

2.5　オペレーショナル・リスク評価の見直し[25]

　信用リスク同様に，オペレーショナル・リスクも，2017年9月現在，第2次市中協議が実施されているが，未だ最終合意に至っていない状況にある。第2次市中協議案で提案されている見直しの方向性としては，現行の基礎的手法（BIA：The Basic Indicator Approach），粗利益配分手法（TSA：The Standardised Approach），先進的手法（AMA：Advanced Measurement Approach）について，これらを全て廃止して，新しい標準的手法（SMA：Standardised Measurement Approach）に一本化することが提案されている。

　新しい標準的手法（SMA）の特徴を簡単に述べると，「内部損失が大きいほど資本賦課が増大する計測手法」と言える。つまり，内部損失の抑制に努めている銀行ほど資本賦課が小さくなるため，邦銀のように業務品質に厳格な銀行には，現状の基礎的手法や粗利益配分手法に比べれば，総じて有利な提案となっている。なお，先進的手法（AMA）は，「モデルが過度に複雑である」「（他行との）比較可能性に乏しい」「過小資本の懸念がある」として，廃止される方向だ。邦銀の中でも大手行を中心にいくつかの先は先進的手法を採用しているが，こうした先にとっては，先進的手法が廃止され，新しい標準的手法

23　多くの金融関係者の間では実質的な市中協議と認識されているが，最終合意文書並びに金融庁ホームページの掲載資料では，当該資料の公表は市中協議と位置付けられておらず，市中協議の回数は全3回とされていることに留意。

24　Credit Valuation Adjustmentの略。

25　金融庁ホームページ（平成28年3月7日）「バーゼル銀行監督委員会による第2次市中協議文書「オペレーショナル・リスクに係る標準的手法」の公表について」を参照した。

に移行するに伴い，リスク量は相当程度増加すると言われている。

＜バーゼル委の公表文書＞

- 第1次市中協議（2014年10月）：オペレーショナル・リスクに係る標準的手法の見直し（Operational risk -Revisions to the simpler approaches, BCBS291）
- 第2次市中協議（2016年3月）：オペレーショナル・リスクに係る標準的手法（Standardised Measurement Approach for operational risk, BCBS355）

2.6　アウトプット・フロア（資本フロア）

　資本フロアは，前記2.1で述べたとおり，バーゼルⅡ導入時の移行措置的な取扱いから，恒久的な措置とすることが提案されている。また，資本フロアの参照手法は，現在のバーゼルⅠまたは標準的手法から，標準的手法に一本化される方向となっている。なお，ここで用いられる標準的手法は，現行のものではなく，現在見直しが進んでいる新しい標準的手法となる。つまり，内部モデルを採用する銀行の自己資本比率への影響は，内部モデル手法の見直しだけでなく，資本フロア参照手法となる標準的手法にも左右されることとなる。

　資本フロアは従来，規制移行に伴う所要自己資本の急激な変動を防ぐ目的で導入されてきた。例えば，バーゼルⅠからバーゼルⅡへの移行に際しては，リスク感応度が高い手法を用いることで所要自己資本が大幅に減少するケースもみられた。その差異，監督当局としては，銀行が実際に保有する自己資本が急に減少することに不安を覚えたのである。そのため，その扱いも，あくまでも「過渡的な措置」となっていた。これに対し，今回の資本フロアの目的は，上記とはやや異なり，内部モデル手法による「資本節約」に下限を設けることが最大の目的となっている。今回のRWA計算方法の見直しの最大の理由の１つが，銀行が開発した内部モデルに対する監督当局の「不信」である所以である。したがってその扱いも，「恒久的な措置」となっている。

　第2次市中協議案で示された資本フロアの水準は，標準的手法のRWA対比60〜90％となっていた。また，資本フロアのデザイン（適用対象となる資産区

分やその粒度等）についても検討されることとなっている。資本フロアの見直しで提案されている計算方法は，基本的には，現行の計算方法と大きな差異はない。したがって，標準的手法で計測したRWAのX％の水準を下回らない限り，内部モデル手法で計測したRWAをそのまま適用することが可能である。また，内部モデル手法で計測したRWAが，標準的手法で計測したRWAのX％の水準を下回った場合には，その下回った分を，自己資本比率の分母（RWA）に加算することとなる。

　2017年9月現在，当初は年初時点で合意が予定されていたバーゼルⅢの最終化も，その合意が延期となり宙に浮いた状態となっているが，実は年初の合意が延期となった最大の理由の1つが，資本フロアを巡る一部の国の強い反発だと言われている。資本フロアの水準によっては，それだけ銀行の所要自己資本にもたらす影響が大きいと同時に，優良先に対する貸出が多い銀行ほど，高いフロア水準からの悪影響を受けやすくなるといった弊害も大きい点が懸念材料となっている。

＜バーゼル委の公表文書＞

- 第1次市中協議（2014年12月）：資本フロア：標準的手法に基づく枠組みのデザイン（Capital floors: the design of a framework based on standardised approaches）
- 第2次市中協議（2016年3月）[26]：信用リスクアセットのばらつきの削減（内部モデル手法の利用の制約）（Reducing variation in credit risk-weighted assets - constraints on the use of internal model approaches, BCBS362）

2.7　ソブリン向け債権に係る信用リスクの見直し

　バーゼル委はソブリン向け債権[27]についても，RWA計測上の取扱い見直し

26　資本フロアの第2次市中協議は，バーゼル委は明示していないが，信用リスクアセットのばらつきの削減（内部モデル手法の利用の制約）に含まれると解される。

27　中央政府及び中央銀行向け債権等が含まれる。

を進めている。現行バーゼル規制では，ソブリン向け債権のRWは，自国通貨建てで調達されたものであれば０％を適用することが許容されてきた。しかし，欧州債務危機では，ギリシャ等において実際にソブリンに係る信用リスクが顕在化しており，RWを引き続き０％とすることに懸念が持たれ始めているのが，RWA計測の取扱い見直しの最大の理由だ。

バーゼル委が公表した「信用リスクアセットのばらつきの削減（内部モデル手法の利用の制約）（2016年３月）」では，ソブリン向け債権については，他のリスクカテゴリーとは別に慎重かつ包括的な形で検討が進められているとされている。2017年９月現在，その具体的な議論の内容は公表されていないが，大きな方向性は，ソブリン向け債権に対する資本賦課の強化だと考えられる。

3 規制の影響と規制を巡る論点

ここでは，バーゼル規制が対象とするリスクの評価手法の見直しに関し，その影響と論点について述べる

3.1 リスク計測におけるリスク感応度の低下

バーゼル委が進める規制見直しは，これまでのところ，リスク感応度よりは，どちらかというと規制の簡素さと比較可能性が強く意識され，議論が進んでいる。しかし，規制の簡素さと比較可能性を強く求めると，バーゼルＩで問題となったような，個々の債務者の実態に即したきめ細かいリスクの違いを反映できない（つまりは，リスク感応度は低下する）という問題が再び生じてしまい，裁定行為の観点で，銀行行動に望ましくないインセンティブを与える懸念がある。つまり，銀行にリスクの高いエクスポージャーの保有を後押ししてしまい，結果的に銀行のアセット品質を劣化させることが問題となり得る。

バーゼル委が標榜する，簡素さや比較可能性と，リスク感応度は，互いにトレードオフの関係にあるわけで，簡素さと比較可能性を追求すれば，自然とリスク感応度は低下すると考えられる。一方で，その副作用の大きさを考えれば，

第4章　既存の規制が対象としたリスクの再評価　*137*

仮にRWA計測のばらつきを削減するとしても，内部モデルを改定するよりも，まずは例えば，現行バーゼル規制のRWA計測の定義や開示の定義を明確化することの方が望ましい対応といえるかもしれない。

3.2　リスク管理高度化インセンティブの低下

バーゼルⅡ導入時に重要視された理念の1つが，銀行の自主性に基づいたリスク管理の高度化であった。すなわち，バーゼルⅡでは，「第1の柱：最低基準（所要自己資本比率，流動性カバレッジ比率[28]）」「第2の柱：金融機関の自己管理と監督上の検証」「第3の柱：市場規律の活用（開示規制）」といったように，3つの柱の概念が導入されたが，このうち第2の柱がリスク管理の高度化に該当する。

内部モデル手法を採用することは，多くの銀行にとって，リスク管理の高度化に資する。また，内部モデル手法の採用に際し，銀行内部の管理体制やデータを整備し，リスク計測の精緻化を図るわけであるが，この結果として，多くの場合，所要自己資本の額は減少し，規制上の自己資本比率を上昇させることが可能となる。これは，内部モデルを用いることで，リスクをより精緻に計測できるほど，所要自己資本額算出に求められる「保守性」の程度が低下し，この結果，所要自己資本額も減少するメカニズムだといえる。換言すれば，リスク計測の向上が，所要自己資本の減少という「報酬」をもたらすインセンティブ・メカニズムだともいえる。

このため，仮に，内部モデル手法に大きな制約を課してしまい，所要自己資本額の減少が見込めなくなると，銀行がリスク管理高度化に取り組むインセンティブを阻害することが考えられる。もちろん，各国当局の中には，銀行内部のリスク管理高度化は，それ自体が銀行経営に役立つ（少なくとも，銀行自身もそのように主張してきた）ものであり，規制によってわざわざインセンティ

28　流動性カバレッジ比率は，バーゼルⅢから導入されたものである。本邦では国際統一基準行を対象に2015年3月期から実施されている。流動性カバレッジ比率が実施されるまでは，第1の柱は所要自己資本比率だけであった。

ブ付けする必要はないとする主張もある。ただし，インセンティブ付けが深刻な副作用をもたらさない限り，これを否定する必要もないわけで，要は，銀行が内部モデルを用いて「当局を欺く」リスクとの比較の中で，インセンティブ付けの必要性も決まると考えるべきである。

　上記の議論の中で重要な点は，結局，監督当局が，銀行から欺かれるリスクをどの程度抑制できるのかが，規制へのインセンティブ付けの判断に影響するということだ。そして，このリスクを抑制する当局の能力は，当局自身の慎重さと同時に，資本を軽くしようとする銀行自体の「アグレッシブさ」にも依存する。この点，欧米とは異なり，少なくとも日本に関しては，内部モデルの承認に当たり非常に慎重な姿勢を維持したことが知られている。同時に，第3章でもみたとおり，日本の銀行の収益に対するアグレッシブさは，欧米の銀行に比べ明らかに低かった。こうした異なる環境を考慮すれば，欧米と同様の内部モデル活用（リスク管理高度化）のインセンティブを削ぐような規制を果たして日本で導入すべきに関しては，改めて考え直す必要があるかもしれない。

3.3　リスク評価の画一化による金融システム全体のショック吸収能力の低下（システミック・リスクの増大）

　投資格言の1つに「卵は1つの籠に盛るな」というものがある。これは分散投資というポートフォリオの多様性の重要性を示唆するものであるが，リスク評価の枠組みでも同様のことが考えられる。つまり，銀行間でリスク評価の多様性があった方が，経済ショックが起きた際に，皆が同一方向に突っ走る（Herding behavior）ことで生じる市場ショックを緩和することが期待できるからだ。もう少し具体的に論じると，リスク評価の多様性は，同一債務者に対するリスク評価の違いを意味する。経済ショック時において，ある銀行は悲観的観測の下，当該債務者向け債権の即時処分を考えるかもしれないが，他の銀行は楽観的観測の下，当該債務者向け債権の保有を続けることも考えられる。「捨てる神あれば，拾う神あり」ということで，リスク評価の多様性を保持することは，経済ショック時（ストレス時）における市場の懐の深さになるとも

言える。

　仮に信用リスク評価等において，内部モデル手法に代わり，標準的手法が果たす役割が大きくなると，その分画一的なリスク評価手法が多くの銀行の間で用いられるようになり，結果として金融システム全体としてのショック吸収能力は低下する（システミック・リスクが増大する）かもしれない。こうした視点からも，ある程度の範囲までは銀行の自主性に基づくリスク評価が尊重されるべきであろう。

3.4　複雑すぎる内部モデル手法の廃止による過度なテールリスク把握努力の是正

　バーゼルⅡが求める内部モデル手法は，銀行のリスク管理高度化に貢献する一面がある一方で，場合によっては，非常に稀にしか生じないテールリスクの把握に注力するあまり，リスク計測モデルが極端に複雑化し，その構築・運用に多大なコストを要するケースももたらした。こうした場合は，内部モデル手法の運営と実際のリスク管理業務との距離が，むしろ拡大するようなことさえ生じたのである。例えば，バーゼル委から利用の廃止が提案されているオペレーショナル・リスクの先進的計測手法（AMA）がそれだといえる。AMAは，計量化が難しい様々なオペレーショナル・リスクを，リスク発生の原因に近い視点から分類し，この分類に基づき，それぞれの発生頻度と，発生した場合の損失額分布を同時にモデル化するなど，リスク計量化に対する取組みとしては，非常に革新的なものであった。

　もっとも，この分野に，業界としてのリスク計測モデルに係る標準的なプラクティスがまだ確立されていないにもかかわらず，いきなり銀行に（監督当局による認可は必要なものの）モデリングのほぼ全てを丸投げする「完全」内部モデル手法が導入された結果，その維持管理が，認可した当局や運用する銀行の側からみても，次第に困難化していった。さらにこのモデルによるテールリスクの把握の重要性が強調され過ぎた結果，真のオペレーショナル・リスク管理高度化からは乖離するような状況もみられるようになった。

AMAの廃止提案に関しては，これまでAMAのモデル開発に多大な投資を行ってきた大手金融機関を中心に，監督当局の「無責任ぶり」を批判する声は強い。また，標準的手法のみが利用できるということになると，既述のとおり，リスク感応度が低くなる，あるいはシステミック・リスクが増大するといった問題が生じる可能性もある。もっとも，これと同時に，テールリスクの把握に多大なエネルギーがこれまで費やされてきた状況が，AMA廃止に伴い是正され，より本質的なオペレーショナル・リスク管理を推進する余裕ができる点は，ポジティブな側面として評価することもできる。

なお，デリバティブ取引の与信相当額を計測する内部モデル方式（IMM）についても，そのモデル化の妥当性について，当局間で懐疑的な意見が出されてきた。もっとも，IMMについては，AMAとは異なり，引き続きモデル化を許容しつつ，新しい標準的手法（SA-CCR：Standardised Approach-Counterparty Credit Risk[29]）をフロアとする方向が提案されている。ただし，このSA-CCRも，全ての銀行が利用する標準的手法でありながら，計算の複雑性が懸念されており，その運用に関しては今後大きな問題が発生する可能性も考えられる。

3.5　ソブリン向け債権が持つ役割

前記2.7で述べたとおり，ソブリン向け債権についても，RWA計測上の取扱いの見直しが進められており，今後，資本賦課がなされる可能性が考えられる。たしかに，欧州債務危機を見れば，自国通貨建てで調達された債権のRWを０％とすることには問題がありそうだ。もっとも，自国の金融システムの安定を図るという視点から考えれば，仮に自国のソブリン債権の信用度が低下したとしても，これをそのままRWに反映することが果たして，所期の目的に適うかは必ずしも明らかではない。

例えば，ソブリン向け債権は，市場取引時[30]の担保として，市場流動性の観

29　本邦では，カウンターパーティ信用リスクと表現されている。

30　告示で定めるレポ形式の取引（買戻条件付（又は売戻条件付）債券売買取引や現金担保付債券貸借取引）やデリバティブ取引において，担保として使用される。

点で重要な役割を果たしている。また，流動性カバレッジ比率に関しては，その分子にソブリン向け債権を計上することで，同比率の上昇を図ることが可能となっている。つまり，流動性の観点からみれば，仮にソブリン向け債権のRWが上昇する懸念からその保有が減れば，市場取引上も規制上も問題が生じることとなる。結果的に，ソブリン向け債権の信用度の悪化によるRWの上昇が，市場流動性の低下や流動性指標改善のための資産売却等を通じて，かえって金融危機を加速してしまう可能性すらある。

　以上を踏まえれば，ソブリン向け債権のRWA計測上の取扱いは，自国の金融システムの安定性に係る措置を勘案しながら，これまで同様，各国が判断するのが妥当のようにもみえる。

4 当局に期待される行動

　ここでは，一連のバーゼル規制の見直しに関し，本邦当局に期待される行動を，先の影響や論点の議論に基づきながら，論じることとする。なお，最初に断っておくと，こうした一連のバーゼル規制の見直しにおいて，確たる正解はないということである。英国首相のWinston Churchillの言葉に「it has been said that democracy is the worst form of Government except for all those other forms that have been tried from time to time.（民主主義は最悪の統治形態である。ただし，これまで試されてきた他の全ての統治形態を除けばである）」とある。これは，民主主義が他の統治形態よりも優れているかもしれないが，常に改善が必要であることを示唆している。これをバーゼル規制に置き換えて考えることができないだろうか。つまり，「現行バーゼル規制は最悪のアプローチである。ただし，これまで試されてきた他の全てのアプローチを除けばである。」となり，現行のバーゼル規制は過去の反省に基づいた改善の上に立っているが，それでも完全ではないということとなろう。

　したがって，現在進められている見直しは，そうした改善の上に立つものであるが，その結果は完全ではないということをしっかりと認識した上で，最終

化が図られることが期待される。重要なことは，いきなり「完全を目指す」ことではなく，「欠陥を認識」した上で更なる改善に向けて努力を続けていくことだといえる。

4.1 本邦銀行と欧米銀行とのリスク文化の相違を前提とした枠組みの構築

金融規制を考えるにあたり，先ず強調すべき点は邦銀と欧米銀行とのリスク文化の違いではなかろうか。邦銀のリスク文化では，ハイリスク・ハイリターンの行動様式へと至ることは極めて考え難いことであるが，欧米銀行ではそうしたことも時としてありえると考えられる。こうしたリスク文化の違いもあって，グローバルで議論される規制は，どうしても性悪説に傾きがちであり（例えば，内部モデルの活用を制限しようという発想も，銀行「性悪説」が出発点となる），邦銀から見ると過度に厳しい規制になる。

したがって，各国の実情に合わせたバーゼル規制の導入を見据えて，バーゼル規制は，各国のリスク文化や金融取引慣行の違いを尊重し，当局による監督手法の違いを考慮した枠組みとなることが期待される。

4.2 バーゼルⅡ規制の適切な運用で健全性が維持できた「可能性」を踏まえた議論

上記4.1で監督手法について触れたが，ここでは日本と欧米の監督手法の相違が，結果として，グローバル金融危機の中にあっても，邦銀の健全性を維持につながった可能性に関し論じる。日本では，グローバル金融危機が発生した時点において，バーゼルⅡの最終合意文書に従って，基本的には全ての金融機関を対象として，粛々とバーゼルⅡが実施されていた。そのお陰もあって，グローバル金融危機においても，銀行の健全性が維持できたとも考えられる。その一方で，欧米諸国では，バーゼルⅡの完全実施が遅れていたり，あるいは実施されたことにはなっていても，「原則ベース」の監督の下，厳格な運用がなされていなかった可能性が指摘されている。要するに，足元でバーゼルⅡ規制

の見直しが唱えられているが，実のところ，そもそも欧米ではバーゼルⅡが適切に実施されてこなかった可能性があるのだ。

　それでは，何故日本ではバーゼルⅡを適切に実施できたのであろうか。その鍵の1つは，業界と当局の関係性にあると思われる。筆者の知る限り，日本では業界と当局が比較的密に意見交換をする関係にあり，日本の金融システムの安定化に向けて，よい意味で官民が協力している状況にある。したがって，日本におけるバーゼルⅡ規制の実施についても，官民で乗り越えるべきハードルは多かったものの，十分な調整がなされた結果，予定どおり実施に移すことができたと考えられる。

　監督手法に関し，日本と欧米に優劣を付けることが目的ではないが，少なくとも，業界と密な対話を重ねる日本型の監督手法は，モニタリングの深度という意味でも，もう少し評価を受けてもよいのではないか。見方を変えれば，日本の当局の自己アピールがむしろ不足していることが問題だとも言えるかもしれない。

4.3　リスク評価の多様性による金融システムの安定化

　前記2.1で述べたとおり，現在，バーゼル委による規制の見直しは，「リスク感応度，簡素さ，比較可能性のバランスの観点」に基づいて進められている。ただし，内部モデル手法については，どちらかと言うと，「簡素さと比較可能性」に偏りがちな傾向にある。つまり，銀行の創意工夫によるリスク管理高度化を基礎とした内部モデル手法によるリスク評価の適用範囲を狭くして，全ての銀行に共通な標準的手法を一段と求めるものとなっている。

　しかし，こうした銀行の創意工夫によるリスク評価の余地を狭めることは，金融システムにおけるリスク評価の多様性の喪失に繋がり，金融危機時において全ての銀行が同様の行動様式を選択することで，金融市場のショックが増幅されることが懸念される。「捨てる神あれば，拾う神あり」といったリスク評価（投資行動）の多様性を確保することは，市場のovershootingを緩和する働きがあるのだ。結局，金融システムの安定化のためには，多様なリスク評価を

行う銀行を増やすこと，さらには，リスクを受け止める懐の深い金融市場を作ることが重要と考えられる。

4.4　各国当局による“内部モデル承認基準等”のばらつきの削減

　現行バーゼル規制では，銀行が内部モデル手法を採用するためには，当局の承認を得る必要がある。つまり，内部モデル手法による「銀行間のRWA計測のばらつき」が生じる原因の１つには，各国当局の間で「内部モデル手法の承認基準」にばらつきがある可能性を指摘できる。また，別の原因としては，当局による内部モデル手法運用のモニタリング水準に，各国当局の間でばらつきがある可能性もある。

　現在，バーゼル委では，規制の見直しを図ることで「銀行間のRWA計測のばらつき」を削減しようとしているが，それと併せて，各国当局の間で存在する，「内部モデル手法の承認基準（又はモニタリング水準）のばらつき」も解消すべきではなかろうか。解消に向けたハードルは高いかもしれないが，内部モデル手法の承認基準やモニタリング水準を，各国間で整合させることが，銀行間のRWA計測のばらつき削減に寄与すると考えられる。

4.5　当局と銀行における情報格差を踏まえた上での
　　　認識ギャップ解消に向けた議論

　バーゼル委では，「銀行間のRWA計測のばらつき」を問題視しているが，銀行は他行のリスク評価がわからないことから，銀行間でRWA計測がばらついているかを知る術がない。したがって，バーゼル委の問題意識が，銀行に適切に伝わらない可能性がある。

　銀行のRWA計測結果は，自行の審査ノウハウに基づいてリスク評価を行った結果に過ぎないことから，銀行間の審査ノウハウに差異があれば，当然にRWA計測も異なると考えられる。また，銀行間で与信ポートフォリオのリスク特性も異なることから，当該ポートフォリオから推計されるPD，LGDといったRWを決定するパラメータにも，当然差異が生じることとなる。こうし

た点をきちんと議論しないままに,「銀行間のRWA計測のばらつき」があることを問題視しても,当局と銀行における認識ギャップだけが残ってしまい,規制見直しに向けて銀行の理解を得ることは難しい。当局は全ての銀行の情報を知ることができる立場にあり,他方で銀行は自行の情報しか知り得ない立場にあることを,しっかりと踏まえて議論することが重要である。

5 まとめ

本章では,「既存の規制が対象としたリスクの再評価」と題して,バーゼル委が進めているバーゼルⅢ最終化に向けた規制の見直し概要とその論点について論じた。ただし,バーゼルⅢ最終化のスケジュールは,当初は2016年末を予定していたが,2017年1月3日に中央銀行総裁・銀行監督当局長官グループ(GHOS:The Group of Central Bank Governors and Heads of Supervision)[31]から最終化の延期が報じられたところである[32]。延期の理由は,「資本賦課の最終的な水準調整を含め,いくつかの作業を終わらせるため更なる時間が必要である[33]」とされている。

バーゼル委では,「リスク感応度,簡素さ,比較可能性のバランス」を念頭に,過度に資本賦課の水準を引き上げない形で,バーゼルⅢの最終化を目指している。しかし,市中協議案では資本賦課が増す方向での提案がなされている。さらに,一部資産区分での内部モデル手法の制約・廃止に伴い,RWA計測でのリスク評価と,実務上のリスク評価に乖離が生じることも懸念されている。いずれにしても,最終化が延期となったことで,拙速な議論での決着が回避されたのであれば,それはむしろ喜ぶべきことなのかもしれない。

---

31 GHOSはバーゼル委の上位機関である。
32 Finalising Basel Ⅲ reforms (3 January 2017) http://www.bis.org/press/p170103.htm
33 金融庁HP掲載の仮訳より抜粋した。http://www.fsa.go.jp/inter/bis/20170104-1/01.pdf

(参考文献)

金融庁（2016）銀行法第十四条の二の規定に基づき，銀行がその保有する資産等に
　　照らし自己資本の充実の状況が適当であるかどうかを判断するための基準（平成
　　十八年金融庁告示第十九号），2016年3月

金融庁（2017）「バーゼルⅢ見直しの最終化について」，2017年1月

BCBS（2009）Basel Ⅱ capital framework enhancements announced by the Basel
　　Committee, July 2009

BCBS（2012）Consultative document - Fundamental review of the trading book,
　　May 2012

BCBS（2013a）Regulatory Consistency Assessment Programme（RCAP）-
　　Analysis of risk-weighted assets for credit risk in the banking book, July 2013

BCBS（2013b）Regulatory consistency assessment programme（RCAP）- Analysis
　　of risk-weighted assets for market risk, January 2013

BCBS（2013c）Discussion paper - The regulatory framework: balancing risk
　　sensitivity, simplicity and comparability, July 2013

BCBS（2013d）Consultative Document - Fundamental review of the trading book:
　　A revised market risk framework, October 2013

BCBS（2013e）Regulatory Consistency Assessment Programme（RCAP）- Second
　　report on risk-weighted assets for market risk in the trading book, December
　　2013

BCBS（2014a）Consultative Document - Operational risk -Revisions to the simpler
　　approaches, October 2014

BCBS（2014b）Consultative Document - Revisions to the Standardised Approach
　　for credit risk, December 2014

BCBS（2014c）Consultative Document - Capital floors: the design of a framework
　　based on standardised approaches, December 2014

BCBS（2014d）Consultative Document - Fundamental review of the trading book:
　　outstanding issues, December 2014

BCBS（2015a）Consultative Document - Review of the Credit Valuation
　　Adjustment Risk Framework, July 2015

BCBS（2015b）Instructions: Impact study on the proposed frameworks for market
　　risk and CVA risk, July 2015

BCBS（2016a）STANDARDS - Minimum capital requirements for market risk,
　　January 2016

BCBS（2016b）Consultative Document - Standardised Measurement Approach for
　　operational risk, March 2016

BCBS（2016c）Consultative Document - Reducing variation in credit risk-weighted
　　assets - constraints on the use of internal model approaches, March 2016

BCBS (2016d) Regulatory consistency assessment programme (RCAP)- Analysis of risk-weighted assets for credit risk in the banking book, April 2016

BCBS (2017) Finalising Basel Ⅲ reforms, January 2017

第5章

既存の規制が
対象としなかった
リスクの取込み

勝藤　史郎

1 規制の概要と規制が作られた背景

　本章では，個別金融機関が直面するリスクの特定を容易化・精緻化する規制のうち，既存の規制が対象としなかったリスクを扱う。既存の規制で金融機関が管理すべきリスクは，バーゼルⅡの第1の柱で定められた，信用リスク，市場リスク，オペレーショナル・リスクが主なものであった。しかし，複雑で広範囲な金融機関の活動から生ずるリスクは，これらの3つのリスク・カテゴリーだけでは捉えきれない。金融市場の変化と，金融機関事業に対する市場の期待の変化とに伴い，金融機関が管理すべきリスク・カテゴリーそのものも適時適切な見直しが必要になる。

　本章で扱う規制は，大きく2つである。1つは，「コンダクト・リスク」「レピュテーション・リスク」などに代表されるいわゆる非財務リスク。もう1つは「サイバーセキュリティ」「ITリスク」に関するものである。これら2つの新たなリスクはそれぞれに異なる背景を持つ。前者は主に金融機関が社会や市場に対して追う責任をより広くとらえる観点から新たにリスク・カテゴリーとして認識されるもの。後者は，IT技術等の発達という外的要因により重要性を帯びてきたリスクである。

1.1　非財務リスクの重要性の高まり

サブプライム問題とLIBOR問題が契機

　「コンダクト・リスク」の概念が発生した背景には，2008年のリーマンショック以降の金融危機と，2012年のいわゆるLIBOR価格操作問題という2つの問題があった。

　2008年以降の金融危機は，サブプライム住宅ローン拡販とこれを担保にした証券化商品がその一因とされた。2000年代前半の米国住宅バブルは同年代半ばから崩壊を始め，残高が急増していた住宅ローンの延滞が増加した。結果，住宅ローン拡販のために組成された住宅ローン証券化商品，とりわけ債務者の信

用度が相対的に低いサブプライム住宅ローンを担保とする証券化商品の価格が急落し，金融機関及び投資家に巨額損失が発生した。サブプライム住宅ローン証券化商品を投資家に販売した大手欧米金融機関はその後，司法当局による摘発等の結果多額の罰金を支払うことになった[1]。こうした金融危機の事後的検証では，サブプライム住宅ローンの拡販活動，またその証券化商品の投資家への販売活動が，顧客ニーズより自社利益を優先した不適切な行為とされた。

　いわゆるLIBOR価格操作問題は，2012年，London Interbank Offered Rate（LIBOR）提示銀行の１つである英バークレイズ銀行のトレーダーが，自己ポジションに有利な方向へLIBORを操作していたとの疑いに端を発する問題である[2]。LIBORは，企業貸出や変動金利型住宅ローンなど，様々な銀行貸出の指標金利としてグローバルに採用されている指標である。かかる指標金利を個人の操作ポジションに有利な金利で提供することは，顧客ニーズを無視した行為とされた。

　これら２つの問題を契機に，監督当局による金融機関のモラルへの関心の高まりと規制強化が進んだ。最初に「コンダクト・リスク」という概念を提起したのは，英国イングランド銀行（BOE）の金融行為監督機構（FCA）である。FCAは2012年，「コンダクト」につき「（顧客の）公正で合理的な期待に応えることは，金融機関の行動の中心に位置する」と述べた[3]。英国財務省は2012年，LIBOR制度の全面見直しを勧告する「ウィートリー・レヴュー」をリリースした[4]。また金融安定理事会（FSB）は2013年，「実効的なリスクアペタイト・フレームワークの諸原則」の中で，コンダクト・リスクをリスクアペタイト・フレームワークに含めることを勧告，さらに2015年にFBBはコンダクト・リスク（FSBの用語では"ミスコンダクト・リスク"）削減のための国際的な監督当局によるワークプランを策定・実施することをG20宛に表明，以後2016年

1　例えば，WSJ（2016）参照。
2　例えば，CFR（2016）参照。
3　FCA（2012）参照。
4　Wheatley, M.（2012）

9月までに2回にわたり進捗報告をリリースしている（後述）。

定量的リスク管理に偏しないリスク管理

コンダクト・リスク管理の重要性が高まっている本質的な理由の第1は，定量的手法によるリスク管理の限界である。バーゼルIIまでのリスク管理は「統合リスク管理」として，各種リスクを可能な限り定量化し統一的指標で計測する手法だった。リーマンショックとLIBOR問題は，金融機関の行動（コンダクト）に起因する，定量的手法で捕捉できないリスクの重要性を認識する契機となった。

金融危機の混乱が一段落すると，この傾向は金融機関側でも進んだ。金融機関は危機の反省から，デリバティブや自己ポジションによるリスクテイクを抑制し，対顧客取引により重きを置くようになった。金融市場の店頭デリバティブ取引残高は，2008年をピークに減少に転じた[5]。結果，複雑な手法を用いる計量的市場リスク管理の比重は相対的に低下した。また，金融危機やLIBOR問題により，金融機関一般の市場からの信頼は失墜した。金融危機以後 "Wall Street" という言葉は，もはやビジネスマン憧れの金融街の象徴ではなく，貪欲なビジネスで世界を危機に陥れた悪者を意味するネガティブ・ワードに転じた[6]。金融機関は失墜した信頼を取り戻し，本来の安定的な金融ビジネスに回帰するため，新たなリスク管理哲学を必要とするようになった。従業員の不適切行為による損失の防止や，これに伴うレピュテーション毀損の防止が，金融機関にとってより大きな課題となった。

金融機関の損失管理から顧客利益へ

コンダクト・リスクの重要性が高まっている理由の第2は，金融機関のリスク管理の目的は想定内部損失の計測・統制のみならず，顧客・市場・公正な取引に対する不利益も対象とすべきとの考え方の広まりである。

5　BIS（2016）参照。
6　例えば，WSJ（2011）参照。

【図表5-1】バーゼル規制におけるリスクカテゴリー

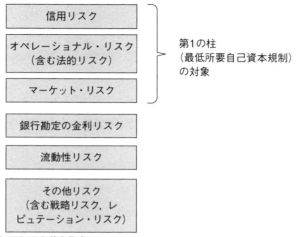

(出所) BCBS (2004) より筆者作成

　バーゼルⅡ規制の第1の柱において最低所要自己資本計算の計量対象となるリスクは，マーケット・リスク，信用リスク，オペレーショナル・リスクである。ここでオペレーショナル・リスクには，法的リスクを含み，戦略リスクとレピュテーション・リスクを含まないとされている[7]（**図表5-1**）。ここに見られる金融機関のリスク管理は，リスク量を各種リスクから生じうる内部損失額として計測し，これを管理・統制するものであった。例えばバーゼルⅡ規制で定義されるマーケット・リスクのバリュー・アット・リスク（VaR）は，過去の観測期間の市場変動率に基づく将来の10日間の99％信頼水準における最大損失額である。またオペレーショナル・リスク計測におけるリスク相当額は，内部損失，外部損失，シナリオに基づく1年間の99.9％信頼水準における最大損失額である。

　リスク量を内部損失額に換算して計測する手法は，業務遂行から生じる様々なリスクを統一的な尺度で認識・計測するには有効である。また，これらのリ

---

[7]　BCBS（2004）参照。

スク量を集計して自己資本額と比較することにより，最大損失顕在化時の損失吸収力を定量的に計測すること（自己資本充実度評価）が可能になる。

しかしながら，これらの手法では，内部損失の発生を伴わないリスクの捕捉が困難である。例えば，顧客に適合性のない金融商品を販売した結果顧客に損失が発生した場合でも，これが金融機関側の損失として認識されない限りリスク量には計上されない。結果「自分が損しなければそれはリスクではない」という不適切なリスク認識になりかねない。金融機関の責務は自らの経済的企業価値の維持向上のみではなく，顧客・市場・公正な市場取引の維持向上もその責務である。したがって，内部損失を計測単位とするリスク計測に加え，外部ステークホルダーの利益という観点からのリスク管理が必要になる。

フォワードルッキングなリスク管理

第3に，金融機関リスク管理にはよりフォワードルッキングな視点が必要であることである。従来のヒストリカル・シミュレーション法によるリスク計測では，将来の不確定な事象を捕捉することが困難である。さらに従業員の行為に起因するリスク，顧客からの訴訟に起因するリスク等の捕捉は困難である。

オペレーショナル・リスク計測の先進的手法（AMA）では，シナリオ分析という手法でフォワードルッキングな損失の頻度と金額の分布を算出している。訴訟シナリオでは顧客に与えた損害が罰金等の形で金融機関の損失になるシナリオ等により，顧客・市場・公正取引への影響を計量している。しかし，こうした手法も最終的には金融機関の視点からの損失計測であり，顧客等の不利益そのものを対象としてはいない。金融機関の社会的責任に照らした新たなリスク管理が必要となるゆえんである。

以上の理由から，いわゆる「非財務リスク（non-financial risks）」管理の重要性が監督当局と金融機関双方で認識されるようになった。非財務リスクは，コンダクト・リスク，レピュテーション・リスク，コンプライアンス・リスク，戦略リスクなど，内部損失に必ずしも置き換えられないリスクを広く指す言葉として近年用いられている。

第5章　既存の規制が対象としなかったリスクの取込み│155

　非財務リスクは，市場，信用，オペレーショナル・リスクに比べ定量的リスク計測が困難であることから，金融機関の定性的な内部管理手法を実効的に高度化していく必要がある。監督当局としては，定量的計測に依存しない，金融機関との直接対話を通じた監督手法により，実効的な監督を実施していく必要がある。

1.2　サイバーセキュリティとITリスク

IT技術発達とサイバー攻撃の脅威の高まり

　サイバーセキュリティとITリスクは，近年の情報技術の発達によりとみに深刻度が高まっている領域である。民間金融機関では，これらのリスクへの対応策を強化，監督当局も具体的な監督の手法確立に向けた手当を進めている。

　サイバーセキュリティとITリスクが注目されてきたことには，大きく3つの背景がある。まず，企業や政府へのサイバー攻撃の世界的な増加である。サイバー攻撃の目的は，政府等機関や企業の機能停止（政治的目的），個人情報や企業機密情報窃取（情報目的），直接的な金銭の窃取（経済目的）など様々である。攻撃主体もテロ集団とみられる政治団体から，サイバー技術を有する個人ハッカーまで広範囲である。攻撃の手口も，標的型メール攻撃，マルウェア攻撃，DDOS攻撃など多様であり，日々巧妙化されている。大規模なサイバー攻撃事例としては，2015年の米国政府に対する攻撃，国際ハッカー集団「アノニマス」による各国への攻撃などがある。

　次に，サイバー技術を利用した金融犯罪の増加である。顧客のパソコンに不正メールを送信しマルウェア感染させる，もしくは顧客を不正な画面に誘導して，インターネットバンキングのパスワード等を窃取し金銭を不正に取得する手法が典型的なIT金融犯罪の手口である。国際的な大規模不正送金事案として，2016年2月，バングラデシュ中央銀行の行内システムがハッキングを受け，外部からのSWIFT不正操作により101百万ドルの不正送金が行われた事案があった。日本においては，邦銀が提供する法人・個人向けインターネットバンキング・サービスにおける不正送金事案が2015年頃から急増した。

最後に，サイバー攻撃やITリスクの脆弱性，また内部不正から生じた具体的な情報漏えい事案の増加がある。例えば米国ではTarget社の標的型サイバー攻撃による情報漏洩，日本では2014年のベネッセ社の内部不正による情報漏洩，2016年のJTB社への標的型攻撃による情報漏洩などがあった。

大まかな傾向として，日本では主にサイバー攻撃は，窃取した個人情報の転売，個人のパスワード窃取による不正送金など，経済的利益を目的とする犯罪としてとらえられてきた。したがってこれらは，振り込め詐欺，キャッシュカードの偽造盗難などと同じ顧客保護の一環として管理対応される傾向があった。これに対して米国などでは，サイバー攻撃をより国家安全保障の観点からとらえることが多く，政府主導の対策整備の傾向がより強かったといえる。しかし，今後はかかる差分は徐々に解消していくだろう。日本でも，尖閣諸島をめぐる日中関係悪化を背景としたと思われるサイバー攻撃などが発生している。また2020年東京オリンピック開催は，国家としての日本がサイバー攻撃対象となる契機となりうる。

2 規制の具体的な内容

以下では，「既存の規制が対象としなかったリスクの取込み」に関連する当局の主な動きを示す。

2.1 英FCAのコンダクト・リスク概念提起

英FCAは，2012年の設立に当たり"Journey to FCA"と題するパンフレットを刊行，その中でコンダクトの重要性と，今後FCAがコンダクト・リスクを管理していく旨を説いた。FCAは同パンフレットの中で「（顧客の）公正で合理的な期待に応えることは，金融機関の行動の中心に位置する」，「これは，金融機関が顧客を取り扱う方法，金融機関同士の行動，そして金融機関が市場で行う操作により実証されるべきである」，「これが我々の意味する"コンダクト"である」と述べている[8]。

2013年，FCAは「2013年　FCAリスクの見通し」と題するペーパーをリリース，コンダクト・リスクにつき詳細な分析をしている。優先度の高いコンダクト・リスクとして，①金融機関が本来の消費者ニーズや消費者の長期的利益に対応する商品やサービスを設計しないこと，②金融商品及びサービスの提供チャネルが消費者にとり透明でないこと，③決済と商品のテクノロジーへの過度な依存またはこれらへの監督不備，④先端的又は高リスクの資金調達戦略や枠組みへの監督欠如により市場の信頼度と消費者保護にリスクをもたらすこと，⑤利回りと収入を追求するあまりリスクとリターンへの不十分な理解から消費者が適切以上のリスクを取ること，を挙げている[9]。

これらのペーパーの内容は，必ずしも金融機関への制約一辺倒ではない。結論部分においてFCAは，「これらの課題に対する我々の介入は，金融機関，消費者団体，消費者自身が不十分なコンダクトの結果の根本原因への対処を助ける協力的な努力を必要とする」として，各主体の能動的な協力により「信頼度の高い市場と効率的な競争」を実現すべきことを謳っている。

2.2　LIBOR問題：英国「ウィートリー・レヴュー」と IOSCO「金融指標に関する原則」

英国財務省は2012年，「ウィートリー・レヴュー」をリリースし，LIBORに関する具体的改革を勧告した。そこでは，①LIBOR管理提供に関する法的規制導入，②LIBOR運営機関の英国銀行協会（BBA）からの移管，③新管理機関によるLIBORのガバナンスと監督の実行，④LIBORレート提示の透明性強化，⑤LIBORレート提示行のコード・オブ・コンダクト制定，⑥取引データの不十分な通貨・期間の指標提示停止，⑦個別レート提示銀行の提示したレートの事後公表，等が勧告された。

国際規制として，証券監督者国際機構（IOSCO）は2013年，「金融指標に関

8　FCA（2012）参照。
9　FCA（2013）参照。

する原則」最終版[10]をリリースした。そこでは，金融指標について，①ガバナンス，②金融指標の質，③算出手法の質，④説明責任，について19の原則が提示された。またFSBは2014年「主要な金利指標の改革[11]」で，銀行間オファーレート（IBOR）とリスクフリーレート（RFR）との双方のアプローチからの新たな金利指標の検討を勧告した。

　こうした監督当局の動きを受け，各国の金融指標管理機関は順次，金融指標の改革を実施した。まず，2012年英国議会は改正金融サービス法を可決，同法で「金融指標に関するミスリーディングな行為」が市場不正操作につながる行為として明確に規定され，LIBORが法的規制の対象となった。従前LIBORの運営機関であったBBAは，2014年運営管理をインターコンチネンタル取引所（ICE）に移管した。日本においても，Tokyo Interbank Offered Rate（TIBOR）の運営機関である全国銀行協会（全銀協）は，2013年「全銀協 TIBOR の運営見直しに関する報告書[12]」を公表，TIBORの運営・公表に係る業務を「全銀協TIBOR運営機関」に移管し，その他TIBOR行動規範の整備などの改革を実施した。また，2015年5月には金融商品取引法が改正され，「金融取引の基礎として広範に利用されている特定の金融指標についてその信頼性を確保すること」が定められた。これに基づき全銀協TIBOR運営機関は「特定金融指標算出者」に指定された。

2.3　FSBによるコンダクト・リスクへの言及，進捗レポート

　FSBは2012年の報告書「リスクガバナンスに関するテーマ別レビュー」において，多くの金融機関が金融危機以降，リスク管理において「業務行為や商品の適合性」に従前以上にフォーカスしていることを報告した[13]。また，2013年の「実効的なリスクアペタイト・フレームワークの諸原則」ではコンダクト・

10　IOSCO（2013）参照。
11　FSB（2014）参照。
12　全銀協（2013）参照。
13　FSB（2012）参照。

リスクのリスクアペタイト・フレームワークへの組込みを要請している。すなわち「リスクアペタイト・ステートメントにおいては，計量化がより困難なリスク，例えばマネーロンダリング，非倫理的行為に加えレピュテーション・リスク，コンダクト・リスクにも対応すること」，「リテール市場とホールセール市場にまたがるレピュテーションや他のコンダクト・リスクなどのタイプのリスクをとる，または回避することについての明確な質的ステートメント，そしてこれらのリスクをモニターするための何等かの形の境界線や指標（非計量的指標など）を設定すること」が謳われている[14]。

また，FSBは2015年，当時のM. カーニー議長（当時カナダ中銀総裁，現在英イングランド銀行総裁）名のG20財務大臣・中央銀行総裁会議宛レターで，他の金融規制改革とともに，「ミスコンダクト・リスク削減のためのワークプラン」策定と実施を表明した[15]。そこではミスコンダクト削減のための対応として，①リスクガバナンス・報酬制度・金融指標の改革を評価すること，②良い金融市場コンダクトのための市場構造・市場慣行基準・インセンティブの改善を検討すること，を表明した。

その後FSBは2015年，2016年の2回にわたり「ミスコンダクトリスク削減の手法　進捗レポート」をリリースしている。第2回の進捗レポートでは，①報酬制度とガバナンス・フレームワーク，②ホールセール市場と為替市場の慣行，③金融指標，の各分野につき，上記監督機関の活動を含む国際的，各国内の規制の状況を記述している[16]。なお，同レポートでは，今後の国際的な規制の予定として，IOSCOによるホールセール市場における市場コンダクト規制のツールの詳細公表，及びFX Global Codeの最終化文書の公表が2017年に実施されることが記載されている。

2017年5月，グローバル外為市場委員会（GFXC）は，国際決済銀行（BIS）市場委員会傘下の外国為替作業部会での官民共同策定作業を経て「FX Global

---

14　FSB（2013）参照。
15　FSB（2015）参照。
16　FSB（2016）参照。

Code」を公表，外国為替市場参加者が遵守すべきグローバルな規範を策定した[17]。またIOSCOは2017年 6 月「ホールセール市場コンダクトの規制に関するタスクフォース報告書」を公表，ホールセール市場コンダクトにおけるミスコンダクト監督のために規制当局が採用しうる手法の特定と整理を行った[18]。

2.4　欧州におけるコンダクト・リスク規制

　欧州では，コンダクト・リスクがいち早く定義され規制化された。欧州銀行監督機構（EBA）は2014年，欧州の銀行監督共通プロセスに関する「ガイドライン」の中で，コンダクト・リスクをオペレーショナル・リスクの一種として「意図的な又は非意図的なミスコンダクトによる事案を含む不適切な金融サービスの提供から金融機関に生ずる現状又は予期される損失リスク」と定義している。また同ガイドラインでは特に，①リテール，ホールセール市場における商品の誤販売，②リテール顧客に対するパッケージ商品強要販売，③業務遂行における利益相反，④ベンチマーク指標の不正操作，などを挙げている[19]。

　またEBAは同ガイドラインの中で，コンダクト・リスクの存在を表象する事象として，①ミスコンダクト行為に伴う監督当局による処分，②ミスコンダクト行為による銀行間のサンクション，③金融機関に対する苦情，を挙げている。

　また欧州では，欧州連合（EU）の第 2 次金融商品市場指令（MiFID Ⅱ）及び金融商品市場規則（MiFIR）が2018年 1 月より適用される。そこでは，市場の透明性向上のため，投資会社（金融機関など）によるデリバティブ商品等の取引前・取引後の報告義務や，投資家への独立投資アドバイスの要件や価格の透明化などが定められている。

17　GFXC（2017）参照。
18　IOSCO（2017）参照。
19　EBA（2015）参照。

2.5　金融庁の金融行政方針：顧客本位の業務運営

　日本において，金融庁は「コンダクト・リスク」ではなく「フィデューシャリー・デューティー」という用語で金融行政を行うこととしている。その意味するところは上述の国際基準や欧州における考え方とほぼ同じである。ただ，日本ではコンダクトの問題を制約的にとらえるのではなく，能動的な義務としてとらえることで，より建設的な規制とする配慮がうかがえる。

　金融庁は2016年の「金融行政方針」の中で，「金融機関等による『顧客本位の業務運営』（フィデューシャリー・デューティー）の確立と定着」を掲げている。そこでは，「金融機関等が，当局に目を向けるのではなく，顧客と向き合い，各社横並びではない主体的で多様な創意工夫を通じて，顧客に各種の情報を分かりやすく提供するなど，顧客の利益に適う金融商品・サービスを提供するためのベスト・プラクティスを不断に追求することが求められる」，「金融機関等が，真に顧客のために行動しているかを引き続き検証するとともに，この分野における民間の自主的な取組みを支援していく」とされている[20]。

　具体的な施策として金融庁は同方針の中で，「顧客の信頼・安心感の確保」と題して「個人顧客への貸出等における説明や審査態勢の整備」，「利益相反管理の強化」，「障がい者や高齢者の利便性向上」，「高齢者に対する適切な勧誘・販売態勢の整備」，「多重債務問題への取組み」，「インターネット等を利用した非対面取引の安全対策・不正送金への対応」，「振り込め詐欺等への対応」などを挙げているほか，「金融指標の信頼性・透明性の維持・向上」として，TIBORのその後の運営状況につき検証していく旨を謳っている。

　また，金融庁は2017年「顧客本位の業務運営に関する原則」を公表，①顧客本位の業務運営に係る方針の策定・公表等，②顧客の最善の利益の追求，③利益相反の適切な管理，④手数料等の明確化，⑤重要な情報の分かりやすい提供，⑥顧客にふさわしいサービスの提供，⑦従業員に対する適切な動機づけ枠組み

20　金融庁（2016c）参照。

【図表5-2】 金融庁「顧客本位の業務運営に関する原則」

顧客本位の業務運営に関する原則
【顧客本位の業務運営に係る方針の策定・公表等】 原則1．金融事業者は，顧客本位の業務運営を実現するための明確な方針を策定・公表するとともに，当該方針に係る取組状況を定期的に公表すべきである。当該方針は，より良い業務運営を実現するため，定期的に見直されるべきである。
【顧客の最善の利益の追求】 原則2．金融事業者は，高度の専門性と職業倫理を保持し，顧客に対して誠実・公正に業務を行い，顧客の最善の利益を図るべきである。金融事業者は，こうした業務運営が企業文化として定着するよう努めるべきである。
【利益相反の適切な管理】 原則3．金融事業者は，取引における顧客との利益相反の可能性について正確に把握し，利益相反の可能性がある場合には，当該利益相反を適切に管理すべきである。金融事業者は，そのための具体的な対応方針をあらかじめ策定すべきである。
【手数料等の明確化】 原則4．金融事業者は，名目を問わず，顧客が負担する手数料その他の費用の詳細を，当該手数料等がどのようなサービスの対価に関するものかを含め，顧客が理解できるよう情報提供すべきである。
【重要な情報の分かりやすい提供】 原則5．金融事業者は，顧客との情報の非対称性があることを踏まえ，上記原則4に示された事項のほか，金融商品・サービスの販売・推奨等に係る重要な情報を顧客が理解できるよう分かりやすく提供すべきである。
【顧客にふさわしいサービスの提供】 原則6．金融事業者は，顧客の資産状況，取引経験，知識及び取引目的・ニーズを把握し，当該顧客にふさわしい金融商品・サービスの組成，販売・推奨等を行うべきである。
【従業員に対する適切な動機づけの枠組み等】 原則7．金融事業者は，顧客の最善の利益を追求するための行動，顧客の公正な取扱い，利益相反の適切な管理等を促進するように設計された報酬・業績評価体系，従業員研修その他の適切な動機づけの枠組みや適切なガバナンス体制を整備すべきである。

(出所) 金融庁 (2017) より筆者作成

等，の7つの原則を提言している[21]（**図表5-2**）。また，同案は顧客本位の業務運営について「従来型のルールベースの対応を重ねるのではなく，プリンシプルベースのアプローチを用いることが有効である」と明言している。

21　金融庁（2017）参照。

2.6　レピュテーション・リスクに関する監督・規制

　国際規制において，レピュテーション・リスク管理を具体的に定めた例は多くはない。バーゼルⅡ規制ではレピュテーション・リスク（バーゼル用語では「レピュテーショナル・リスク」）や戦略リスクを，「その他のリスク」と位置づけて「金融機関がかかるリスクの全ての面を管理する手法をさらに開発することを期待する」とするにとどめている[22]。しかしながら，金融危機を受けてこの監督姿勢には変化がみられる。FSBは2012年の「リスクガバナンスに関するテーマ別レビュー」において，「金融危機の教訓の1つは，レピュテーショナル・リスクが著しく過小評価されていたことだ」として，コンダクト・リスク管理強化を勧告している[23]。また2013年の「実効的なリスクアペタイト・フレームワークの諸原則」において，「リスクアペタイト・ステートメントにおいては，計量化がより困難なリスク，例えばマネーロンダリング，非倫理的行為に加えレピュテーション・リスク，コンダクト・リスクにも対応すること」としている[24]。しかし，現在のところ，これ以上に踏み込んだ規制の国際基準策定には至っていない。

　レピュテーション・リスクを定義してこれを規制上の要請としている例として，米国通貨監督庁（OCC）の規制がある。OCCの"Hightened Standard"では，レピュテーション・リスクを「ネガティブな世論から生ずる，現在又は予測される財務状況や回復力に対するリスク」と定義している[25]。またレピュテーション・リスクの量と，レピュテーション・リスク管理の質とについて評価項目と最低基準を定め，これを基に監督を行うことを明示している[26]。

22　BCBS（2004）参照。
23　FSB（2012）参照。
24　FSB（2013）参照。
25　OCC（2014）参照。
26　OCC（2010）参照。

2.7　サイバーセキュリティ，ITリスクに関する監督・規制

　サイバーセキュリティについて，明示的な国際基準規制は現状ない。しかし政治レベルでは金融機関のサイバーセキュリティに関する各国協調の必要性の共通認識が醸成されている。2016年5月の伊勢志摩G7サミット首脳宣言では，サイバーセキュリティ強化の必要性が謳われ，これを受けて2016年10月，G7財務省・中央銀行総裁会議は「金融セクターのサイバーセキュリティに関するG7の基礎的要素」を公表し，金融セクターのサイバーセキュリティ改善のための要素とベストプラクティスを謳った[27]。

　サイバーセキュリティに関する規制は，各国国内では進捗している。米国では，2013年の大統領令に基づき，国立標準技術研究所（NIST）が2014年「重要なサイバーセキュリティ・インフラの改善のための枠組み」を公表した[28]。さらに，連邦金融機関検査協議会（FFIEC）は2015年，「サイバーセキュリティ評価ツール」を策定し[29]，FRBなどの監督当局はこれを正式な監督ツールとして採用する方針を公表した。

　日本においては，2014年「サイバーセキュリティ基本法」が成立，本法に基づき内閣に「サイバーセキュリティ戦略本部」が設置され，その業務の一部が独立行政法人情報処理推進機構（IPA）に委託された。金融監督の観点からは，金融庁が2015年7月に「金融分野におけるサイバーセキュリティ強化に向けた取組方針について」を公表した[30]。また，2015年10月の「主要行向けの総合的な監督指針」において，「システムリスクに対する認識等」「サイバーセキュリティ管理」を主な着眼点に明示した。

　民間においては，米国のFinancial Services Information Sharing and Analysis Center（FS-ISAC）や，その本邦機関である一般社団法人金融ISACが，サイ

27　G7（2016）参照。
28　NIST（2014）参照。
29　FFIEC（2015）参照。
30　金融庁（2016b）参照。

バーセキュリティに関する情報共有分析を行っている。また各金融機関では Computer Emergency Response Team（CERT）の設置により，専門家によるサイバーセキュリティ管理体制が整いつつある。

3 規制の影響と規制を巡る論点

以下では，コンダクト・リスクを中心に，かかる新たなリスク管理を規制化していくに当たっての論点・留意点を示す。

3.1 コンダクト・リスク規制の動機づけ

コンダクト・リスク管理の強化は，金融危機やLIBOR問題などで表面化した金融機関の不適切な行為を未然に予防・制御する目的でなされているものであり，表面上は至極当然のことである。金融業界としても，これらの事案について不適切であった点は真摯に反省し，コンダクト・リスクの認識と統制を進めるべきである。

規制の懲罰化への懸念

一方で金融規制は，金融機関に対する懲罰目的ではなく，金融市場の健全な拡大を目的とするべきである。また，「コンダクト」の概念は多分に価値判断をも含むものであり，コンダクトや市場取引そのものに対する制約や政府による介入は，各国の商慣行の考慮や民間との十分な対話を通じて慎重に策定し，必要かつ最小限にとどめるのが妥当である。

行き過ぎた規制が招く取引コスト増と市場縮小

しかしながら，金融危機以降の規制強化一般には，金融危機を引き起こした金融機関に対する報復色・懲罰色が強いものがあることには注意が必要である。こうした規制や制度提案は，純粋なリスク管理強化や市場発展推進の域を超えたものがみられる。

たとえば米国では2009年，民主党のオバマ政権が金融規制改革案を策定した。そこには，現在のボルカー・ルールや店頭デリバティブ清算集中規制の萌芽となる規制案が盛り込まれていた。米ボルカー・ルールは2010年7月にドッド＝フランク法として成立，2013年に諸施行細則が最終化された[31]。ボルカー・ルールは，デリバティブ取引とファンド投資を原則禁止し，ヘッジ取引や顧客実需に基づく取引のみを許容する規制である。金融機関においては，米国人を取引相手とするデリバティブ取引につき，当該取引が例外として認められるための挙証と報告義務が課せられることとなった。

かかる規制強化を背景に，金融機関のデリバティブ業務の収益性は低下，また市場流動性の低下も懸念される状況になっている。規制対応コスト増加と，規制によるデリバティブ業務そのものの縮小とが相まって，デリバティブ業務自体が今後縮小し，金融市場の健全な拡大が阻害されるおそれなしとしない。

なお，米国財務省は2017年5月，トランプ大統領の大統領令を受けた「経済機会を創造する金融システム，銀行と信用組合」という報告書を公表，ボルカー・ルールを含む米国金融規制の一部につき，経済成長と活気ある金融市場の育成の観点からこれらの大幅な見直しを提言している。

金融規制に対する政治の影響

金融機関業務に制約を課す考え方の背景には，金融危機の原因がデリバティブ等の自己勘定取引であったとの見方，また結果金融機関の自己勘定からの損失カバーに多額の税金による公的資金が投入されたことへの反動がある。金融機関には預金・貸出・決済など公共性の高い業務があり，預金者保護はその重要な要素であることは間違いない。預金者保護の追加的制度として，Narrow Bank制度導入や，グラス＝スティーガル法の復活などが提言されてきた。一方で，デリバティブ取引を「悪」とみなして原則禁止する考えは，金融市場拡大やリスク・リターンの向上と正反対であり，公共性を過度に重視するあまり

31　FRB *et al.* (2013) 参照。

金融市場の拡大発展を阻害しかねないものである。

さかのぼって2010年に当時のオバマ米大統領は「金融危機責任手数料」の導入を提案した（結果的には法制化されず導入は見送り）。「金融危機責任手数料」とは，総負債額500億ドル以上の金融機関に対し，不良資産救済プログラム（TARP）で発生した政府損失の補てんを求めるものである。この提案自体は，不良債権処理にかかった費用を金融機関に求償するもので，それ自体は合理的である。しかし実際にはこの提案がなされた時点で，TARPによる公的資金注入プログラムは（AIG宛，自動車産業宛支援など一部を除き）プラスの評価となっていた。つまり本案は損失回収というよりも，懲罰的な色彩が強いといえる。金融業界を「Wall Streetの太った猫[32]」と呼び，金融業界への不快感を目玉としていたオバマ大統領の政策には，本来の金融市場健全化の範囲を逸脱した政治的・感情的動機があったとの憶測を禁じ得ない。

3.2 コンダクト・リスク管理ルール過剰化

コンダクト・リスクは（レピュテーション・リスク等とともに）定量化が困難なリスクであり，監督・規制に当たっては可能な限りプリンシプルベースなアプローチをとり，各金融機関の内部管理手法にこれを任せるべきであろう。過度にルールベースのアプローチは，リスク管理の本質にそぐわなくなるおそれがある。

処方箋的規制の非適切性

上記でみたFSBの国際基準では，コンダクト・リスクについては「原則」を示すにとどまっており，過度に処方箋的（prescriptive）なアプローチにはなっていない。この背景には，いまだコンダクト・リスクの規制手法について国際基準たるべき標準的な手法が確立していないことがある。また，監督機関として「コンダクト」という価値判断を含む内容にどこまで踏み込むべきかと

32　WSJ（2009）参照。

いった課題をいまだ吟味中であることが考えられる。これはコンダクト・リスクにかかわらず，コーポレート・ガバナンスやレピュテーション・リスクなどの非財務リスク一般の現状にも当てはまる。

　日本の金融庁のアプローチは，これまでのミニマム・スタンダードに照らした形式チェックから，金融庁と金融機関の対話を通じたベストプラクティスの共有への転換を図るものである[33]。コンダクト・リスクについては，これをリスクカテゴリーとして認定することによる制約的ニュアンスを避け，顧客本位の業務運営（フィデューシャリー・デューティー）と位置づけることで，より積極的な金融市場の発展を目指すアプローチをとっている。これは，金融機関の内部判断を尊重するという，金融庁の「ベター・レギュレーション」の考え方の延長線上にあるものである。

過大な疎明資料負荷がもたらす本末転倒の結果

　一方で，欧米ではコンダクト・リスクにつき，よりprescriptiveな規制を導入する動きがある。米国では上述のとおり，ボルカー・ルールにより極めてルールベースの市場行為規制が制定された。IOSCOの「金融指標に関する原則」を受けて各国では金融指標に関する法整備がなされ，金融指標提示に関するコード・オブ・コンダクト制定，さらにはレート提示金融機関内では，レート提示に関する詳細な手続が定められた。

　一般に，欧米においては金融機関の規制遵守状況を当局宛に説明するために，可能な限り客観的で透明な疎明資料の整備を当局が要請する傾向がある。コンダクト・リスク，コンプライアンス・リスクはもとより，リスクカルチャーの浸透など定量化が困難な対象についても，数値的説明が必要になると聞く。例えば，これらのリスク管理を適切に実施していることの証跡として，社内オンライン研修の記録の提出のみならず，研修が形式に流れず実効的であるとの検証（例えば従業員の研修テスト成績が回を追うごとにアップしているなど）を

33　金融庁（2016）参照。

当局に提出するケースもあるようだ。これでは，疎明資料の提出に要する労力がそれ自体で相当に上り，顧客本位の業務運営という本来の目的から乖離したところにリソースを割かねばならぬ本末転倒の事態も起こりかねない。

3.3　非財務リスクのタクソノミー

実務的には，非財務リスクのリスクカテゴリーへの位置づけも，金融機関の社内規定整備の上で重要かつ難しい課題である。非財務リスクと考えられるリスクには，戦略リスク，レピュテーション・リスク，法的リスク，人的リスク，コンプライアンス・リスク，コンダクト・リスク，モデルリスクなどがある。こうしたリスクカテゴリーの伝統的な信用，市場，オペレーショナル・リスクとの関係における体系づけには，様々な考え方がある。

新リスクのリスクカテゴリー体系内での位置づけ

バーゼルⅡ規制上，オペレーショナル・リスクは，法的リスクを含み，戦略リスクとレピュテーション・リスクを含まないとされている[34]。バーゼル規制では，戦略リスク，レピュテーション・リスクは計量化が困難なリスクとして，銀行の内部管理での管理手法の高度化を期待している。実務上，一般的には，マーケット・リスク，信用リスクのいずれにも属さないリスクは，全てオペレーショナル・リスクの範疇でとらえるやり方もある。

これに対し，オペレーショナル・リスクから重要なリスクカテゴリーを外出しして，独立のリスクカテゴリーとしてとらえる考え方もある。米OCCの定める "Hightened Standard" では，金融機関が管理すべきリスクを8つのリスクタイプに分類している。すなわち，信用リスク，金利リスク，流動性リスク，価格リスク，オペレーショナル・リスク，コンプライアンス・リスク，戦略リスク，そしてレピュテーション・リスクである（**図表5-3**）[35]。

リスク管理の対象とすべきリスク領域や環境の変化に応じて，リスクカテゴ

34　BCBS（2004）参照。
35　OCC（2014）参照。

【図表5-3】 OCCの定めるリスクカテゴリー

リスクカテゴリー
信用リスク
金利リスク
流動性リスク
価格リスク
オペレーショナル・リスク
コンプライアンス・リスク
戦略リスク
レピュテーション・リスク

（出所） OCC（2010）より筆者作成

リーのタクソノミー（分類学）を適宜見直していくことは重要な課題である。例えば，市場リスク，信用リスク以外のリスクを，全てオペレーショナル・リスクのサブカテゴリーとする，いわば控除説的な考え方も，これまでであればあり得たといえる。しかし，信用，市場以外のリスクの内容と影響が拡大多様化するにつれ，これらをオペレーショナル・リスクのひとくくりで管理することは困難になってくる。影響度と内容の多様化に合わせ，市場，信用，オペレーショナルと並列の，新たなリスクカテゴリーを立てることが必要である。

組織の狭間に落ちがちな新リスク

金融機関の社内組織において，各部署のリスク管理業務はある程度定型化されている。したがって，新リスクに対応したカテゴリー設定と所管部署の設置を適時適切に行わないと，新リスクへの対処が遅れるという不具合が生ずる。例えばコンダクト・リスクは，既存のオペレーショナル・リスクやコンプライアンス管理体系の中に位置づけることも分類学上は可能である。しかし，顧客の不利益を増大させるリスクは，内部損失の計量化を手法とするバーゼルⅡのオペレーショナル・リスクではとらえきれない。またコンプライアンス管理は，ある程度制度化された金融機関の社会的責任に関する成文化された諸規範（法令等）を対象としていることが多い。結果，例えば租税回避にかかるリスクの

ように，内部損失の発生も，明らかな法令違反も伴わないリスクは，「誰も管理していない」リスクになるおそれがある。

サイバーセキュリティやアンチ・マネーロンダリング（AML）に関するリスクは，既存のリスクが複合したリスクといえ，新たなリスクカテゴリーを立てて体系を複雑化せずとも分類可能である。しかしながら，これらのリスク管理はその専門性，大きさ，そして社会的注目度の高さに鑑み，独立のリスクカテゴリーとして管理するに値するといえる。

CROとCCOのガバナンス上の関係

コンダクト・リスク管理とコンプライアンスの関係整理も個別金融機関内で必要になる。コンダクト・リスク管理をリスク管理の一部ととらえてチーフ・リスク・オフィサー（CRO）の所管にするやり方と，これをコンプライアンス管理の一部ととらえてチーフ・コンプライアンス・オフィサー（CCO）の所管にする方法，さらに両者の共管にするやり方が考えられる。

コーポレート・ガバナンスにおけるCROとCCOとの関係も，個別金融機関により様々である。大きく分けてCCOがCROにレポートする体制と，CROとCCOが横並びである体制の2つがある。前者は，コンプライアンスを含めた広いリスクをCROが統合的に統括できる長所がある一方，定量的リスク管理と法令等遵守という2つの異なる専門分野を実効的に統括できるスキルを備えたCRO人材の確保は困難という課題がある。後者は，CRO，CCOがそれぞれ専門性の高い領域を所管できる長所がある一方，コンダクト・リスクのような新たなリスクが両者の所管の狭間に落ちてしまう可能性があるとの課題がある（**図表5-4**）。

また，リスク計測における非財務リスクと従前からのリスクとの関係整理が必要である。コンダクト・リスク，レピュテーション・リスク，コンプライアンス・リスクといった非財務リスク間，またこれらと従前からのリスクカテゴリーとは，相互に排他的でない重複部分を含んでいる。したがって，定量的な自己資本充実度評価にこれらを組み入れる際に，他のリスクカテゴリーとの計

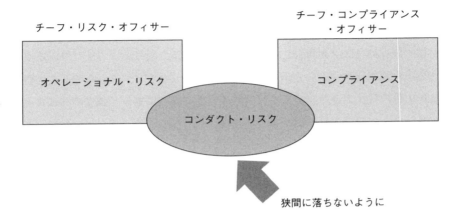

【図表5-4】コンダクト・リスクの位置づけ

量上の重複回避が必要になる。また組織におけるリスク管理分担においても，重複管理に伴う非効率性を排除することが課題になる。

3.4 レピュテーション・リスク管理の難しさ

　レピュテーション・リスクの内容も社会環境とともに変化するため，金融機関はこれに応じた管理方法を策定する必要がある。従前のレピュテーション・リスク管理は主に，金融機関についての風評が損失につながるリスクを事後的に極小化する手法であった。金融機関不祥事発生などの場合，報道や風説による風評悪化を，広報戦略や対外説明によりダメージコントロールするというのがその主な手法だったといえる。また平時の管理手法としては，顧客苦情件数，メディア記事などのキー・リスク・インディケーター（KRI）をモニターする方法が一般的である。

事業戦略に内在するレピュテーション・リスク

　しかし，昨今では金融機関の事業戦略そのものにレピュテーション・リスクが内在するケースが増加，よりフォワードルッキングな管理と，金融機関のリスクカルチャーの明確化と開示が必要になっている。例えば，特定の業種や企

業への融資が風評リスクをもたらす事例が増えている。2016年〜2017年にかけ，米国のダコタ・アクセス・パイプライン建設融資に参加する銀行に対して，市民団体等が大規模な抗議行動を行った。抗議行動では，同融資に参加する銀行の名前を特定公開し，銀行への書簡手交など個別銀行に直接働きかける方法が採られた[36]。この事例は，融資そのものに過大な損失リスクや違法性は認められない一方，特定金融機関の風評悪化につながるリスクを孕む事象があることを表している。同様の課題は，例えば原子力発電への融資，経営陣が社会的スキャンダルを抱える大手企業への融資などの事例にも当てはまろう。

　租税回避に関する問題も同様に，レピュテーション・リスクを孕む問題である。節税は「合法だが適切でない」とみなされうる行為で，その適切性・不適切性の境界は明確でなくときに主観的である。さらに租税回避については，いわゆる「パナマ文書」問題を受けて，2016年4月のG20財務相・中央銀行総裁会議及び同9月のG20サミット声明で「租税回避の防止」が明言された。租税回避は，その認定や違法性につき，これまでにない新たな基準が策定される可能性があり，また国家間の利害が対立しうる問題である。個別金融機関自身が運用する，もしくは顧客宛に提供する商品における租税回避意図の有無の認定は，極めてデリケートな課題である。

政治・信条と金融機関経営のアポリア

　かかるリスクを適切にコントロールするためには，まず，個別金融機関におけるリスクカルチャーのより明確な規定が必要である。金融機関は通常，リスクカルチャーを制定して金融機関がとるリスク方向性を明示している。例えば中小規模の地域金融機関の場合，業務戦略はリテール業務の住宅ローン等に特化し，ハイリスクなホールセール投資銀行業務は行わずリスクもとらない，等である。また各金融機関は，融資業務につき業務戦略とリスクカルチャーに照らして方針が決定できるようにしている。例えば，融資に当たっては「公共

36　時事通信（2017）参照。

性」,「成長性」,「収益性」を基準とする,などである。この場合,公共性に反する企業や事業目的への融資は排除され,この基準が対外的に明示されることで説明責任が果たされる。

ダコタ・アクセス・パイプライン融資と上記の融資基準を照らし合わせると,次の2通りの判断がありうる。1つは,パイプライン建設は公共性のある事業であり当該金融機関のリスクカルチャーに適合しているとの判断。もう1つは,パイプライン建設は環境問題を孕んでいて公共性に課題ありとして融資を見送る判断。レピュテーション・リスクの難題の1つは,この判断が高度に価値基準や時には信条や政治的立ち位置の適用を伴う判断であり,純粋な経済合理性で割り切れないところにある。

さらなる難題は,例えばパイプライン建設には公共性があり融資を実行すべきと個別金融機関が判断した場合でも,抗議行動等によるレピュテーションへの影響を理由に公共性のある融資を見送る判断をすべきかという点である。ここでは,公共性等の基準に加えて,レピュテーションそのものに対する個別金融機関の明確な基準,またはリスクカルチャーに対する阻却事由の明確化が必要になる。

3.5 公共性ある営利企業への行政介入度

コンダクト・リスクには,金融機関が業務遂行において「顧客・市場・公正取引」に悪影響を与えてはならない,という至極当たり前の考えが背景にある。かかる当たり前の考えを,殊更に規制として新たに強化せねばならないことには,2つの理由がある。

金融機関利益から顧客利益への重点のシフト

1つは,金融機関がこうした当たり前の行動をとっていないことが,金融危機やLIBOR問題で明らかになったことである。従前の金融規制や企業法制でもカバーされているはずの正しい行為について改めて規制をかける必要性は,規制対象となる金融機関の不正な行動そのものに一部起因する。

第5章 既存の規制が対象としなかったリスクの取込み | 175

【図表5-5】リスク管理対象の広がり

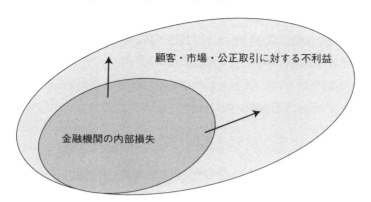

　もう1つは，金融機関のリスク管理の対象が「金融機関の内部損失」から「顧客・市場・公正取引に対する不利益」に変化しつつあることである（**図表5-5**）。金融機関は公共性の高い業務であり，また公開企業である以上は，顧客の利益に貢献するべきことはいうまでもない。

純粋公益事業とは異なる金融機関ビジネス

　しかしそれでもなお，金融機関は収益拡大を通じて企業価値の最大化を目的とする営利企業である。コンダクト・リスク規制やフィデューシャリー・デューティーの考え方を顧客利益重視に偏重させすぎると，民間企業としての金融機関の存在目的をゆがめることになりかねない。コンダクト・リスク規制には，顧客ニーズを重視するあまり，これを顧客経済的利益の極大化にまで昇華させ，結果，金融機関の収益を顧客に移転せんとする規制もみられる。金融商品のプライシングの透明性追求により，結果的に金融機関の取引マージンが極小化されるおそれのある規制である欧州連合（EU）の第2次金融商品市場指令（MiFIDⅡ）はその一例である。

　金融機関の目的を純粋に顧客利益の極大化という公共性のみに限定すると，もはや金融機関は公益事業であるとの考えに帰結する。すると，金融機関は民間営利企業ではありえず，政府により運営される行政行為の一種であり，され

ば当然にその運営コストは税金で負担されるべきとの考えになるはずである。国民の税金は，公共性の高い分野にこそ投入されるべきものであるからである。銀行をして預金・貸出・決済という公共性の高い事業に特化させる制度を策定してなお，破たん時に税金の投入を行わないという考え方には一種の矛盾を感じざるを得ない。一方で，金融市場の健全で自由な発展の観点からは，金融機関の国営化は決して賢明なやり方とは思えない。

3.6　サイバーセキュリティとITリスク管理の課題

サイバーセキュリティのリスク管理体系内での位置づけ

　サイバーセキュリティとITリスクにも，上記同様の分類学上の課題がある。金融犯罪のうち，例えば顧客宛に「なりすましメール」を送信してマルウェア感染させる行為は，これをIT脆弱性として管理するか，詐欺による金融犯罪の一種として顧客保護・コンプライアンス管理とするかという問題が出てくる。また，顧客暗証番号窃取が顧客宛メールによるマルウェアで行われた場合はITのリスクで，これが文書送付で行われた場合金融犯罪に分類されるのか，あるいは，攻撃対象が個別金融機関のサーバーの場合はITリスクとして，対象が顧客PCの場合は金融犯罪として分類するのか，という問題もある。個別金融機関内でITリスク所管部署と金融犯罪所管部署が分かれていた場合，事案の手口により所管が異なるという不具合が生じうる。

　重要なのは厳密な分類学ではなく，実効性のあるリスク管理である。サイバー攻撃とサイバー犯罪はこの際１つのリスクタイプとし，顧客資産を外部の攻撃から守るという同一の目的のもとに統合し，整合性のある対応策や管理方針を個別金融機関が定めるのが望ましい。

　個別金融機関内においても，サイバーセキュリティやITリスクは主にIT部署などの1st Line of Defense（１線）で管理され，リスク管理部署など2nd Line of Defense（２線）の関与が相対的には小さかったと考えられる。これらのリスクは高度に専門的な分野でありIT部署だけで管理が完結しがちで，適切な牽制が利かなくなるおそれがある。個別金融機関内では，かかるリスク管理に

第5章　既存の規制が対象としなかったリスクの取込み　177

適切な牽制を利かせる2線機能の確立を急ぐ必要がある。

サイバー・ITリスクの人材不足

　一方，サイバーセキュリティやITリスクに精通する人材は多くはない。人材確保のためには，個別金融機関による育成のみならず，人材の育成，国内の産官学協同，国際協同によるノウハウの共有が必要となる。IPAによれば，国内のユーザー企業において，情報セキュリティ技術者の数は約8万人不足している[37]。かかる状況を受けて経済産業省は2016年，サイバーセキュリティ分野において初の国家資格となる「情報処理安全確保支援士」制度を開始した。また金融庁は，2015年の「取組方針」において，内閣府が設置した内閣サイバーセキュリティセンターと連携する金融庁内の横断的組織を設立して情報を一元的に集約し，金融システム全体におけるサイバーセキュリティを強化するとしている。

4 本邦当局や金融機関，さらには日本政府に求められる行動

　最後に，本邦当局や金融機関が，新たなリスクに対してとるべき行動を示す。新たなリスクについては，まだその管理手法の業界プラクティスが確立していない。したがって，一律の手法を定めるルールベースの規制はなじまない。一方で，新たなリスクの顕在化防止のためには，プラクティス確立を待つことなく早期の管理開始が必要である。この双方を両立させるために，官民双方の管理高度化手法研究に加え，十分な官民間の対話が行われるべきである。

4.1　規制化は金融市場の健全な拡大を目的に

　規制化に当たっては，金融機関への懲罰や，金融機関の役割の過度な制約を

37　IPA（2014）参照。

目的とすべきでなく，金融市場の健全な拡大を目的とするべきである。そのため，規制は過度にprescriptiveになるべきではない。

プリンシプルベースに基づく非財務リスクに係る監督の重要性

本邦当局においては，「金融庁と金融機関の対話を通じたベストプラクティスの共有」，「金融機関の内部判断を尊重」というプリンシプルベースの監督方針を今後も維持することが望ましい。また，金融規制において，コーポレート・ガバナンスやリスクカルチャーといった分野については，一律の国際基準導入は最低限に留めることを国際会議の場で主張していくことが望ましい。

特に定量化が困難な非財務リスクにおいては，比較可能な計測手法で国際基準を統一するよりも，個別金融機関の内部管理手法構築を促し，それを官民の対話により共有し高度化して行く手法が望ましい。またその手法は，過度にスコアリング等に依存するよりも，実効性に重きを置くことが望ましい。例えば，コンダクト・リスク管理のために，社内研修を実施することは有効な手段であるが，監督当局がその評価において，研修の数やテストの点数などの数値指標に過度に依存するようになれば，金融機関に当局対応に過度な負荷を強いることになり，結果として本来の目的が達成されないおそれが出てくる。

コーポレート・ガバナンスやリスクカルチャーについて，金融規制の観点からは監督当局の介入は最小限に留めるのが望ましい。この問題は，監督当局の国際会議においてもいまだ議論の途上である。しかし，多くの金融機関では，かかる領域において一律の規制を制定することは実効的でないと考えている模様だ。

日本の強固なリスクカルチャーの重視

さらに，本邦当局においては，邦銀のリスクカルチャーやオペレーショナル・リスク管理が伝統的に強固であることを，ピアレヴューの場で国際会議や海外当局に継続的に疎明することが望ましい。邦銀では，従業員の勤続年数が欧米銀よりも長く，また入社時から経営職階に至るまでのキャリアを踏まえた

第5章　既存の規制が対象としなかったリスクの取込み　179

研修制度も充実している。事務の分野では，伝統的にゼロトレランスを目標とした厳正な事務管理が行われている。短期的利益追求を誘発しがちなインセンティブ報酬制度も少ない。これに対し欧米銀は，従業員の入退による交代が多く，事務の正確性がマニュアル整備やIT化で担保される傾向にある。欧米銀型の業務スタイルにおいては，文書整備，IT化，そして数値による疎明が意義を持つ。しかし，日本においては既に相応に高水準のリスクカルチャーが構築されているといえる。

　ただし，新たなリスクに対する柔軟な適応については，むしろ欧米銀の方が優れているようにも見える。国際会議を通じた監督当局間の情報共有により，ベストプラクティスを常に日本の金融システムに対しベンチマーキングする態勢の維持は，各国当局の重要な役割といえよう。

4.2　実効性あるコンダクト・リスク管理

環境に応じたリスクカテゴリーの再設定

　コンダクト・リスク管理につき，民間金融機関においては金融危機やLIBOR事案等を踏まえて実効性ある管理手法を早期に確立し，かつこれを継続的に高度化していくべきである（定量化が困難なリスクであることを念頭に個別のキー・リスク・インディケーター（KRI）や定性的な分析を活用するなど）。また，過去事案の後追いではなく，将来起きうるコンダクト事案もカバーするフォワードルッキングで包括的な管理手法を作るべきである。新たなリスクについては，これが組織の狭間に落ちてしまわぬよう，必要に応じたリスクカテゴリー定義と所管の決定を柔軟にするべきである。その際には，従前の分類学に拘泥しすぎず，環境に応じ重要なリスクを際立たせる体系を適宜見直すべきである。

　コンダクト・リスクの定義と所管は，個別金融機関の実情に応じて設定することが適切であろう。例えば，コンダクト・リスクという新たなリスクを定義する方法もあれば，従来のオペレーショナル・リスクの一分野とする方法，さらにはコンプライアンス管理の中に位置づける方法もありうる。ここでは，オ

ペレーショナル・リスクや，コンプライアンス管理のいずれにも属さないコンダクト・リスク事象を残さないことが重要である。また，コンダクト・リスク事象の管理がコンプライアンス管理の通常業務だけで完結せず，CROによる牽制が働く仕組みにすることが重要である。

コンダクトリスク事象に応じたKRIを選定し（情報漏洩件数など），これをリスクアペタイトとして明示的に設定することで，実効的なモニタリングとアペタイト超過の際の適切なアクションがとられることを，金融機関はリスクアペタイトステートメントに明示しておくべきである。

将来の事案も含めたフォワードルッキングな管理

包括的なコンダクトリスク管理を実現する1つの手法として，過去事案分析と現状管理手法分析とを組み合わせる方法がある。前者は，内外のコンダクト・リスク事案の原因を分析して，その原因に対する対処が現状の内部管理でカバーされているかを検証し，仮にカバーされていない場合は，適宜管理手法に追加していくアプローチである。後者は，現状の社内のコンダクト・リスク管理フローの充分性を検証し，将来起きうるべきコンダクト・リスク事案を予防的に管理するアプローチである。

言うまでもなく，金融機関において何より重要なことは，重大コンダクト事案を起こさない内部規律を自ら確立ことである。「顧客利益」，「公正な市場取引」など当たり前のことを改めて規制化する必要があるのは，かかる事案が実際に発生したという歴史的経緯からである。「泥棒が居るから法律が要る」のは，どの時代・分野でも同じである。

各ステークホルダーへのバランスある配慮

一方で，コンダクト・リスク規制が必要以上に金融機関のビジネスを制約するものになる場合には，監督当局との十分な対話を通じて，経済・社会における金融機関のあり方についての認識を共有すべきである。金融機関は顧客・株主・従業員・社会・当局などの複数のステークホルダーに対してバランスのと

れた責任を負っていることには常に留意すべきである。

4.3　レピュテーション・リスク管理はリスクカルチャーの確立から

レピュテーション・リスクを経営課題として取り上げる必要性

　レピュテーション・リスクは，そのリスク要因がとみに広がっているとともに，社会環境により要因が変動するため，個別金融機関においてはレピュテーション・リスクを独立のリスクカテゴリーとして定義し，フォワードルッキングで包括的な管理枠組みを早期に確立，適宜見直していくべきである。レピュテーション・リスクは，経営ビジョン，事業戦略，リスクカルチャーなど，個別金融機関の経営のあり方にかかわる課題であること，さらに風評という変動する外部要因に左右されることに留意して，社内の広い組織にまたがる管理の枠組みを作るべきである。レピュテーション・リスクに係る経営判断を適切に行うためには，経営ビジョン，リスクカルチャーといった個別金融機関の目指すものを都度開示して説明責任を果たせるようにするべきである。

　個別金融機関内の枠組みの例としては，取締役会傘下またはCROが主宰するリスク管理委員会傘下にレピュテーション・リスク委員会を設置し，ここで，事業戦略や個別の大口案件等がレピュテーション・リスクの観点から問題なきかを検証する体制が考えられる。レピュテーション・リスクに照らした意思決定はCRO，CCOのほか，事業部門など広範囲な社内関係者のハイレベルな判断が必要である。

レピュテーション・リスクを踏まえたリスクカルチャーの開示の必要性

　レピュテーション・リスクに関する経営判断を適時適切に行うためには，個別金融機関の経営ビジョンやリスクカルチャーにおいて，レピュテーションをも踏まえたリスク選好方針を明示しておくべきである。例えば，経営ビジョンやリスクカルチャーにおいて「公共性」を融資の基準として明示することはその一例である。これにより，案件採り上げにあたり，明確な説明責任を対外的に果たすことができる。一方，自行のリスクカルチャーと世の中の認識が乖離

するような場合に，例えば，「リスクカルチャー上採り上げ可能な案件でも，抗議行動等によるレピュテーションへの影響が大きい場合にはこれを見送る」といった内容をリスクカルチャーに明示的に謳うべきか否かは，個別金融機関にて十分に検討されるべきであろう。

ダコタ・アクセス・パイプラインやパナマ文書の事例（あるいは，米国のトランプ大統領の娘がデザインする衣料品の販売に対する抗議運動から，同商品の取扱いを止めると，今度はこうした措置に対し大統領から非難された米国ノードストロームの事例）でわかるように，レピュテーション・リスク管理はもはや広報活動による事後的ダメージ・コントロールの領域にとどまらない。事前の明確な経営ビジョンと，リスクカルチャーの策定・開示が必要である。

4.4 サイバーセキュリティ，ITリスクは２線強化を

サイバーセキュリティとITリスクにつき，個別金融機関は２線機能を強化し，１線におけるサイバーセキュリティやITリスク管理がサイロ化せずCROを通じ適切に経営に報告される体制を整備すべきである。体制整備に当たっては，サイバーセキュリティ人材不足に鑑み，グループ会社間や業界内でのノウハウ共有を進めるべきである。サイバーセキュリティについては，これをサイバー攻撃，情報漏洩，不正送金などを含む広範囲な概念として定義し，これらを横断的にカバーする体制を構築するべきである。

（参考文献）

金融庁（2016）「金融モニタリング有識者会議第１回会合　森金融庁長官による問題提起」金融庁/2016年８月24日

金融庁（2016b）「金融分野におけるサイバーセキュリティ強化に向けた取組方針について」金融庁/2016年７月

金融庁（2016c）「平成28事務年度金融行政方針」金融庁/2016年10月

金融庁（2017）「顧客本位の業務運営に関する原則」金融庁/2017年３月30日

時事通信（2017）「邦銀前で抗議デモ＝パイプライン融資に反発—NY」時事ドットコムニュース/2017年２月２日　http://www.jiji.com/jc/article?k＝2017020200228&g＝eco

全銀協（2013）「全銀協TIBORの運営見直しに関する報告書」一般社団法人全国銀行協会/2013年12月

IPA（2014）「情報セキュリティ人材不足数等に関する追加分析について（概要）」独立行政法人情報処理推進機構/2014年7月30日

BCBS（2004）*International Convergence of Capital Measurement and Capital Standards A Revised Framework*, June 2004

BCBS（2015）*Corporate governance principles for banks*, July 2015

CFR（2016）*Understanding the Libor Scandal*, Council on Foreign Relations, October 12, 2016 http://www.cfr.org/united-kingdom/understanding-libor-scandal/p28729

BIS（2016）*OTC derivatives statistics at end-June 2016*, November 2016

EBA（2015）*Guidelines on common procedures and methodologies for the supervisory review and evaluation process*（*SREP*）, 19 December 2014

FCA（2012）*Journey to the FCA*, Financial Conduct Authority, October 2012

FCA（2013）*FCA Risk Outlook 2013*, Financial Conduct Authority, 2012

FFIEC（2015）*Cybersecurity Assessment Tool*, Federal Financial Institutions Examination Council, June 2015

FRB *et al.*（2013）*Final Rules to Implement the "Volcker Rule"*, Joint Press Release, Board of Governors of the Federal Reserve System, CFTC, FDIC, OCC, and SEC, December 10, 2013

FSB（2012）*Thematic Review on Risk Governance*, 12 February 2013

FSB（2013）*Principles for An Effective Risk Appetite Framework*, 18 November 2013

FSB（2014）*Reforming Major Interest Rate Benchmarks*, July 2014

FSB（2015）*FSB Chair's Letter to G20 on Financial Reforms*, 4 February, 2015

FSB（2016）*Measures to reduce misconduct risk Second Progress Report*, 1 September 2016

G7（2016）*G7 Fundamental Elements of Cybersecurity for the Financial Sector*, October 11, 2016

GFXC（2017）*FX Global Code, A set of global principles of good practice in the foreign exchange market*, May 2017

IOSCO（2013）*Principles for Financial Benchmarks Final Report*, July 2013

IOSCO（2017）*Task Force Report on Wholesale Market Conduct*, June 2017

NIST（2014）*Framework for Improving Critical Infrastructure Cybersecurity*, National Institute of Standards and Technology, February 12, 2014

OCC（2010）*Large Bank Supervision: Comptroller's Handbook*, January 2010

OCC（2014）*Guidelines Establishing Heightened Standards for Certain Large Insured National Banks, Insured Federal Savings Associations, and Insured Federal Branches; Integration of 12 CFR Parts 30 and 170*, September 25, 2014

Wheatley, M. (2012) *The Wheatley Review of LIBOR: final report*, HM Treasury, September 2012

WSJ (2009) *Obama Slams 'Fat Cat' Bankers*, Wall Street Journal電子版, Dec.14, 2009 https://www.wsj.com/articles/SB126073152465089651

WSJ (2011) *On Street, Pay Vaults to Record Altitude*, Wall Street Journal電子版, Feb 2, 2011 https://www.wsj.com/articles/SB1000142405274870412450457611842 1859347048

WSJ (2016) *Big Banks Paid $110 Billion in Mortgage-Related Fines. Where Did the Money Go?*, Wall Street Journal 電子版, March 9, 2016 https://www.wsj.com/articles/big-banks-paid-110-billionin-mortgage-related-fines-where-did-the-money-go-1457557442

第6章

リスクテイクの状況や
これに対する備えに関する
ディスクロージャーの強化

中野　百合・大山　剛

1 規制の概要と規制が作られた背景

　金融機関の行動に一定の「規律」を持ち込む方法としては，本書の他の章でも説明しているように，監督当局が，規制や監督を通じて，直接的に金融機関の行動を縛る方法が代表的である。もっともこの他にも，例えば，財務諸表等のディスクロージャーにより，自らの財務的な「健康状態」を外部の投資家の目に晒すことで，主に市場における株価形成や格付機関による債券格付の付与等を通じて，それぞれの企業のリスクテイク活動を律する手法もある。このリスクテイク状況に関するディスクロージャーの強化こそが，本章で扱う規制カテゴリーの中心的なテーマとなる。

　金融機関に対しては，以前から，一般の事業法人以上に，リスクテイクの内容に関し詳細な情報のディスクロージャーが求められてきた。例えば，2006年から実施されているバーゼルII規制の「第三の柱」がそれに当たる。ここでは，バーゼルII規制が定める方法に基づき計算されたリスクの量のみに止まらず，リスクの量を計算するのに用いた様々な元データや，さらにはリスクを管理する体制までも，アニュアル・レポートを通じて外部に伝えることが必要となる。健康診断に例えれば，単に診断の結果分かった「異常」の意味合いのみではなく，異常の判断に至った検査値や，さらには普段健康を維持管理している生活態度までが，ディスクロージャーの対象となったのである。

　もっとも，バーゼルIIを通じてもたらされたディスクロージャー情報は，先般のグローバル金融危機を経験した今日，結果として，大手金融機関の行動に対する十分な市場規律形成にはつながらなかったのではないか，との見方を強めることとなった。その1つの理由は，例えば，公表された情報の「わかりにくさ」である。健康診断の結果を見るのが，医者という病理分析のプロなのに対し，金融機関のリスクに係るディスクロージャー情報を見る主体は，必ずしもリスク管理の（さらには，バーゼルII規制という特殊な世界に通じた）プロというわけではない。さらにいえば，銀行によって公表された情報の定義が，

第6章　リスクテイクの状況やこれに対する備えに関するディスクロージャーの強化 | *187*

必ずしも同一ではないとの問題点も指摘されている。仮に，血圧の数字が公表されても，人によって計測した時の環境が大きく異なれば，そう簡単に比較することはできないであろう。

　このような事情を背景に，グローバル金融危機以降のディスクロージャー強化の動きの中では，単に情報量を増やすというよりは，銀行間での比較可能性を増す方向でのディスクロージャー情報なり，ディスクロージャー形式が重視されるようになっている。

2 規制の具体的な内容

2.1　バーゼル規制の第3の柱：開示要件

　2004年に導入が決まったバーゼルⅡ規制の枠組みは，自己資本比率規制そのものである第1の柱，金融機関の自己管理と監督当局による各金融機関のリスク管理方法の検証を規定した第2の柱，そして，金融機関による開示要件を規定した第3の柱，で構成される。第3の柱の導入に伴い，金融機関は，自社のリスクテイクの状況及びこれに対する備えに関する定性的，定量的な情報を，詳細に開示することが求められるようになった。定量的な開示データについては，第1の柱や第2の柱において計測・報告が求められているデータに関し，統一的なフォーマットで開示することが必要となる。

　バーゼル委員会は，第3の柱の導入にあたって，「一連の情報開示基準を作成することで，市場規律を推進することを目指している。当該情報開示基準により，市場参加者は，適用範囲，自己資本，リスク・エクスポージャー，及びリスク評価プロセスなどの重要な情報について，ひいては銀行の自己資本充実度について，評価できるようになる」と述べている。これは言い換えれば，バーゼル委員会は，金融機関の詳細なリスク及びバッファーの状況を市場に開示することによって，市場が適切に金融機関の財政状況を評価し，株式や債券等の価格に反映することで，銀行の財政規律を高めると期待していることを意

味する。

　市場を専門的な医学的知識がある医師とみなせば，患者の健康状態に関する
データが公表されることで，複数の医師による診断が可能となり，その結果が
株価や債券の価格に適切に反映されることが期待されるわけだ。多くの医師が
健康状態に問題があると診断し，株価や債券の価格が急落した場合には，金融
機関は急落の要因，すなわち健康悪化の原因を確認した上で，これの治療に臨
むこととなる。

2.2　第3の柱の抜本的な見直し

　バーゼル委員会は，2015年1月に公表した第3の柱の見直しに関する最終規
則文書の冒頭に，「2007年から2009年の金融危機の発生により，既存の第3の
柱の枠組みが，銀行の重大なリスクを特定することができず，市場参加者が金
融機関の全般的な自己資本の適切性を評価するにあたって，横比較可能な十分
な情報が開示されていなかったことが明らかになった」と述べている。このた
め，2007年の金融危機以降，バーゼル委員会は，バーゼル規制全体の抜本的な
見直しを行うのに合わせて，第3の柱に関しても，第1フェーズから第3
フェーズまで段階的に見直しを進めていくこととした。

　第1フェーズについては，2015年1月に，既存の開示に関する規則文書[1]の
開示要件を改訂した「第3の柱開示要件の見直し」[2]を公表している。その後第
2フェーズとして2016年3月に，主にバーゼル委員会やFSBによる直近の各種
規制の策定／見直しに関連し，新規の開示要件を提案した市中協議文書「第3

1　• Basel Ⅱ: International Convergence of Capital Measurement and Capital Standards:
　　A Revised Framework – Comprehensive Version, June 2006 – partⅣ – Market
　　discipline – paragraphs 808–826 http://www.bis.org/publ/bcbs128.htm
　　• Enhancements to the BaselⅡ framework, July 2009 – part Revisions to Pillar 3
　　(Market discipline) http://www.bis.org/publ/bcbs157.htm
　　• Revisions to the BaselⅡ market risk framework, July 2009 – paragraph 23
　　http://www.bis.org/publ/bcbs158.htm

2　http://www.bis.org/bcbs/publ/d309.pdf

第6章　リスクテイクの状況やこれに対する備えに関するディスクロージャーの強化 | *189*

の柱の開示要件—統合および枠組みの強化」[3]が公表され，2017年3月に最終規則文書が公表された。最後の第3フェーズについては，その他の現在進行中の政策策定／見直しに伴う新たな開示などを検討し，2017年中旬を目途に市中協議を行う予定としている。

2.3　第1フェーズ：第3の柱の見直し

バーゼル委員会が第3の柱見直しの第1フェーズとして2015年1月に公表した最終規則文書は，銀行間のリスクアセット関連情報の比較可能性の向上と，内部モデル方式関連データの透明性の改善に焦点を当てている。最終規則文書では，開示に関する原則や，既存の規則を対象に，開示内容の標準化を目的とする開示テンプレートが提示された。具体的な改正内容の概要は以下のとおりである。

2.3.1　開示に関する5つの原則

第1フェーズの最終規則文書には，開示に関する5つの原則が盛り込まれた。5つの原則とは，①開示の明確性，②開示が包括的であること，③利用者にとっての有用性，④時系列における一貫性，⑤銀行間での比較可能性，より構成される。金融機関は第3の柱に基づく開示にあたって，この原則を考慮することが求められるようになった（**図表6-1**）。

3　http://www.bis.org/bcbs/publ/d356.pdf

【図表6-1】 開示に関する5つの原則

	原　則	内　容
原則1	開示が明確であること。	開示は，重要なステークホルダー（投資家，アナリスト，金融顧客，その他）に分かりやすい形式で提示し，利用しやすい媒体を通じて伝達されなければならない。重要なメッセージはハイライトされ，探しやすいようにすべきである。複雑な問題は簡易な文章で説明し，重要な用語は定義を記載すべきである。関連するリスク情報は合わせて提示すべきである。
原則2	開示が包括的であること。	開示は，銀行の主要な活動及び全ての重要なリスクを，関連する裏付けとなるデータと情報に基づき，説明すべきである。報告時点間に発生したリスク・エクスポージャーの重要な変化は，これに対する経営陣による適切な対応とともに説明されなければならない。 開示は，銀行によるリスクの特定，測定及び管理に係るプロセスと手続について，定性的及び定量的な情報を十分に提供すべきである。開示の詳細さは銀行の複雑性に比例すべきである。 開示のアプローチは，開示の利用者に銀行のリスク耐性及びリスクアペタイトを理解しやすくし，経営幹部及び取締役会がどのように内部的リスクと戦略を評価・管理するか反映されるように十分に柔軟でなければならない。
原則3	開示が利用者にとって有用なものであること。	開示では，銀行の最も重要な，現時点及び新たに発生するリスクと，これらのリスクがどのように管理されているかについて，市場から注目されそうな情報を含め，ハイライトすべきである。有用と考えられれば，財務諸表や損益計算書の項目との関係性を示さなければならない。利用者の理解に付加価値を与えないもしくは有用な情報の伝達につながらない開示は避けるべきである。さらに利用者にとって有用もしくは関係のなくなった情報は取り除かれるべきである。
原則4	開示が各期間を通じて一貫性を有していること。	重要なステークホルダーが，銀行の業務の全てにわたる重要なリスクプロファイルのトレンドを特定するために，開示は，各期間を通じて一貫性を維持すべきである。銀行固有の，もしくは規制，市場の進展等に伴う前回の報告書からの追加，削除，その他重要な変更は，ハイライトし説明されるべきである。
原則5	開示が銀行間で比較可能であること。	開示の粒度と公表様式は，重要なステークホルダーが銀行間及び法域間で，事業活動，健全性指標，リスクとリスク管理の有用な比較が可能となるように設定すべきである。

第6章　リスクテイクの状況やこれに対する備えに関するディスクロージャーの強化　191

【図表6-2】第1フェーズの開示テンプレート

開示テンプレートの項目	主な開示内容
① リスク管理とリスクアセットの概要	銀行の経営戦略の概要，銀行のリスクプロファイルと取締役会で承認されたリスク耐性との相互連関性，リスクカバナンス構造，ストレステストに関する定性的な情報，リスクアセットの概観。
② 財務諸表と規制上のエクスポージャーの関連性	会計と規制上のデータ間の差異，財務諸表項目と規制リスク項目のマッピング
③ 信用リスク	商品ごとのエクスポージャー，デフォルトしたローン・債券の残高推移保証・担保等の概況，標準的手法に基づく資産クラスとリスクウェイト（RW）別エクスポージャー，内部格付け手法に基づくポートフォリオ/倒産確率（PD）別エクスポージャー，内部格付け手法に基づくポートフォリオ別PDに係るバックテスティング
④ カウンターパーティー信用リスク	標準的手法に基づく資産クラス/RW別内訳，内部格付け手法に基づくポートフォリオ/PD別内訳，中央清算機関向けエクスポージャー，信用デリバティブの種類/売買別内訳
⑤ 証券化	銀行勘定の証券化取引（ストックおよびフロー），トレーディング勘定の証券化取引（ストックおよびフロー），オリジネーター／スポンサーとしての銀行勘定の証券化ポジション，投資家としての銀行勘定の証券化ポジション
⑥ 市場リスク	標準的手法に基づく市場リスクの内訳，内部モデル適用銀行による市場リスクに関する定性的説明，内部モデルを適用するトレーディング・ポートフォリオに関する主要計数，損益とVaR（バリュー・アット・リスク）推計の比較

（注）オペリスク，銀行勘定の金利リスクについては第1フェーズの最終規則においては既存規則から変更なし。

2.3.2　開示内容の標準化

　第1フェーズの最終規則では，開示内容の統一化を図るべく，リスクアセットの内訳等を詳細に示す包括的な開示テンプレートが新たに導入された。開示テンプレートは，**図表6-2**のとおり6つの項目別に提示されている。

　開示テンプレートは，対象情報の内容や重要性に応じて，「指定様式：概ねテンプレートに則った開示が要求されるもの」と，「任意様式：テンプレートと同旨の情報が含まれていれば開示形式につき一定の裁量が認められるもの」に区分される。

　第1フェーズの最終規則では，開示頻度についての規定も従前より具体的に定められており，自己資本比率等の主たる指標を含め，その算出の基礎となる定量情報等は四半期ベース，主に銀行のリスク管理等に係る定性的な情報等短期的に重要な変更が見込まれない項目等に関しては，年次としている。

内部モデル方式関連データに関する開示

　第1フェーズの最終規則における改定の目的の1つは，内部モデル関連データに関する開示の透明性の改善であった。内部モデルは，金融機関によって異なるモデルでリスクアセットを計測するため，銀行間の比較可能性が難しいことが，開示上の問題として指摘されてきた。因みに内部モデルに係る規則は，市場リスクに関しては2016年1月に最終規則[4]が公表されており，内部モデルの使用に関する規則が抜本的に見直された。また信用リスクについては，2016年3月に市中協議文書[5]が公表されており，金融機関，大企業等一部を除くエクスポージャーは引き続き内部モデルの使用を認める提案となっている。一方，オペレーショナル・リスクは，2016年3月に公表された第二次市中協議文書[6]において，内部モデルの使用を廃止することが提案された。実は，第3の柱の改定に係る第1フェーズの最終規則は，こうした施行前あるいは提案中の規則

4　http://www.bis.org/bcbs/publ/d352.pdf

5　http://www.bis.org/bcbs/publ/d362.pdf

6　http://www.bis.org/bcbs/publ/d355.pdf

第6章　リスクテイクの状況やこれに対する備えに関するディスクロージャーの強化 │ *193*

を対象としているわけではなく，現行の測定手法に基づく開示方法の改定に留まっている。

　内部格付け手法が適用される信用リスク・エクスポージャーの開示方法に関しては，従前は**図表6-3**のとおり，テンプレートは提示されず開示項目に関する定性的な説明に留まり，金融機関が定性的な説明に基づき独自の様式で開示を行っていた。一方，フェーズ1最終規則では，**図表6-4**のとおりテンプレートが提示され，指定されたPDのレンジごとに，指定された項目の提示が

【図表6-3】従前の規則文書：第3の柱―市場規律

信用リスク：内部格付手法が適用されるポートフォリオに対する開示項目	
定量的開示項目：	・リテールを除く各ポートフォリオについて，意味のある信用リスクの区分が可能となるのに十分な数のPD区分（及びデフォルト区分）ごとに以下の情報を開示。 　▶エクスポージャーの合計額（事業法人向け・ソブリン及び銀行向けについては，ローン残高及び未引出コミットメントのEAD，株式についてはその残高） 　▶先進的内部格付手法を適用する採用する銀行については，エクスポージャーによりウェイト付けされた平均LGD 　▶エクスポージャーによりウェイト付けされた平均リスクウェイト ・先進的内部格付手法を採用する銀行は，各ポートフォリオについて，未引出のコミットメントおよびエクスポージャーによりウェイト付けされた平均EAD ・リテール・ポートフォリオについては，次のいずれかを開示。 　▶上記で示された開示項目のプール・ベースでの開示（すなわち，リテール以外のポートフォリオの場合と同様の開示），又は 　▶意味のある信用リスク区分となるように考慮した充分な数のEL区分に対するプール・ベースのエクスポージャー（貸出残高及びコミットメントのEAD）の分析。 ・前期における各ポートフォリオごとの損失の実績値（例，直接償却額や個別引当金繰入額など）及びそれが過去の実績値とどう異なるか ・長期にわたる実績値と銀行による推計値との対比。最低限，（上で定義した）各ポートフォリオごとに，その内部格付プロセスのパフォーマンスに関して意味のある評価を行うのに十分な期間にわたって，損失実績値と損失推計値の対比についての情報を含むべきである。また，適切な場合には，銀行はこれをさらに分解し，上述のリスク評価の定量的開示項目における推定値と，PD実績値，また先進的内部格付手法を採用している銀行においてはLGD実績値及びEAD実績値との対比分析を，提供すべきである。

【図表6-4】第1フェーズ最終規則文書：
ポートフォリオおよびPDごとの信用リスクエクスポージャー

	PDスケール	オンバランスグロスエクスポージャー	オフバランスエクスポージャーCCF考慮前	平均CCF	信用リスク削減およびCCF考慮後EAD	平均PD	債務者数	平均LGD	平均債務返還期限	リスクアセット	リスクアセットの密度	予想損失	引当金
ポートフォリオX													
	0.00～<0.15												
	0.15～<0.25												
	0.25～<0.50												
	0.50～<0.75												
	0.75～<2.50												
	2.50～<10.00												
	10.00～<100.00												
	100.00（倒産）												
	合計												
全ポートフォリオ合計													

求められるなど，統一的なテンプレートが取り入れられている。

2.4　第2フェーズ：第3の柱の統合及び強化

2017年3月に最終規則文書「第3の柱の開示要件―統合およびフレームワークの強化」[7]が公表された。第3の柱の見直しの第2フェーズとなる本最終規則では，既にバーゼル委員会により近年最終化された各種規則文書に含まれる開示要件が統合され，さらに主要規制指標のダッシュボード等が追加された。

2.4.1　第2フェーズにおける主な改正点
バーゼル委員会で既に最終化された開示要件の第3の柱への統合

開示情報の利用者による包括的な開示規制情報の提供を目的に，バーゼル委員会は，既に他の個別規制の策定の中で最終化された開示要件を，第3の柱に統合した。フェーズ2において統合された開示要件は**図表6-5**のとおりである。

7　https://www.bis.org/bcbs/publ/d400.pdf

第6章　リスクテイクの状況やこれに対する備えに関するディスクロージャーの強化 | *195*

【図表6-5】最終化された規則文書における開示要件

資本構成の開示要件（2012年6月）
グローバルなシステム上重要な銀行：更新された評価手法及びより高い損失吸収力（2013年7月）
カウンターシクリカル・バッファーにおける信用エクスポージャーの地域別の開示（2011年6月改訂後のバーゼルⅢ規則文書）
バーゼルⅢレバレッジ比率の枠組みと開示要件（2014年1月）
流動性カバレッジ比率（LCR）の開示基準（2014年1月）
安定調達比率（NSFR）の開示要件（2015年6月）
銀行勘定における金利リスク（2016年4月）
報酬に係る第3の柱開示要件（2011年7月）

主要規制指標のダッシュボード

　主要規制指標に係る定量的な情報をまとめて，時系列に表形式で示す開示テンプレート（ダッシュボード）が導入された。投資家による銀行間および時系列の主要規制指標の比較を容易にすることが，このダッシュボードの目的である。ダッシュボードとして2種類のテンプレートが導入された。1つ目は自己資本比率，リスクアセット，レバレッジ比率，流動性関係の比率等を含むテンプレート，そしてもう1つはG-SIB用の，TLAC総額／比率を含むテンプレートである。

健全性評価調整

　バーゼル規制では，バランスシート上の金融商品等の会計上の公正価値に，将来の不確実性を考慮した調整を加え，CET1資本から控除する，健全性評価調整を実施している。健全性評価調整の内訳については，既存の規則では開示の義務付けがなかったため，健全性評価調整の詳細をリスク要素別に示すテンプレートが新たに提示された。

TLAC

　FSBの最終合意文書に沿って，破綻処理対象会社がグループ外から調達すべきTLAC額（外部TLAC）についてはG-SIBの破綻処理グループごとに，グループ内TLAC額については重要な子会社グループごとに，他の債務との弁済順位の関係などを含めた開示が導入された。また，TLACの残高の内訳や満期などを示す開示テンプレートも導入された。

マーケット・リスク

　バーゼル委員会が2016年1月に公表した最終規則文書に基づく枠組みのもとで，リスクアセット計測の前提や過程等の開示を求めるテンプレートが導入された。テンプレートでは，標準的方式適用行に対しては，マーケット・リスク量のエクイティなどリスクの種類別の内訳の開示を，内部モデル適用行に対しては，リスクの種類ごとの所要自己資本の開示に加え，主要なトレーディング・デスクごとのトレード対象のリスクの種類及び商品の内訳の開示を求めている。

2.4.2　第3フェーズ

　第3の柱見直しの第3フェーズでは，以下の点に対応することとなっている。
- 標準的手法で計測したリスクアセットをベンチマークとして内部モデルのリスクアセットと対比した開示
  内部格付手法の見直しおよびアウトプットフロアの最終化に依拠する。
- 担保差入資産に係る開示要件
- オペレーショナルリスクの開示要件
  オペレーショナルリスクの枠組みの最終化に依拠する。
- 進行中の規制改革に伴う開示要件

3 規制の影響と規制を巡る論点

3.1 市場規律の向上

　第3の柱の導入・改正に伴い，銀行の開示情報の量も相応に増えるものの，それ以上に重要な点としては，同じフォーマットに基づく多くの定量データの開示を求めることで，銀行間での横比較が容易になることが挙げられる。これにより，個別行のリスクプロファイルに係る評価や，同評価の元となるデータの信ぴょう性に関し，市場や投資家，さらには外部の銀行からのピアリング圧力が強まることが期待される。既述のとおり，バーゼルⅡの下でも第3の柱は実施されてきたわけだが，そこで開示されたリスク情報に関し，銀行間での横比較が難しかったがために，市場や投資家等ではこうした情報の活用が進まなかったことが指摘されている。今回の第3の柱の改正は，こうした問題に真正面から取り組んだものと評価することができる。

　その一方で，昔から銀行側が懸念してきたように，横比較が容易となったデータが，本当に同じような条件の下で作成されているのかという問題がある。これは，単にデータの質の問題のみならず，データ作成に際しての定義の問題も関係することとなる。第4章でも取り上げたように，現在バーゼル委員会では，内部モデルを用いてリスクを計測した際の結果のばらつきに関し，その原因を特定化した上で，できるだけ不必要な，あるいは望ましくないばらつきを減らす方策を検討している。こうした策が導入されれば，銀行側の懸念も大きく減じるかもしれない。また標準的手法の結果も同時に公表されるようになれば，同手法結果と内部モデル手法結果との関係の横比較も，銀行のデータの質を判断する上では重要な情報となるかもしれない。

　上記のような懸念に加え，銀行側からは，リスクプロファイルに関する詳細な情報が公開されたとしても，本当に市場参加者や投資家がこうした情報を適切に咀嚼できるかに懸念を持つ声も聞かれる。確かに，バーゼル規制は膨大な

規制体系であり，その全てを完全に把握している者など，規制当局の間でも世界に2ケタもいないのではないかといった冗談さえ聞こえるほどだ。ましてや，銀行規制の専門家ではない市場参加者や投資家が，どの程度，公表された情報の意味を理解できるのかは，甚だ心もとないところである。こうした意味では，単に監督当局が銀行に対し，リスク情報の公開を求めるのみではなく，監督当局が中心となって，公示された情報の「読み方」を市場参加者・投資家にやさしく丁寧に伝授する「金融教育」を充実化させることも重要となってくる。そうでなければ，折角，比較可能な多くの情報が銀行により公示されたとしても，市場にとっては「宝の持ち腐れ」となってしまう可能性が高い。

3.2　銀行負担の増大

　銀行側にとっては，第3の柱の改定・実行に伴い，当然ながら，公示用の膨大な新規データを，非常に時限性が高い環境下で準備しなければならないという，大きな負担が課せられることとなる。金融危機以降，銀行に対しては，実は開示情報以外にも，当局等に対する報告義務が大幅に拡大している。例えば，FSBによるデータギャップの取組みでは，G-SIBの大口カウンターパーティ等の情報を，グローバルなデータハブに提出することが求められている。さらに，ストレステストや再建破綻処理計画の報告など，銀行が当局に報告を求められる情報は非常に膨大なものとなっている[8]。こうした中，バーゼル委員会では，

8　このほか，国際的なイニシアティブとして，監督当局は現在，金融システム全体のモニタリングの高度化，システミック・リスクの特定・評価のためのデータ収集を強化している。例えば，店頭デリバティブについては，中央清算機関もしくは取引情報蓄積機関を通じて，取引情報が当局に報告されている。また，2015年11月に公表された「グローバルな証券金融データの収集と集計の基準とプロセス」では，レポ・証券貸借取引に関する国際的なデータ収集・集計を目指している。さらにFSBでは，カウンターパーティレベルでのデータを把握するために，金融商品の取引を行うカウンターパーティに対して，統一的な識別番号を付与するグローバルな体制を整備する取り組みを進めている。このほか，資産運用業界のデータ収集の強化も推進しており，2017年1月に公表した「資産運用業の活動から生じる構造的な脆弱性に対応する政策提言」において，オープンエンド型ファンドの流動性プロファイル及びファンド全般のレバレッジに係る情報の報告・開示の強化が求められている。また，ヘッジファンドについても，金融危機以降，米国及び欧州では，詳細なデータの報告が義務付けられている。

2013年1月に重要なG-SIBおよびD-SIBが守るべき原則として「実効的なリスクデータ集計とリスク報告に関する諸原則」(BCBS239)[9]を公表した。これには，銀行のデータの集計能力と内部のリスク報告実務を強化することを企図したものであり，G-SIBが導入すべき11の原則が含まれている。

このように，銀行には現在，大量のデータ開示・報告義務が課されており，銀行経営に少なからぬ負担を課しているという批判もある。また，これだけ多くの開示・報告義務が課せられる中で，誤った情報の開示・報告がもたらすリスク（コンダクト・リスク）は確実に高まっている。既述のとおり，開示・報告データが投資家や規制当局に適切に利用され，銀行のリスク評価にあたって十分に活用されているか否かが，こうした膨大な規制負担を正当化する上で，重要なポイントとなる。

3.3　銀行行動への影響

当局の目論見通り，リスクに係る公示情報が増加すると同時に，銀行間での横並び比較も可能となり，この結果，銀行経営に対する市場規律が高まるようになれば，銀行経営も，「市場から罰せられない」ように，よりフォワードルッキングな形でリスクに対処していく必要が高まる。結果的に，銀行行動は，公示情報に対する市場のリアクションに対して，より敏感に反応することが予想される。さらにいえば，「それがリスクの実態を表しているか否かにかかわらず」，制度の制約下において，公示情報をできるだけ「綺麗にみせる」と同時に，この目的に沿う形で，場合によってはビジネス・モデルを部分的に変えていくことも考えられる。

例えば，日本では従来から，メインバンク制の影響から，同一与信先に対する実質的な信用リスク（レピュテーション・リスクを含むもの）は，銀行によって，（メインバンクか否かで）異なると言われてきた（メインバンクは，最終的に，メインバンクとしてのレピュテーションを守るために，与信先の信

9　http://www.bis.org/publ/bcbs239.pdf#search = %27BCBS + 239%27

用悪化から他行が与信を引き揚げる際にも，その分を引き受けて，最後まで与信先を守るケースが多いため）。もっとも，バーゼル規制の下で図られる信用リスクは，必ずしもこうしたレピュテーション・リスクまでは含まれないことから，そこで公示されるリスクは必ずしも実態のリスクを代表しないケースも生じ得る。こうした場合，仮に今回の第3の柱の改正によっては，リスクに係る公示情報が非常に重要になった場合，そこに明確に表れないリスク（例えば，レピュテーション・リスク）を積極的にテイクするインセンティブを与えることになりかねない点は要注意だ。

4 当局に期待される行動

4.1 開示に係るコストとベネフィットの分析の徹底

　近年，金融危機以降導入された数多くの規制について，規制導入に伴うコストとメリットの検証を求める声が強まっている。例えば，金融システムへの影響が限定的な中小規模の金融機関に対する規制が過剰であり，実体経済に悪影響を及ぼし得るとの批判も多く，規模や業務の複雑性等に照らして金融システムへの影響が限定的な金融機関については，規制を緩和する方向に舵が切られつつある。開示，報告についてもある程度の情報は必要と考えられるが，例えば国内業務のみに従事する地銀に，第3の柱で求められる情報の提出を，規定された頻度で求める必要があるかは疑問な部分もある。

　いずれにしても当局は，コストとベネフィットという視点から，新規に導入された開示義務が本当に正当化できるのかに関し，しっかりと検証する必要がある。開示・報告によるメリットは，投資家や規制当局によるリスクのモニタリングを容易にすることである。一方，大量の開示・報告義務に伴う最大のデメリットは，金融機関へのコスト負担である。大手金融機関の破綻はシステミック・リスクを引き起こす可能性が高いが，中小の地銀の破綻がシステミック・リスクにつながる可能性は低い。こうした意味で，特に，中小規模の金融

機関に関しては，大量の開示・報告データがどの程度有効に利用されたかを検証し，これら金融機関が有するリスクと比較した上で，本当に必要な情報に絞ることも検討すべきではないだろうか。

　なお，その一方で，地域金融機関や中小規模の金融機関において，より一層深刻なリスクを抱えている可能性があるにもかかわらず，単に（国際金融規制が適用されない）国内基準行だかということで，安易に開示負担を減らしてしまうことも問題だといえる。たとえば，第4章でも取り上げた銀行勘定の金利リスクに関しては，これまでの低金利環境下において，その規模を問わず，多くの地域金融機関が大きなリスクを抱えていると言われてきた。こうした中で，同リスクの開示義務を，大手行を中心とした国際基準行にのみ適用するようになれば，リスク情報に係る開示の拡大というグローバル規制の流れに完全に背を向けることになりかねない。

4.2　当局によるリスクのモニタリングの強化

　開示されたリスク情報や，当局に報告されたデータに関し，当局が金融システムの安定性を評価するに際しては，これらを適切に考慮，利用することも非常に重要である。例えば，開示されたデータに関しては，これを解釈し，金融機関にプレッシャーをかける主体は，当局ではなく，市場参加者・投資家ということになるが，当局としては，開示情報を通じて，市場が適切な形で金融機関に圧力を加えているかを常にモニタリングする必要がある。これだけ多くの情報が開示されれば，銀行や当局が全く想像しないような形で，市場が開示情報に反応し，これが結果的に金融危機を引き起こすケースも考えられる。特に，第4章で議論した，再建破綻処理関連の開示情報に関しては，一般債権者に損失負担を求めるベイルイン発動への思惑から，その時々の外部環境によっては，市場が大きく反応する事態も想定される。こうした場合に，当局として素早く反応できるようなモニタリング体制を構築していくことが求められる。

　また開示対象以外の情報で，当局に新規に報告が求められているものについては，例えば，当局が特定金融セクターのリスクを把握する上で重要である。

とりわけ銀行以外の業態では，データの収集・分析が進んでいないことから，リスクの定量的な把握は通常難しい。このため，こうしたセクターは，ときにはシャドーバンクとみなされ，規制当局から危険視される場合もある。また定量的なデータが限定的なセクターについては，概念的なリスクに基づいて過剰な規制が導入されてしまうおそれもある。適切な規制の導入を促進するためにも，データ収集を通じたリスクの把握・モニタリングは重要だといえる。

4.3 開示情報の性格・留意点に関する懇切・丁寧な当局からの説明

　金融機関が抱える様々なリスク情報を，one size fits all的な様式で外部に開示し，さらには，市場参加者や投資家にこうした情報を正しく理解してもらうことは，相当に困難な作業だといえる。例えば，前述のとおり，FSBは資産運用会社にオープンエンド型ファンドの流動性プロファイルの開示を求めているが，流動性を定義することは難しく，同一の証券でも市場環境によって，流動性が大幅に低下したり改善したりすることがある。とりわけ，ストレス時には，ダイナミックに変化する運用資産の流動性を正確に測定し開示することは困難であり，開示によって投資家をミスリードする懸念も払しょくできない。

　このように，開示した情報を，市場が円滑に消化するためには，当局がこうした情報の性格や留意点・限界を懇切・丁寧に，市場参加者にわかりやすく説明していくことが肝要である。

（参考文献）

BCBS: Basel II : International Convergence of Capital Measurement and Capital Standards: A Revised Framework - Comprehensive Version, June 2006 - part IV - Market discipline

BCBS: Enhancements to the Basel II framework, July 2009 - part Revisions to Pillar 3（Market discipline）

BCBS: Revisions to the Basel II market risk framework, July 2009 - paragraph 23

BCBS: Standards Revised Pillar 3 disclosure requirements

BCBS: Consultative Document Pillar 3 disclosure requirements - consolidated and enhanced framework

BCBS: STANDARDS Minimum capital requirements for market risk

BCBS: Consultative Document Reducing variation in credit risk-weighted assets-constraints on the use of internal model approaches

BCBS: Consultative Document Standardised Measurement Approach for operational risk

BCBS: Principles for effective risk data aggregation and risk reporting

FSB: Standards and processes for global securities financing data collection and aggregation

FSB: Policy Recommendations to Address Structural Vulnerabilities from Asset Management Activities

第7章

市場取引に対する
直接的な監視・規制の強化

浅井　太郎

1 規制の概要と規制が作られた背景

　前章でも指摘したように，通常金融機関の監督当局は，金融機関の行動に影響を与える規制を，金融機関に対し直接的に行使することで，金融システムの安定という目的を達成しようとする。これまで第1章から第5章まで議論してきた規制も，まさに監督当局が規制を課す「対象」は，金融機関であった。これに対し，本章で議論する内容は，「市場取引」を対象に課す規制である。

　先般のグローバル金融危機では，幾つかの金融取引（例えばデリバティブ取引やスワップ取引等）が，その規模や複雑なネットワーク，集中度，さらには当局の実態把握不足等より，危機の連鎖を非常に深刻なものとした，あるいはその危険性に対する懸念から，幾つかの大手金融機関を不本意ながらも救済せざるを得なかったといわれている。こうした状況を防ぐためには，単に個別金融機関の財務健全性の改善やリスク管理の高度化だけでなく，市場全体の視点から，システミック・リスクを削減するために，いかなる「仕組み」を市場機能の中に直接取り込むべきかを考える必要がある。例えば，インフルエンザの予防に際し，個々人の健康管理だけを問題にするのではなく，その感染経路をしっかりと把握した上でその経路を塞ぐための措置が重要であるように，金融システムにおいても，「危機が伝播する経路」を把握し，これにフォワードルッキングに対応する「仕組み」が求められる。

　グローバル金融危機の経験を踏まえて，監督当局が最も重視したポイントは，取引全体の構図の（少なくとも当局の視点からみた）「透明化」であり，そのために実施しようとしているのが，デリバティブ取引に係る「不透明な取引形態」（相対取引）から「透明な取引形態」（清算取引）へのシフトの後押しである。仮に，新たなインセンティブ体系により，デリバティブ取引の多くが清算取引に移行するようになれば，当局はこれら取引の全体像を容易に覗くことが可能となる。

　もっとも，当局の視点から市場全体の「透明化」を強要することが，市場全

体の効率的運営と整合的か否かは議論のあるところだ。また，個別金融機関を対象とした規制と，市場取引を対象とした規制の間に「ダブリ」がないか否かも問題となる。

2 規制の具体的な内容

2.1 規制策定に至る経緯

　本題に入る前に，幾つかの重要な用語の解説をしておこう。

　本章で述べる「市場取引」とは，いわゆる取引所を介して行われる「有価証券市場」「商品市場」ではなく，金融機関間での取引で構成される「店頭取引市場」における取引をさし，具体的には，「店頭デリバティブ取引」「証券金融取引（Security Finance Transaction，以下「SFT」という）が該当する。

　「デリバティブ取引」とは，ものを直接取引するのではなく，ものの価格等を「指標」とした取引であり，株価を指標とした「株式先物」，金利を指標とした「金利スワップ」「金利オプション」，為替を指標とした「先物為替」「通貨スワップ」等が該当する。「デリバティブ取引」は，指標の変動自体による利益獲得を目的とするほか，保有している資産の価格変動に伴う損失を防ぐリスクヘッジを目的として行われる。そのうち，取引所で売買される債券先物取引，金利先物取引や日経平均先物取引等の「上場デリバティブ取引」と取引所を介さず相対で取引を行う金利スワップや通貨スワップ等の「店頭デリバティブ取引」がある。「上場デリバティブ取引」は標準的な条件が予め設定され取引がなされるのに対して，「店頭デリバティブ取引」は相対取引であり当事者間で条件を決定することとなる。

　「SFT」とは，いわゆるレポ取引等が該当する。レポ取引とは，国債等の有価証券を一定の期間を経た後に購入する契約を付した売却取引である買戻条件付売却取引のことをいい，いわゆる「売り現先」をいう。レポ取引の反対の売戻条件付買入取引であるいわゆる「買い現先」をリバースレポ取引という。レ

ポ取引については，経済的実態として有価証券を担保にした資金調達であり，有担コール取引と同様，短期の資金調達に用いられる。例えば，本邦の金融機関の外債投資における購入資金の調達に，購入する外債を担保としたレポ取引が行われている。「SFT」については，取引所ではなく（短資会社等の仲介業者を介しているものの）相対で行うことが一般的となっている。

「店頭デリバティブ取引」「SFT」については，当事者間で行う取引であり，その点，条件等は相互の力関係等を含めて相対で設定されるのが基本だ。もっとも，取引コストの低減という観点から，必要な事項（例えば，店頭デリバティブ取引におけるISDAのマスターアグリーメントの制定等）については，経済合理性の観点等から，業界が先導して標準化が進められてきた。しかしながら，今般の金融規制の見直しにおいて，これらの「相対取引」の条件について，大幅な見直しが強制されることとなった。

店頭デリバティブ取引を巡る議論

2008年9月米国の投資銀行であるリーマンブラザーズが破綻（チャプター11を申請）し，いわゆる「リーマンショック」から金融危機が広がっていった。リーマンブラザーズは公的支援を受けられないまま破綻した一方，同じタイミングで経営危機に陥ったにもかかわらず，公的支援を受けた米国の金融機関があった。保険会社のAIGである。公的支援に関して，AIGとリーマンブラザーズで異なる対応となった理由の1つとして挙げられるのが「店頭デリバティブ取引」であった。AIGは保険会社でありながら，店頭デリバティブ取引の1つ「CDS（Credit Default Swap）」の世界有数の引き受け手であり，AIGが破綻することでCDSの取引先である他の金融機関に伝播するおそれを考慮してのものであったといわれている。

以降，店頭デリバティブ取引が有する世界経済へのシステミック・リスクへの対応が，1つの大きなテーマとして国際的に議論されていくこととなる。

当時の日本の麻生太郎（元）総理大臣の呼びかけで開催された2008年のワシントン・G20サミットにおいて，「店頭（OTC）デリバティブ取引のシステ

ミック・リスクを低減させるための努力」を行うことが合意され，１年後の
ピッツバーグ・G20サミットにおいて，以下のとおり，「店頭デリバティブ市
場の改善」を行うことが合意された。

✓　2012年末までに，標準化された全ての店頭（OTC）デリバティブ取引
　　は，適当な場合には，取引所又は電子取引基盤を通じて取引され，中央
　　清算機関を通じて決済
✓　店頭デリバティブ取引は，取引情報蓄積機関に報告
✓　中央清算機関を通じて決済がされない取引は，より高い所要自己資本
　　賦課の対象
✓　FSBは，実施状況及びデリバティブ市場の透明性を改善し，システ
　　ミック・リスクを緩和し，市場の濫用から守るために十分かどうかにつ
　　き，定期的に評価

　それ以降，上記の合意に基づき，具体的な内容が検討されていくことになっ
たが，国際的な金融規制設定主体（FSB，BCBS及びIOSCO）での議論が終わ
る前に，各国の監督当局において検討が進められたことから，店頭デリバティ
ブ取引を巡る規制の枠組みの見直しは混迷を深めていった。例えば，欧州では
「第２次金融商品市場指令」（MiFIDⅡ），米国では「ドッド＝フランク法」に
基づき見直されることとなるが，いずれも非常に政治色が強い法律でもあり，
国内（域内）での議論を優先した枠組みとして詳細の検討が進められていった。
　店頭デリバティブ取引に関する議論で特に留意すべきものとしては，「マー
ジン規制」が挙げられる。
　ピッツバーグ・G20サミットでの合意に基づき，店頭デリバティブ取引につ
いて清算集中が求められることとなった。この中央清算機関に清算集中する場
合には，通常，清算参加者は清算基金（デフォルトファンド）及び証拠金を差
し入れることが求められる。一方で，清算集中の対象外の取引については，こ
れまでと同様，契約相手との間でこれまでの条件どおりで決済を行うこととな

る。清算基金や証拠金の差し入れが，清算集中のディスインセンティブとして認識されたのである。その点，中央清算機関向けのエクスポージャーについては，バーゼルⅢにおいて優遇的な取扱いを行うこととなったものの，清算基金や証拠金の拠出が，ピッツバーグ・G20サミットにおける合意である「中央清算機関を通じて決済がされない取引は，より高い所要自己資本賦課の対象とする」から逸脱しているとも考えられた。

　また，そもそも「店頭デリバティブ市場の改善」の目的であった，市場のシステミック・リスクの軽減を達成するため，これまでの「サバイバーズ・ペイ」（一定の健全性を有する金融機関が，破綻する金融機関がもたらす損失を吸収するという考え）の枠組みから「デフォルターズ・ペイ」（破綻した金融機関自身が，自らがもたらした損失を吸収するという考え）の枠組みに変更させることとなったのである。そのため，清算集中の対象外である店頭デリバティブ取引についても，清算集中対象の取引同様，証拠金の授受を義務化するマージン規制を導入することが，BCBS及びIOSCOにおいて合意された。

　さらに，金融危機において，店頭デリバティブ取引に関する課題として改めて認識されたのが，「実際の市場の大きさを誰も把握していない」ということであった。AIGの公的支援の1つの要因が店頭デリバティブ市場における影響であったことは先に述べたが，その本当のインパクトを正確に把握している当局は存在しなかった。それというのも，店頭デリバティブ取引自体が相対で契約されるものであり，加えて，店頭デリバティブ取引の契約自体が取引を行った支店・法人等でなされるとは限らなかったためである。そのため，金融危機後は，清算集中された取引は中央清算機関から，それ以外の取引は個別の金融機関から，取引データを収集・蓄積することとなった。その際，グローバルに金融機関を一意に特定する新たなコードである取引主体識別子（Legal Entity Identifier/LEI）を設定することともなった。

　現時点において，「店頭デリバティブ市場の改善」については，国際的な議論は最終化され，各国での実施を待つ状況となっている。清算集中及び取引情報報告については，ある程度実施が開始されつつある一方，個別の契約の見直

しが必要となるマージン規制については，各国の個別事情もあり，実施状況に加え規制の枠組み自体に乱れがある状況となっている。

SFTを巡る議論

SFTについても店頭デリバティブ取引同様，金融危機を拡大させたとの考え方から議論が開始された。既述のAIGの公的支援においても，SFTがその支援額を大きくした要因だと指摘されている。しかしながら，SFTに対するより具体的な規制は「シャドーバンキング」に対する規制の検討において行われた。「シャドーバンキング」に対する規制自体は第8章において詳述するため本章では割愛するが，SFTが「シャドーバンキング」であるヘッジファンド等の資金調達に活用され，また，ヘッジファンドがレバレッジを拡大するためにSFTを用いることが問題視され，「シャドーバンキング」に対する政策パッケージの1つとしてSFTに関する規制が導入されることになった。

具体的な内容としては，SFTによる資金調達を行う場合に，担保となる有価証券を一定の割合（ヘアカット）でディスカウントすることが義務付けられる。また，店頭デリバティブ取引同様，SFTは相対取引が中心であることから，市場規模に関する正確な情報を当局が有していない点を改善するため，FSBが中心となり，SFTに関する情報収集の枠組みの構築が検討されている。

なお，「店頭デリバティブ市場の改善」と異なり，SFTに関する国際的な議論は現時点において依然進行中であり，実施に向けた具体的な検討はまだ始まっていない。

金利指標を巡る議論

「店頭デリバティブ取引」「SFT」とは異なる論点であるが，金利指標に関する議論も本章の視点から触れることとする。いわゆるLIBOR問題である。

金融危機を経て明らかとなったのが，「金融機関における不誠実な行為」であり，その代表的な事例がこの「金利指標」に関するものである。

LIBOR等の「金利指標」は，デリバティブ取引に加え，貸出金や債券の支

払利息の算定時に参照されている。一方でこの「金利指標」は，当該指標を公表する市場における中核的な金融機関が提示した水準に応じて決定される。例えば，日本円LIBORは，ロンドン市場において主要な金融機関である以下の銀行の提示レートを用いて算出されている（2017年9月時点）。

三菱東京UFJ銀行，みずほ銀行，三井住友銀行（欧州三井住友銀行），農林中央金庫，Lloyds Bank，Barclays Bank，HSBC，Crédit Agricole，Deutsche Bank，J.P.Morgan Chase Bank，Société Générale，RBS，UBS

金融危機後，2012年6月にバークレイズが提示レートを不正に操作していたことを理由として，英米の監督当局から2.9億ポンドの制裁金を科された。バークレイズは自らの信用力を高く見せるために実際のレートよりも低いレートを提示していたとされている。バークレイズ以外にも，UBS，RBS，ラボバンクが制裁金を科されている。また，ユーロ圏の金利EURIBORでの不正操作でドイツ銀行，ソシエテ・ジェネラル，RBS等が制裁金を科され，東京のTIBORでもシティバンク，UBS，RBS及びラボバンクが行政処分を受けた。

金利指標の不正な操作により，金融機関が授受する金利を実勢とは異なる水準にコントロールできる，あるいは，実際に行ったという事実が判明したことが，これらの金利指標の信頼を失わせかねない状況となったため，その算出の枠組みに係る統制等の強化の必要性が認識され，見直しがなされることとなった。

2.2　店頭デリバティブ取引への規制

店頭デリバティブ取引への規制は，既述の2009年のピッツバーグ・G20サミットの合意の内容を下地とし，その後，FSB，BCBS及びIOSCOにより検討された合意に基づいた内容となっている。

2.2.1　中央清算機関への清算集中

　標準的な店頭デリバティブ取引については，中央清算機関に清算集中を行うことが求められている。清算集中に伴い，デリバティブ取引の決済相手先が契約先から中央清算機関に移ることとなる（本邦では中央清算機関が債務引受を行う）。

　清算集中の前提として，決済を行う中央清算機関が清算の確実性を高めることが必要となることから，中央清算機関については，「重要な金融市場インフラ」として，健全性等を確保することが各国当局に課されている。例えば，健全性の確保に加えてRRP（Recovery and Resolution Plan）の策定を含めた監督の枠組みの整備や，当該中央清算機関が破綻した際に他の清算機関に適切に取引を移管するための法的枠組み等の整備が求められている。

　また，あらかじめ一定の要件を充足した金融機関が中央清算機関へ参加することが可能となっており，中央清算機関に直接参加が許されている金融機関以外は，間接清算参加者として，直接清算参加者を通じて中央清算機関に参加することとなる。

　一般的に中央清算機関については，清算参加者のデフォルト時の損失発生に備えるため，参加時もしくは取引時に清算基金の拠出が求められるほか，取引開始時に清算対象取引の将来的な価格変動に備える「当初証拠金」の差入れ及び取引期間を通じた清算対象取引の公正価値相当の「変動証拠金」の授受が必要となる。

　清算集中対象となった中央清算機関向けの与信については，バーゼルⅢにおいて，①低RW（2％もしくは4％）が適用，②CVAリスクの計測対象外，③（2019年から導入が予定されている）大口与信規制の対象外，といった優遇的な取扱いが設定されている。間接清算参加者も一定の要件を充足した場合には，直接清算参加者向けの与信を中央清算機関向けとみなすことが可能となっている。

　日本におけるデリバティブ取引の中央清算機関としては，以下の3社が該当するが，店頭デリバティブ取引については，JSCCのみが取り扱うこととされ

【図表7-1】 日本の中央清算機関

名　　称	主な取扱商品
日本証券クリアリング機構（JSCC）	債券先物・日経平均先物・店頭デリバティブ
東京金融取引所	金利先物・FX
日本商品清算機構（JCCH）	商品先物

ている。

　現時点においては，JSCCは店頭デリバティブ取引のうち，標準的な金利スワップ及びCDSのみを清算対象としており，金利オプションや通貨スワップは清算対象となっていない。

　なお，本邦においては，店頭デリバティブ取引の平均残高が3千億円以上である金融機関のみに清算集中義務が課されており，取引規模が小さい金融機関及び事業会社については，清算集中義務の対象外とされている。

2.2.2　マージン規制

　清算集中義務を有さない金融機関との取引及び中央清算機関の清算対象外の取引については，中央清算機関ではなく，従来どおり，取引相手方と決済を行うこととなる。

　この際，中央清算機関に清算集中された取引と同様，取引開始時に取引の将来的な価格変動に備える「当初証拠金」及び取引の公正価値相当の「変動証拠金」を授受する義務を課すというのが「マージン規制」である。

　「当初証拠金」については，当局が設定した掛け目等に基づき算出する「標準的手法」とあらかじめ当局に届け出た定量的計算モデルに基づき算出する「内部モデル手法」のいずれかにより算出する。

　標準的手法の算出方法は**図表7-2**のとおりである。

第7章　市場取引に対する直接的な監視・規制の強化 | *215*

【図表7-2】マージン規制　標準的手法の概要

（ネットの当初証拠金）＝0.4×（グロスの当初証拠金）＋0.6×NGR×（グロスの当初証拠金）

（グロスの当初証拠金）＝（想定元本）×証拠金率（下表）

デリバティブ取引の 参照資産	デリバティブ取引の 残存期間	証拠金率（掛け目）
クレジット	2年以下	2％
	2年超5年以下	5％
	5年超	10％
コモディティ	－	15％
株式	－	15％
為替	－	6％
金利	2年以下	1％
	2年超5年以下	2％
	5年超	4％
その他	－	15％

$$\text{NGR（Net Gross Ratio）} = \frac{\text{ネットの再構築コスト}}{\text{グロスの再構築コスト}}$$

　内部モデルの算出方法は金融機関自身の「定量的計算モデル」による。具体的には以下の要件等を充足したモデルを金融機関自身が構築することが必要となるが、使用する前提として当局の承認が必要となる。

【図表7-3】マージン規制　内部モデル手法の概要

- 店頭デリバティブ取引のポートフォリオから生じる損失額のVaR
- 信頼区間　99％
- 保有期間　10日
- 資産クラス内での相関・分散効果の勘案が可能
- 1年以上5年以下のストレス期間を含めたヒストリカルデータを使用
- 非線形リスク・ベーシスリスクの勘案が必要

【図表7-4】マージン規制　ISDAのSIMMの概要

$$当初証拠金(IM) = \sqrt{\sum_a K_a^2 + \sum_{a \neq b} \gamma_{ab} S_a S_b}$$

$$K_a^2 = \sum_{i=1}^{n} (WS_i^a)^2 + \sum_{i \neq j} \rho_{ij}^a (WS_i^a)(WS_j^a)$$

$$S_a = min \left(max \left(-K_a, \sum_i WS_i^a \right), K_a \right)$$

	バケット JPY	ノード USD	EUR
3か月	JPY3m	USD3m	EUR3m
6か月	JPY6m	USD6m	USD6m
～			
1年	JPY1y	USD1y	EUR1y
～			

WS_i^a：バケットaのノードiに関する感応度（デルタ）

ρ_{ij}^a　：バケットaのノードiとノードjの相関係数

γ_{ab}　：バケットaとバケットbの相関係数

（出所）ISDA公表資料より筆者作成

　その点，個別の金融機関が当局の承認を得ることは困難との議論があり，また，授受を行う当初証拠金の額での差異の発生（ディスピュート）を防ぐために，業界団体であるISDAが標準的な内部モデルとしてSIMM（Standard Initial Margin Model）を構築したことから，標準的手法や銀行自身の内部モデルではなく，このSIMMを内部モデルとして用いる金融機関が多いものと考えられる。

　一方で，変動証拠金については，日次でデリバティブ取引を時価評価し，時価の変動分について，授受することが求められている。

　当初証拠金も変動証拠金のいずれも，原則現金での授受が求められているが，現金以外の金融資産についても，一定の掛け目を乗じることで証拠金として認められる（なお，通貨が異なる場合，＋8％）。

　当初証拠金については，授受する当事者間でのネットベースでの受け渡しではなく，グロスベースで授受することが必要となる。また，受領した当初証拠金については，再担保や貸付等に出すことは原則禁止されている（変動証拠金については，ネットベースでの授受も可能であるし，再担保等も禁止されていない）。

　当初証拠金及び変動証拠金のいずれも日々授受を行う金額の閾値（最低受渡

【図表7-5】証拠金とする場合の掛け目

	外部格付	残存期間	掛け目（ヘアカット）
現金			0％
株式			15％
国債等	AAA～AA-	1年以下	0.5％
		1年超5年以下	2％
		5年超	4％
	A＋～BBB-	1年以下	1％
		1年超5年以下	3％
		5年超	6％
	BB-～		15％
社債等	AAA～AA-	1年以下	1％
		1年超5年以下	4％
		5年超	8％
	A＋～BBB-	1年以下	2％
		1年超5年以下	6％
		5年超	12％

金額）が設定されており，当該閾値を超えた場合に，全額の授受を行う。また，当初証拠金については，あらかじめ設定された金額を上回った部分のみが授受の対象となる。

　マージン規制の対象は清算集中されていない「店頭デリバティブ取引」となるが，通常，外為取引として扱われる為替先物や為替スワップ取引は対象外とされている。また類似した経済効果を生む元本交換タイプの通貨スワップについては元本部分のみ当初証拠金の対象外となる。

　なお，本邦においては，国際合意に沿った形で2016年9月から導入されているが，清算集中義務を有する金融機関（店頭デリバティブ取引の平均残高3千億円以上）のみがマージン規制の対象となっている。また，証拠金の適用対象については国際的な合意に添った形で経過措置が設定されており，非清算集中店頭デリバティブ取引の想定元本が下表に該当する金融機関について「実施日以降の取引」がマージン規制の対象として，それぞれ変動証拠金及び当初

【図表7-6】マージン規制の対象となる金融機関（デリバティブ取引の想定元本合計額）

実施日	変動証拠金	当初証拠金
2016年9月1日	420兆円超	420兆円超
2017年3月1日	全て	420兆円超
2017年9月1日	全て	315兆円超
2018年9月1日	全て	210兆円超
2019年9月1日	全て	105兆円超
2020年9月1日	全て	1.1兆円超

証拠金の授受が求められることとなる。

　ただし，清算集中義務を有しない金融機関であっても，監督上の観点から，変動証拠金について適切に管理することが求められており，実質的には全ての金融機関において，変動証拠金の授受が求められることとなっている。

2.2.3　取引情報報告

　全ての店頭デリバティブ取引について，取引情報を保存し取引情報蓄積機関（Trade Repository/TR）に対して報告することが求められている。

> 取引相手先，契約の種類，約定年月日，効力発生日，想定元本，参照金利等

　本邦においては，清算集中義務を有する金融機関（デリバティブ取引の平均残高3千億円以上）のみが取引情報報告の義務が課されている。また，国際的に業務を展開しているDTCCが取引情報蓄積機関として指定されており，金融庁もしくはDTCCに対して必要な情報を報告することが必要となる。

　なお，清算集中された取引については，中央清算機関からまとめて報告がなされることから，報告は不要となる。

2.2.4 取引主体識別子（LEI）

前述の店頭デリバティブ取引に関するデータ収集の一環として，デリバティブ取引の当事者を特定するためのコードがLEI（取引主体識別子）である。

本邦においては，東京証券取引所がLEIとして指定され，店頭デリバティブ取引を行う法人の中から申請があった先について，付与することとなっている。

2.3 SFTへの規制

SFTへの規制としては，ヘアカット規制が中心となる。ヘアカット規制とは，例えば，レポ取引において，担保に差し入れた有価証券と同額の現金を受け取るのではなく，一部ディスカウントして受け取る，すなわち有価証券の評価を一部切り下げることを強制する規制である。

FSBから，ヘアカットを算定するうえで考慮すべき定性的な基準に加えて，「ソブリン債」以外を用いた「ノンバンク」への「ファイナンス」に対して，以下のヘアカットを最低水準とすることを求める規制が示されている。

【図表7-7】ヘアカットの最低水準

	商　　品	
	社債その他	証券化商品
1年以下	0.5%	1％
1年超5年以下	1.5%	4％
5年超10年以下	3％	6％
10年超	4％	7％
株式（インデックス構成銘柄）	6％	
その他	10%	

加えて，BCBSから，上記の「最低ヘアカット」を満たしていない取引については，自己資本比率の計算において，担保による信用リスク削減効果を勘案しない，すなわち，無担保の与信としてみなすことが提案されている。また，BCBSにより提案された自己資本比率上の取扱いでは，銀行とノンバンクの間での取引のみが対象となることから，ノンバンク同士での間の取引についても，

ヘアカットを強制する枠組みが今後各国で検討されることが予定されている。これらのヘアカット規制は2018年から導入される方針が示されている。

なお，SFTについても，店頭デリバティブ取引同様，その取引データを集計する方針が国際的には示されているものの，ヘアカット規制同様，データ収集が開始されるのは2018年以降となっており，その具体的な枠組み等は今後検討される。

2.4　金利指標

金利指標については，これまで民間の業界団体が主導して算出されてきたが，その算出自体に政府が関与する方向性となっている。

LIBORでいえば，もともと英国銀行協会（BBA）が算出・公表してきたが，FCAの監督を受けることとなり，BBAではなく，ICEが行うこととなった。また，公表する金利の種類も大幅に減らし，米ドル，ユーロ，英ポンド，円，スイスフランの5通貨及びオーバーナイト，1週間，1か月，2か月，3か月，6か月，12か月の7期間に限定することとなった。

TIBORは引き続き全銀協で算出・公表をつづけるものの，全銀協から独立した「全銀協TIBOR運営機関」で運営することとなっている。

3　規制の影響と規制を巡る論点

3.1　店頭デリバティブ取引のコスト上昇・ブッキングの戦略の巧拙による影響

今回の市場規制の見直しの影響で明確に言えることは，店頭デリバティブ取引については，取引コストが大幅に上昇するということだ。

清算集中対象取引については，中央清算機関がデリバティブ取引のカウンターパーティになることで信用力は向上するものの，清算基金や証拠金の拠出が必要となることから，ファンディングコストは大幅に上昇する。非清算集中

第 7 章 市場取引に対する直接的な監視・規制の強化 | *221*

対象取引はそれ以上にコストの増加が見込まれる。マージン規制により清算集中取引同様のファンディングコストが必要となることに加え，日次の証拠金の値洗いや証拠金管理，取引情報報告等のオペレーションコストが増加するためだ。

　デリバティブ取引については，本章の規制以外にも，バーゼルⅢでのCVAリスクの追加に伴う資本コストが既に追加されている。この結果，顧客にデリバティブ取引を提供する際のコストが上昇し，結果的にデリバティブ取引を利用できない顧客が増加する可能性が考えられる。もっとも，デリバティブ取引を顧客に提供して利益を計上するといったインセンティブはますます低減することが見込まれ，結果として，顧客適合性に反したデリバティブ取引の販売による損失といった事象は今後起きにくくなるかもしれない。

　また，グローバルに展開する金融機関にとって，どの国の法人，支店で契約を所管するかということは非常に大きな意味を持つこととなる。行為規制であり，原則として，契約を所管している法人・支店等の枠組みに従うことが求められるためだ。そのため，（いわゆる規制裁定行為というものとなるが）どの国にどのような形で契約を所管させるかという点を，あらかじめ検討しておかないと，取引コストがかさむこととなり，競合する金融機関に対して不利な状況に置かれることとなる。これまでも税務上の観点から契約を所管する拠点を検討してきたが，規制上の観点からもその検討が必要になるというものだ。

　以上の内容については，今後最終化が予定されているSFTに関する規制についても同様の議論が発生する可能性があり，その最終化に向けた取組みにおいて，特に留意すべきと考えられる。

3.2　流動性資産の枯渇への対応

　店頭デリバティブ市場改革及びSFTに関する規制の導入により，市場に対して特に憂慮されるのが，「流動性資産が市場から消えるのではないか」という点である。

　店頭デリバティブ取引の当初証拠金の差し入れは，市場の流動性を吸収する

方向に作用する。すなわち，清算集中により，中央清算機関に差し入れること
となる当初証拠金は，中央清算機関自身が清算業務以外に用いるものでもない
ため，そのまま中央清算機関に留保する。また，マージン規制により差し入れ
られた当初証拠金については，再担保等の二次利用が禁止されているため，や
はり改めて市場に展開されることはない。この結果，当初証拠金相当額につい
ては，市場から流動性が消えることとなるのだ。

　SFTについても同様である。ヘッジファンド等とのSFTにおいては，ヘア
カットが求められる結果，流動性資産のうち，ヘアカット相当分は取引を行う
たびに消失する。

　これまでが，過度な流動性への期待により，市場が成り立っていたともいえ
るわけで，市場のストレス時に消失する流動性について，あらかじめ用いるこ
とができなくなっただけと割り切る考えもあり得よう。しかしながら，流動性
が消えること自体は明らかであり，これまでと比べて，流動性管理が一層重要
となることは確実である。バーゼルⅢにおいて導入された流動性管理指標
（LCR及びNSFR）により，個別行が最低水準を満たすために流動性資産を確
保する動きと重なることにも留意が必要となろう。

　なお，本邦の預金取扱金融機関は，流動性超過の状況にあり，流動性が消失
したところで，影響もそれほど大きくないとの見方もあり得る。また，本邦を
はじめとする先進国の市場では，マイナス金利を含めた流動性が過剰に存在す
る環境にあり，今すぐこの影響が顕在化するわけではない。ただし，過剰な流
動性が是正される将来においては，過去の環境とは異なる世界が待っている可
能性があることに留意が必要であろう。

3.3　取引データの利用の可能性

　デリバティブ取引に関する取引データについては，市場規制の見直しの中で
金融機関にとって唯一前向きな事項と考えられるのではないか。

　既述のとおり，当局の市場と監督の要請から，取引情報について保存すると
ともに，都度及び定期的な報告が求められる。したがって，当該店頭デリバ

ティブ取引に関する情報について，一定の条件のもと，標準的な形式として利用が可能な状況となっている。また，取引相手先の情報に関して，主に金融機関を中心にLEIの登録が前提となっている状況になっている。

　従来，市場系取引を管理するシステムについては，いわゆる融資系取引を管理する取引と別個に導入運用がされており，取引先単位で集計することは手作業を含めて金融機関にとって作業負荷が高いものとなっていた。特に子会社を含めて，グループ全体での取引相手へのエクスポージャーの状況を把握するためには，いわゆる名寄せの問題をクリアすることが大きな制約となっていた。

　今般，導入されるLEIは，取引相手ごとに１つのコードが付与されることから，当然にして，グループ内での名寄せは必然的に可能となる。取引情報報告は随時行うことが前提となっており，その情報を活用することで，グループ内でのエクスポージャー管理も可能となるとも考えられる。CSA契約に関しても，職人芸的な属人的な管理となっていたものの，統一的な取引情報報告を用いることで，取引の照合等もこれまでよりもシステマティックに行うことが可能となるとも考えられる。

　以上のとおり，オペレーションが負担になるとの考えにとどまることなく，導入される規制を少しでも活用することが，経営上も有益になる可能性を考慮に入れ，業務フロー等を見直すことが望ましいのではないか。

4 当局に期待される行動

4.1　現実を踏まえた規制の実施プロセスの見直し

　本章で挙げた規制のうち最も影響が大きい規制が「マージン規制」である。「マージン規制」の実施に当たっては，個別の金融機関間において，担保の授受方法や計算方法など当事者間の契約内容の変更が必要となったほか，すでに締結済の契約内容までもが変更の対象となった。ISDAマスター契約からCSA契約の見直しまで，リーガルコストは相当であったのではないかと思料

される。また，非常に限られた期間において，証拠金授受の枠組み整備から算出体制の再整備が必要であったことも，この作業の負担・コストを増やした要因である。

確かに「店頭デリバティブ取引」に関するシステミック・リスクの軽減という目的を達成するためには必要な規制であったとも言えなくもないが，清算対象取引及び清算参加者の範囲を拡大することで，店頭デリバティブ取引の清算集中を進めさえすれば，システミック・リスクは大幅に軽減するとも考えられる。つまり，規制としてのそもそもの必要性に疑問符がつくところである。

また，「マージン規制」自体も，複雑な経過措置期間が設定され，実施時期以降の新たな取引のみが対象となるという，合理的とは言えない内容となっている。「内部モデル」といいながら，業界団体が構築したモデルを個別の金融機関の内部モデルとして認めるという状況も，枠組み自体の検討が不十分であったことの証左とも言える。ISDAが構築したSIMMがマーケット・リスク規制における見直された標準的手法（FRTB-SBA）の枠組みと整合的であることを考えると，むしろSIMMを標準的手法とすべきであったとも考えられる。

この点，規制の最終化に当たって，十分な議論を重ねさえすれば，もしくは，もっと業界を含めた当局外の意見を集約さえすれば，このような混乱の回避も可能であったのではと考えられる。

店頭デリバティブ規制については，国際的には最終化され，スケジュールどおり，本邦でも既に実施されている状況にある。しかしながら，SFTについては，国際的な議論の最終化が未済な状況であり，実施に向けて今後検討が進められることを前提とすれば，この「マージン規制」での混乱を「他山の石」として，実現可能性にもう少し配慮した規制の枠組みを検討することが必要なのでないか。

4.2 国際的な協調の強化・域外適用

既述のとおり，「マージン規制」については，国際合意どおりに実施した国は決して多い状況ではない。そのほかも含めてFSBからのレポートにも見られ

るとおり，「店頭デリバティブ規制」は国際的な協調が必要な状況にある。

　国際的な金融規制において，各国の規制が整合的に実施されることは，非常に重要な点であることは改めて述べるまでもない。いわゆる健全性の基準であるバーゼルⅢについて，BCBSのピアレビューにおいて，米国が「Largely Compliant」（概ね整合的），欧州が「Materially Non Compliant」（重要な点で整合的でない）と評価されている。これ自体大きな問題であるが，以下に述べるように店頭デリバティブ市場改革等の「行為規制」については，「健全性規制」より高い水準の「整合性」が求められる点を考えると，現状のハードルは非常に高いといえる。

　すなわち，「健全性規制」であれば，単に金融機関間の比較可能性が低いということであり，その点，金融機関への投資家がその金融機関間への評価において勘案することで足りる。一方で「行為規制」については，その整合性が欠けることで，同じ取引を行う場合のルールが異なることとなり，いわゆる，ブッキング・エンティティを変えることで適用される「行為規制」が変わることとなるためである。また，「取引」に関する行為規制であるため，異なる行為規制が適用される当事者間での取引においては，異なるルールの双方を勘案した取引を行うことが必要となり，その取引コストは非常に大きくなる可能性をはらんでいるからだ。

　（現在の店頭デリバティブ市場改革のように）国際的な協調が欠けた場合には，域外適用も大きな論点となる。取引相手先を通じて，取引相手先が従うルールに従わざるを得ないことに加え，複数の国で業務を行うグローバルな金融機関が，全ての拠点において，複数の国のルールが課される可能性が排除できないのだ。もっとも，足元は，米国や欧州において，各国での実施状況に関する同等性評価が行われ，少なくとも日本は同等性があるとの評価を受けていることから，本邦の金融機関にとっては，少なくとも国内で取引を行う場合には，本邦のルールに従うことで足りる。しかしながら，永続的に同等であるとの評価を受けるとは必ずしも限らないこともあり，域外適用することになったとしても，あくまでも国際合意どおりでそれ以上でもそれ以下でもない枠組み

とするような方向性で導入すべきと考えられる。

　前項と重なる内容となるが，少なくとも行為規制の検討に当たっては，国際的な協調可能性を踏まえたルールとして検討すべきであり，国際的な協調が困難なことが見越せるのであれば，当初から，当該規制の是非を含めた再度の検討を行うことが期待される。

4.3　複合的な影響の把握・規制コストの分析

　2012年前後に「店頭デリバティブ市場の改善」が検討されている中で，2013年にバーゼルⅢが導入された。3.1で述べたとおり，店頭デリバティブ取引については，大幅な取引コストの上昇が見込まれるが，バーゼルⅢ実施前に「店頭デリバティブ市場の改善」の検討が開始されたことから，規制の導入時には双方を勘案した複合的な影響度調査は実質的に行われていない。

　また，同じくバーゼルⅢで導入された流動性指標（LCR）とマージン規制・SFTヘアカットが，マーケットでの流動性資産に相乗的に影響を与えることが見込まれるものの，同じく，LCR実施前にマージン規制等の検討を開始しており，その影響を具体的に把握することは困難だったと考えられる。

　2017年４月にFSBが「G20金融規制改革の実施後の影響の評価のための枠組み案」と題する市中協議案を公表している。これは，そのタイトルのとおり，金融危機において導入された各規制の影響を計測し，評価するための枠組みであり，その中で，相互の影響を測ることの重要性が高く位置づけられており，その影響等によって規制自体の見直しの検討が期待される。

　しかしながら，行為規制，すなわち，本章で記載した市場に対する直接的な規制については，導入時に最もコストを要し，軽微な修正でも市場全体でのコストは膨大であることから，事後的な調査では不十分とも考えられる。

　その点，特に市場に直接影響を与えるような規制については，導入時点において，定量的な分析を含めた調査を行い，特に，同時に実施が予定されている規制も含めて，相互の影響が当初想定した影響となっているかどうかを測ったうえで，実施の是非を検討することが必要と考えられる。

（参考文献）

外務省：DECLARATION SUMMIT ON FINANCIAL MARKETS AND THE WORLD ECONOMY, November 15, 2008

外務省：LEADERS' STATEMENT THE PITTSBURGH SUMMIT, September 24 - 25 2009

FSB: The Financial Crisis and Information Gaps (2009)

FSB: Implementing OTC Derivatives Market Reforms (2010)

FSB: An Overview of Policy Recommendations for Shadow Banking (2013)

FSB: Policy Framework for Addressing Shadow Banking Risks in Securities Lending and Repos (2013)

FSB: Standards and Processes for Global Securities Financing Data Collection and Aggregation (2015)

FSB: Regulatory framework for haircuts on non-centrally cleared securities financing transactions (2015)

FSB: Final Report of the Market Participants Group on Reforming Interest Rate Benchmarks (2015)

FSB: OTC Derivatives Market Reforms: Eleventh Progress Report on Implementation (2016)

FSB: Proposed Framework for Post-Implementation Evaluation of the Effects of the G20 Financial Regulatory Reforms (2017)

FSB: Re-hypothecation and collateral re-use: Potential financial stability issues, market evolution and regulatory approaches (2017)

FSB: Non-cash Collateral Re-Use: Measure and Metrics (2017)

BCBS/IOSCO: Margin requirements for non-centrally cleared derivatives (2015, 2017)

BCBS: Minimum capital requirements for market risk (2016)

IOSCO: Second Review of the Implementation of IOSCO's Principles for Financial Benchmarks by Administrators of EURIBOR, LIBOR and TIBOR (2016)

ISDA: ISDA SIMMTM,1: From Principles to Model Specification (2016)

金融庁：金融商品取引法

金融庁：店頭デリバティブ取引等の規制に関する内閣府令

金融庁：金融商品取引業等に関する内閣府令の一部を改正する内閣府令

金融庁：主要行等向けの総合的な監督指針

第8章

シャドーバンクに対する規制の強化

中野　百合

1 規制の概要と規制が作られた背景

　本章が扱う規制のカテゴリーとは，これまでの伝統的な銀行規制が直接的に
対象とする銀行とは似て非なる，いわゆる「シャドーバンク」に対する規制と
なる。シャドーバンクは直訳すると，「影の銀行」であり，国際的には，金融
規制当局による厳格な規制の対象ではないが，経済に信用供与を行う金融機関
の総称である。2008年に発生したグローバルな金融危機以降，銀行（一部証券
会社等も含む）についてはバーゼルIIIを中心に大幅な規制強化が進められてき
た。これに伴い，銀行を中心とするバーゼル規制対象金融機関によるリスクテ
イクは大幅に制約されることとなり，銀行はバランスシートの縮小を迫られた。
この結果，金融市場におけるリスク資産は，資産運用業界など，バーゼル規制
等健全性規制対象外の金融セクターにシフトすることとなったのである。

　金融システムを医療システムに例えるならば，銀行からシャドーバンクへの
シフトとは，病気の治療を求める患者が，がんじがらめの規制によって患者の
受け入れを規制する病院から，必ずしも通常医療に求められるような規制には
服さない漢方医学のような代替医療，さらに極端なケースでは「ブラック
ジャック」のような闇医者にシフトすることに近い。もしこうしたグループに
よる治療が不十分な場合には，例えば感染症発生時において患者の病気が完治
せず，感染症が拡大してしまう可能性が考えられる。さらに，当局の視点から
みれば，こうしたグループによる治療の実態は情報としても上がってこないた
め，例えば患者の総数がどの程度なのかの把握もできなくなる。また当局は，
通常医療を提供する銀行（ホスピタル）に対する規制を厳しくすればするほど，
こうしたグループ（ノン・ホスピタル）に患者がシフトしてしまうという悪循
環にも直面することとなる。

　このためシャドーバンク・セクターが金融システムに及ぼすリスクは，FSB
の重要な懸念事項の1つとなっており，FSBは金融危機以降，シャドーバンク
に対する監視や規制を強化してきた。ただし一言でシャドーバンクといっても，

これに分類される業態は多様であり，業態のリスク特性や法域によっても，適切な規制は異なる。例えば，資産運用業界に銀行の自己資本規制比率をそのまま導入することは適切ではないかもしれないが，ファンドの特性を考慮した流動性リスク管理規制は有効とも考えられる。したがってシャドーバンクへの規制を導入するにしても，そこに存在する多様な機関の多様なリスク特性をまずはしっかりと把握した上で，これに対応した適切な規制を導入する必要がある。換言すれば，多様な代替医療の提供先（例えば漢方医学，カイロプラクティック，鍼治療，霊媒等）には，それぞれの病気に対するアプローチの違いに応じて，異なる内容や程度の規制をかけることが肝要となる。またシャドーバンクに対する規制の強化が，新たなシャドーバンクを生み出す可能性にも気を付けなければならない。

2 規制の具体的な内容

シャドーバンク規制の目的が，既存の金融規制から漏れ出した業態に対応することであることから，この目的を達成するためには，まずは業態及び法域を包括的に捉えた規制・監督体制の構築が必要となる。ただし，シャドーバンク・セクターは，貸金業者や資産運用会社など多岐にわたる上に，法域によって規模やリスク特性，規制体系が大きく異なるため，仮にセクター全体に対し規制を導入しようとすれば，同規制は原則ベースのハイレベルな内容にならざるを得ない面がある。なお，シャドーバンク規制においてはグローバルにセクター横断的な規制の策定やモニタリングが求められるため，同規制の設定は，あらゆる金融機関の基準設定主体であるFSBが主導している。

シャドーバンク規制の発端は，G20の首脳が2011年11月のカンヌ・サミットにおいて，シャドーバンクに関する作業計画を示した報告書「シャドーバンキング：監視及び規制の強化—FSBの提言」[1]を承認したことに始まる。FSBは，

1　http://www.fsb.org/wp-content/uploads/r_111027a.pdf

当該報告書において対応すべき5つの問題を特定し，それぞれに作業部会を設置した上で，政策措置の策定を実施している（詳細は**図表8-1**のとおり）。これに加えて，FSBは，シャドーバンク・システムにおける世界的なトレンドとリスクの評価を行うことを目的に設立された「脆弱性評価に関する常設委員会」（SCAV）を通じて，世界のシャドーバンク・セクターをモニタリングし，年次でその内容を記した報告書も公表している。

【図表8-1】

作 業 部 会	政 策 措 置
銀行のシャドーバンキングへの関与（バーゼル銀行監督委員会）	銀行のファンド向け出資・大口エクスポージャーに関する規則文書をそれぞれ最終化。
マネー・マーケット・ファンド（IOSCO）[2]	MMFに関連するシステミックリスクを削減するための政策措置に係る最終報告書を公表。
他のシャドーバンキング主体（FSB）	MMF以外の多様なシャドーバンキング主体のリスクを把握するために必要なデータ収集・モニタリングのあり方やそれぞれの経済的な機能に伴い保有するリスクに着目した政策措置に係る最終報告書を公表。
証券化商品（IOSCO）[3]	証券化商品の組成者に対する適切なインセンティブの付与や，情報の適切な開示等の提言に係る最終報告書を公表
レポ・証券貸借取引（FSB）[4]	レポ・証券貸借取引から生じるシステミック・リスクの抑制のために必要な政策措置に係る最終報告書を公表

2.1 FSBによるシャドーバンクの監督や規制に係る政策の枠組み

FSBでは前述のとおり，特に重点的に対応すべき5つの分野について作業部会を設置し，必要な政策提言を策定した。5つの分野のうち4つは，MMFや証券化など特定の業態や活動にフォーカスしている。一方，残りの1つである

2　http://www.iosco.org/library/pubdocs/pdf/IOSCOPD392.pdf

3　https://www.iosco.org/library/pubdocs/pdf/IOSCOPD394.pdf

4　http://www.fsb.org/wp-content/uploads/r_141013a.pdf
　http://www.fsb.org/wp-content/uploads/r_130829b.pdf

「他のシャドーバンキング主体」の作業部会が策定した報告書「シャドーバンキングの監督と規制の強化—シャドーバンキング主体の監視と規制を強化する政策の枠組み」[5]（政策の枠組み）では，シャドーバンクの包括的な政策措置を提言している。

　FSB は，本政策の枠組みを公表した際のプレスリリースにおいて，その目的や方針を以下のとおり説明している。

　「シャドーバンキングに関する作業の目的は，通常の銀行システム外で発生する金融の安定に対する銀行類似のリスクに対処するために，シャドーバンキングが適切な監視及び規制に服することを確保することである。そのアプローチは，危機の最中に問題の根源であったものを出発点として，システムにとって重要な活動に焦点を当て，金融安定性へのリスクと比例するものとなるよう設計されている。それはまた，急速に発達する銀行類似のリスクをもたらす新たな活動を早期に特定し，必要な場合に，それらのリスクに対処するための，シャドーバンキング・システムのモニタリングのためのプロセスの提供である。市場の相互連関性とシャドーバンキング・システムの強い適応力を考慮すると，この分野の提言は必然的に包括的なものでなければならないと考える。」

　以下では，FSBが示すシャドーバンクの監督や規制に係る政策の枠組みの内容を簡単に示す。内容としては，シャドーバンクの定義に始まり，監督当局に求められる包括的な原則，そして実際の政策対応のための道具集となる政策ツールキットより構成される。

シャドーバンクの定義

　FSBは政策の枠組みの中で，シャドーバンクを5つの経済機能に分類し，各々の経済機能を**図表8-2**のとおり定義している。政策提言は必然的に包括的なものでなければならない，というFSBの方針を反映し，政策の枠組みにおけるシャドーバンクの定義に含まれる業態は，資産運用業や貸金業など多岐に

5　http://www.fsb.org/wp-content/uploads/r_130829c.pdf

【図表8-2】経済機能による分類

経済機能	定　　義	該当する主な業態
経済機能1	解約集中を引き起こす特性のある集団投資ビークルの運用	ファンド
経済機能2	短期調達に依存した貸付	貸金業者
経済機能3	短期調達および証券貸借取引による調達に依存した市場取引の仲介	証券会社
経済機能4	信用補完の促進	信用保証会社
経済機能5	証券化を通じた信用供与	証券化商品

わたる。FSBの定義は，柔軟な解釈が可能な一方で，定性的で判断が難しいものも多い。また，定義に基づきシャドーバンクか否かを判断するための基準となるデータが限定的であることも，課題となっている。こうしたことから，シャドーバンク・セクターの分類は各国当局の判断に左右される部分が大きく，唯一の国際的な定義が導入されたとはいっても，グローバルな整合性は必ずしも取れていない状況である。先の医療の例でいえば，規制を強化すべき「代替治療」とは何かがはっきりせず，国によってばらつきがある状態となっている。

包括的な原則

　FSBは，政策の枠組みにおいて，シャドーバンキングを規制する当局に対する4つの包括的な原則を提示している（**図表8-3**）。

　包括的な原則が各国当局に求める対応は，ノンバンク金融機関を包含するように，規制範囲をシステマティックに見直すプロセスの構築やシャドーバンキングに関する情報収集，ノンバンク金融機関の経済機能別の特定によるシャドーバンキング・セクターの把握など，シャドーバンキング・セクターのモニタリングが中心となっており，政策ツールの使用や開示の強化は必要に応じた実施に留まる。すなわち，シャドーバンキングに分類されるノンバンク金融機関を直接規制することは必ずしも求められていない。したがって，金融安定性へのリスクが高い業態については，自己資本比率などの規制を課す必要があるが，リスクの高い業態がない場合は，規制を導入する必要はないということに

第8章　シャドーバンクに対する規制の強化 235

【図表8-3】シャドーバンキングを規制する当局への4つの包括的原則

包 括 的 な 原 則	
原則1	当局は，規制の範囲を特定し，常にアップデートすべきである。
原則2	当局は，シャドーバンキング・セクターがもたらすリスクを評価するために必要な情報を収集すべきである。
原則3	当局は，シャドーバンキング・セクターがもたらすリスクに関する市場参加者の理解を高めるため，必要に応じて，シャドーバンキング・セクターによる開示を強化すべきである。
原則4	当局は，自国のノンバンク金融機関を，FSBが定義する経済機能別に評価し，必要に応じてFSBが提示する政策ツールを使用した対応をすべきである。

なる。重要なのは，FSBが指摘するように，「新たな活動を早期に特定し，必要な場合に，それらのリスクに対処するための，シャドーバンキング・システムのモニタリングのためのプロセス」を構築することである。

政策ツールキット

　FSBは政策の枠組みにおいて，各経済機能に対応する政策ツールキットも提示している。これらは基本的に，各経済機能が金融安定性を脅かすリスクに対応する政策ツールとなっている。具体的な政策ツールは**図表8-4**のとおりである。

【図表8-4】システミックリスクに対応する政策ツール

経済機能1	1．市場ストレス時の解約圧力を管理する政策ツール 　　a．解約ゲート（1日の解約額の制限） 　　b．解約停止 　　c．解約手数料その他による解約に対する制約 　　d．サイドポケット
	2．流動性リスクを管理するツール 　　a．低流動資産への投資制限 　　b．流動性バッファー（一定水準の現金同等資産の維持） 　　c．資産の集中に対する制限 　　d．レバレッジ制限 　　e．運用資産ポートフォリオのマチュリティの制約
経済機能2	1．預金を取り扱うノンバンクに対するプルーデンス規制の適用

	2．自己資本規制
	3．流動性バッファー
	4．レバレッジ制限
	5．大口集中制限
	6．債務の種類の制約
経済機能3	1．銀行と同等のプルーデンス規制の適用
	2．流動性規制
	3．自己資本規制
	4．顧客資産の使用への制約
経済機能4	1．自己資本規制
	2．業務範囲と規模の制約
	3．流動性バッファー
	4．テールリスクの把握が可能となるリスク管理の強化
	5．保証提供者と被保証者のリスクの共有の義務化
経済機能5	1．満期・流動性変換に対する制約
	2．適格担保に対する制約
	3．銀行，その他の金融機関に対するエクスポージャーもしくはこれらの金融機関からの調達に係る制約

2.2　FSBのシャドーバンキング・モニタリング報告書

　FSBはシャドーバンク・セクターの監視の一環として，政策措置の策定に加え，グローバルなシャドーバンク・セクターのモニタリングを実施しており，2011年より毎年「シャドーバンキング・モニタリング報告書」を公表している。本報告書では，広義のシャドーバンクと狭義のシャドーバンクについて，それぞれに係る情報が記されている。すなわち，広義のシャドーバンクとは，各国の資金循環統計における銀行・保険以外の全てのノンバンク金融仲介機関を指す。2014年までは広義のシャドーバンクのみの情報が提供されていたが，2015年より，FSBが定義する経済機能ベースのシャドーバンクの計数が公表され，これを狭義のシャドーバンクと称するようになった。具体的には，広義のシャドーバンクを5つの経済機能に振り分け，いずれにも該当しない業態を除いたものが，狭義のシャドーバンクと定義された。前述のとおり，FSBの定義は定性的であり，分類に当たっての判断が難しいケースが多いことから，法域間の整合性が完全にはとれていない。このためFSBは，横比較が可能となるように経済機能への分類の精緻化を進めていくとしている。

2016年のシャドーバンキング・モニタリング報告書[6]に基づく広義のシャドーバンク資産のシェアは，欧州7か国[7]が最大で33%，米国が28%，英国が9%，中国が8%となっている（2015年末ベース，28法域）。狭義のシャドーバンクに関しては，2014年末時点で最大のセクターを抱える国は米国で，モニタリングの対象となった26法域全体のシャドーバンク・セクター資産の40%を占めた（2015年の報告書[8]ベース）。これに，英国（11%），中国およびアイルランド（それぞれ8%）が次ぐ形となっている。特に中国のシャドーバンク・セクターの成長は目覚ましく，2010年末の2%から大幅に拡大した。一方，日本のシェアは10%から7%に低下している。26法域全体の狭義のシャドーバンク資産の規模は2014年末で約36兆ドルとなっており，2010年から2014年の間に14.6%増加した。また経済機能別には，経済機能1が占める割合が圧倒的に大きく，26法域のシャドーバンキング資産全体の60%を占め，これに次ぐ経済機能3の11%を大きく引き離している。

2.3　FSBによる資産運用業界に対する規制

シャドーバンキング・モニタリング報告書からも明らかなように，経済機能1すなわち資産運用業界がシャドーバンク・セクターに占める割合は60%と圧倒的であり，また年率10%を超える高い成長を遂げている。資産運用業界に対する規制はこれまで，投資家保護に主眼を置いており，金融安定性を考慮した規制は多くの国で導入されていなかった。FSBが指摘する市場ストレス時の解約圧力や流動性リスクは，これまでは業界が自主的に対応してきたというのが実態である。FSBは，カンヌ・サミットのマンデートを受け，大きすぎて潰せない問題（Too big to fail）の一環として，規模の大きなファンドを指定し規

6　http://www.fsb.org/wp-content/uploads/global-shadow-banking-monitoring-report-2016.pdf

7　ドイツ，フランス，イタリア，ベルギー，スペイン，アイルランド，オランダ

8　最新の報告書ではシャドーバンキング・セクターが急拡大している中国が調査の対象から外れていることから前年の報告書を参照　http://www.fsb.org/wp-content/uploads/global-shadow-banking-monitoring-report-2015.pdf

制するという，銀行のG-SIB選定手法に類似した政策措置の策定を進めていた。しかしながら，銀行とはビジネスモデルもリスクプロファイルも異なる資産運用業界にG-SIFI規制を導入しても，金融安定性リスクを払拭することはできないという結論に至り，最終的には特定の大規模な運用業者だけではなく，資産運用業界全体に規制を課すことで合意した。

資産運用業の構造的な脆弱性に対応する政策措置

FSBは，資産運用業における構造的脆弱性を特定し，2017年1月12日に最終規則「資産運用業の活動からの構造的な脆弱性に対応する政策提言」[9]を公表している。

本政策提言では，優先的に対応すべき構造的脆弱性として，(i)流動性のミスマッチ，および(ii)レバレッジ，を特定し，これに対応する政策措置を提示している。具体的な政策措置の内容は次のとおりである。

流動性ミスマッチとレバレッジ規制

流動性ミスマッチの政策提言は，FSBが懸念するファンドの解約集中やこれに伴う投げ売りリスクに対応する政策提言となっている。基本的には，ファンドの運用資産の流動性と，契約上解約可能な頻度（例：日次，月次など）を整合させることで流動性リスクを管理すべき，という考え方に立つ。例えば，2016年の英国におけるEU離脱の国民投票の直後に英国の不動産価格が暴落した際，複数の商業用不動産ファンドが解約停止に追い込まれた。これらのファンドは流動性の低い商業用不動産に投資している一方で，日次で解約が可能なオープンエンド型のファンドが多かったため，殺到する解約に対応できなかったのである。

商業用不動産は，株式のように取引所で取引される資産とは異なり，日次の流動化は困難だといえる。したがって，商業用不動産を主たる運用資産とする

9　http://www.fsb.org/wp-content/uploads/FSB-Policy-Recommendations-on-Asset-Management-Structural-Vulnerabilities.pdf

ファンドは，本来，日次での解約を設定すべきではないともいえる。FSBは本提言において，「オープンエンド型ファンドの構造に内在する重大な流動性ミスマッチの可能性を減じるために，当局は，ファンドの資産と投資戦略がファンドユニットの解約を縛る条件と一貫的であることを明示する要件やガイダンスを保持すべきである」と記しており，流動性ミスマッチが発生しないよう適切な規制を導入すべきだと主張している。

　一方，投資ファンドにおけるレバレッジの提言は，レバレッジを測定する国際的に統一した測定方法の開発と当局によるレバレッジのモニタリングなど，限定的な政策措置に留まっている。

MMF規制

　FSBによるシャドーバンクの監視及び規制強化のマンデートを受け，IOSCOは2012年に「MMFの政策提言」を公表し，15の提言が示された。本政策提言は，金融危機時に，元本保証商品とみなされていたMMFに評価損が発生したことから，取り付け騒ぎに発展し，システミック・リスクが顕在化したことに対応する内容となっている。具体的には，MMFがもたらすシステミックリスクへの対応として，MMFを原則時価評価とし，償却原価法による評価を制限することや，ストレステストを含む運用資産の流動性リスクの管理，元本保証商品ではないことの明確な開示等を求めている。

3 規制の影響と規制を巡る論点

3.1　国際規制の実施に伴う影響

　FSBが進めてきたシャドーバンクに対応する施策のうち，MMF，証券化のリスク・リテンション，シャドーバンキングの包括的な政策の枠組み，については既に導入され，ピアレビューも実施されているものの，国内法制化の進捗については各国まちまちである。また，資産運用業の構造的脆弱性に対応する

政策提言は，IOSCOが2017年7月に市中協議に付したより詳細な政策措置[10]を2017年末までに最終化した上で導入される予定である。

MMF

　既に導入された実施規制の中で，最も影響が大きかったものは，米国におけるMMF規制である。米国では2016年10月より抜本的に改正されたMMF規制が施行となり，法人向けプライムMMFの時価評価が義務付けられることとなった。これに伴い，時価評価の対象ではないガバメントMMF（大部分を国債や国債を担保とするレポなどで運用するMMF）に資金がシフトしてしまい，プライムMMFの主な運用対象であるCPやCD市場における運用額が大幅に減少し，同市場で調達している日本の金融機関等にもマイナスの影響が及んだ。

　欧州でもMMFが金融機関の発行する短期債務の重要な受け皿となっていることから，米国における問題を背景に議論が進められてきた。この結果，2013年に欧州委員会が提出した規制案から大幅に緩和された規制が，2017年4月に欧州議会で可決し，最終化された。欧州で導入された新たなMMF規制では，時価評価の対象ではない公的債務MMFに加え，低ボラティリティ基準価格MMFが導入された。低ボラティリティ基準価格MMFとは，基本的に時価評価の対象ではないが，時価が20bp以上変動した場合は時価評価に移行することが求められるMMFである。つまり，相場が安定的に推移すれば時価評価をする必要がないということになる。米国では，時価評価が求められることになったプライムMMFから時価評価の対象ではないガバメントMMFに資金がシフトしたが，欧州では実質的に時価評価の対象ではない低ボラティリティ基準価格MMFが受け皿となり得ることから，米国で発生したような短期金融市場における公的債務への資金シフトは回避できると考えられている。

10　http://www.iosco.org/library/pubdocs/pdf/IOSCOPD573.pdf

FSBによるシャドーバンキングの包括的な政策の枠組み

2013年に導入されたFSBの政策の枠組みについては，当該報告書に提示した４つの包括的な原則について2016年にピアレビューを実施している。その総括として，FSBは「2013年の政策の枠組みの導入は依然として早期ステージに過ぎず，シャドーバンキング主体の潜在的なリスクを包括的に評価するためには，一層の努力が必要である。」としており，各国における包括的な政策の枠組みの導入は今後進められると考えられる。

また今後実施予定の資産運用業の活動からの構造的な脆弱性に対応する政策提言でも，提言１および提言２においてファンドの流動性に係る報告と開示の強化が求められている。長らくバーゼル規制に服してきた銀行と比較すると，シャドーバンク業態の入手可能なデータは質・量ともに限定的であり，情報の報告・開示義務の強化により，業界の負担が大幅に増える可能性がある。

資産運用業の構造的な脆弱性に対応する政策提言

本規制の重要な目的は，ファンドの運用資産の流動性と解約頻度を整合させることであり，全てのオープンエンド型ファンドが規制の対象となっている。規制導入の影響として想定される状況は，オープンエンド型ファンドによる流動性の低い資産への投資が減少するということである。英国の商業用不動産や，ローン，ソブリン等を除くフィックスト・インカム商品など，取引所が存在しない流動性の低い運用商品については，オープンエンド型ファンドに組み込むことは限定的となるだろう。あるいは，流動性の低い資産で運用するオープンエンド型ファンドを，FSBの規制対象から外すために，解約に制限のあるファンドとして設定する可能性もある。ただし，解約に制約のあるファンドが投資家に広く受け入れられなければ，流動性の低い資産で運用するファンドの設定が少なくなり，一部のフィックスト・インカム商品等の市場にマイナスの影響が及ぶ可能性もある。

3.2 日本のシャドーバンク・セクターに係る規制の影響

本邦における，FSBの定義に基づく日本のシャドーバンク・セクターは**図表8-5**のとおりである。

【図表8-5】FSBの定義に基づく日本のシャドーバンク・セクター

FSBの定義	該 当 す る 業 態	
経済機能1	証券投資信託（株式のみに投資するものを除く）	
経済機能2	貸金業者	
経済機能3	ディーラー・ブローカー（証券会社等）	
経済機能4	該当なし	
経済機能5	証券化商品	

なお，本邦のシャドーバンクに分類される業態（一部証券会社等）は一部銀行と同等の規制に服しており，こうした点で純粋なシャドーバンクには分類されない点には注意が必要である。

以下ではシャドーバンクの業態ごとに，シャドーバンクの国際規制がもたらす影響や，規制を巡る論点に関し議論する。

証券会社

本邦において最大のシャドーバンキング・セクターは経済機能3に分類される証券会社である。ただし本邦の証券会社（特に大手証券会社）については，国際的にみても，金融の安定性の観点からは既に強固な規制の枠組みが構築されている。

第1に，規模や業務の複雑性に鑑みてシステム上重要と考えられる証券会社は，バーゼルⅢ規制に服している。独立系の大手2社（野村グループと大和証券グループ）は，金融商品取引法における指定親会社に指定されており，バーゼルⅢ規制が適用されている。またその他，SMBC日興証券，三菱UFJ証券，みずほ証券はメガバンクの連結子会社であることから，グループ連結ベースで

バーゼルⅢの規制対象となっている。つまり大手証券会社は，すべて銀行と同様の規制の対象となっているのである。

第2に，2013年の預金保険法の改正により，銀行のみならず，金融市場および金融業全体に対するセーフティネットが整備された。預金保険法126条の2において本邦の金融市場その他の金融システムの著しい混乱が生ずるおそれがある場合には，金融危機対応会議の議を経て，国が資金の貸付，資本増強，資金援助等を行うことができるようになった。セーフティネットの対象となる金融機関には，証券会社が含まれる。

第3に，本邦の証券会社は日銀に口座を設定できることから，市場流動性のストレス時には，日銀からの資金調達が可能となっている。2008年に破綻したリーマンブラザーズは証券会社であったことから，基本的には中央銀行からの流動性供給を受けられない状況にあった。なおリーマン破綻後，ゴールドマンサックス等大手証券会社は，FRBからの流動性供給等の支援を受けられる銀行持ち株会社に移行した。このようにストレス時の中央銀行からの流動性供給は，破綻を回避するために極めて重要であるが，中央銀行窓口へのアクセスがある証券会社は，国際的には少ない。

以上みてきたように，本邦の証券会社については，金融安定性の観点から既に強固な枠組みが構築されており，グローバルベースで進むシャドーバンク規制の強化に関しても，これから受ける影響は小さいと考える。

証券投資信託

本邦の証券投資信託は，投資信託・投資顧問業法および金融商品取引法の規制を受け，また投資信託協会が設定する諸規則も基本的には遵守することになっている。前述のとおり，FSBが策定した資産運用業の政策提言では，優先的に対応すべき構造的脆弱性として流動性ミスマッチとレバレッジを挙げている。このうち，オープンエンド型ファンドを規制対象とする流動性ミスマッチの政策提言については，本邦の既存の規制では対応がなされていない。本邦の証券投資信託の大部分がオープンエンド型であることに鑑みると，本邦におい

ても今後，資産運用業の流動性リスク管理に係る規制が導入される可能性は高いと考える。この結果，投資信託のコスト上昇や提供される商品の変質や種類の縮小等が影響として考えられる。特にリテール向け証券投資信託については，日次で解約可能な投信がほとんどであり，解約に制約のある商品の販売は難しいかもしれない。新たな規制に基づきオープンエンド型ファンドを設定する場合，運用資産の流動性が制約されることとなる。例えば運用資産の大部分が劣後債で構成される投信をオープンエンド型で設定することは難しくなるだろう。また流動性リスク管理のコスト上昇幅が大きくなれば，こうした管理コストを吸収するためファンドや資産運用会社の合併等を通じた効率化が進むかもしれない。

　一方，レバレッジについては，本邦の証券投資信託は，投資信託協会の「投資信託等の運用に関する規則」において，原則資金の借入れが禁止されている。こうしたことから本邦においてレバレッジの高い証券投資信託は限定的であり，レバレッジに係る追加的な規制導入の必要性は流動性ミスマッチほど高くはない。

貸金業者

　貸金業法では貸金業者が維持すべき最低純資産を5,000万円と定めているが，この他にFSBが求めるレバレッジや流動性バッファーに係る規制は導入されていない。ただし，貸金業者による貸付は，貸金業法の改正に伴う上限金利の引下げ等により，法改正後大幅に縮小した。貸金業者全体の貸付残高は2016年末で約22兆円と，大手邦銀1行の貸出金の規模を下回る。業界の規模は今後も低水準にとどまることが予想されるため，貸金業者が金融安定性に及ぼすリスクは限定的と考えられることから，追加的な規制を導入する必要性は高くはない。したがって，既存のグローバル規制の影響も限定的だと考えられる。

証券化商品

　本邦における証券化商品については，バーゼルⅢにおける証券化商品エクス

ポージャーの資本賦課に係る規制や証券化リスクリテンション規制が導入されている。リスクリテンション規制とは，証券化商品の発行者に適切なインセンティブを付与することを目的に，原資産の一部のリスクを発行体に残す規制である。バーゼルⅢ規制については2016年7月に改正されたが，ABCP/ABL（短期商品）については2017年7月に市中協議に付されたSTC[11]要件[12]が2017年中を目途に最終化される。いずれにしても，本邦における証券化商品の規模は2016年9月末で18兆円弱と限定的であり，その約90%が満期・流動性変換が発生しないRMBS（住宅ローン担保証券）であることから，本邦証券化商品セクターが金融安定性にもたらすリスクは極めて小さい。このため今後シャドーバンキング規制の絡みで新たな規制が導入され，これが証券化商品に影響を与える可能性は小さいと考えられる。

　以上みてきたように，グローバルで議論が進むシャドーバンク規制の本邦のシャドーバンクに与える影響は，資産運用業界を除けばほとんどないようにみえる。ただしこれは同時に，本来であれば，銀行業界の機能を補完すべきシャドーバンクの「元気」が日本では足りないことを意味しているとも考えられる。そういう意味では，特に日本の場合は，シャドーバンクに対する規制を強化するというより，いかにシャドーバンクを政策的視点から「元気にさせるか」の方がより重要な問題なのかもしれない。

4 当局に期待される行動

　中国のようにシャドーバンク・セクターが拡大している国は，新たな規制の導入などの対応を迫られる可能性はあるが，本邦においては，現時点ではシャドーバンクに関連した規制の導入は資産運用業等を除けば必要ないと考える。さらに，既述のとおり，日本のノンバンク業界はむしろ「元気が無さすぎる」

11　簡素で，透明性が高く，比較可能な（STC：Simple, Transparent and Comparable）証券化商品の要件。

12　https://www.bis.org/bcbs/publ/d413.htm　https://www.bis.org/bcbs/publ/d414.htm

側面もあることから，規制を強化するよりはむしろ逆に，いかに日本のノンバンク業界を活性化させるかを当局として考えることも必要かもしれない。ただしその一方で，フィンテックなどの技術革新に伴い，新たなシャドーバンキング業態が生まれやすい状態にあるのも事実であることから，当局はこうした新興リスクを早期に捉えるモニタリングの枠組みを構築していく必要があろう。

　以下それぞれのテーマに関し，内外の当局に期待される行動を記す。

4.1　日本における政策的視点からみたシャドーバンクの位置づけや，その機能に係る期待の明確化

　従来より指摘されているとおり，日本の金融仲介機能における問題点は間接金融（バンク）から直接金融（ノンバンク）へのシフトが進まないことにある。これは家計の金融資産に占める預金の割合が大きく，投資に向かないことが原因の1つである。金融庁はこの根本原因の1つとして，金融機関が顧客本位の業務運営を行っていないことにあるとの認識から，顧客本位の業務運営に関する原則を策定した。本原則では，本邦ではこれまであまり問題とされてこなかった，顧客の最善の利益の追求や利益相反の管理，ガバナンスの強化の必要性などが示されている。本原則で指摘されている点は，本邦において健全な形で貯蓄から投資へのシフトを促進するために重要と考えられる論点であり，欧米でもコンダクト関連規制として強化が進められている。

　本邦における企業カルチャーや商慣行，組織構造は，グローバル・スタンダードからやや乖離している面もあり，欧米的なコンダクト規制の導入が必ずしもうまくワークしない可能性もある。また本原則は金融機関が受入れを選択するアプローチを取っており，そう意味での強制力は弱い。したがって本原則が本邦金融機関に広く受け入れられ，抜本的な金融市場改革に寄与するかは不透明な面も多い。こうした課題はあるものの，当局が本原則を有効に活用し，金融機関との対話を通じて具体的な問題点を特定しベストプラクティスを確立すること等により，シャドーバンクが健全な形で拡大し，結果として貯蓄から投資へのシフトが進み，直接金融市場が一段と発展することが期待される。

4.2　国際的なシャドーバンク規制強化に係る冷静な視点の導入

　FSBの定義するシャドーバンクには多様な業態が包含されており，日本のように既に十分な規制が導入されている，あるいは業態の規模や成長性に鑑みて，金融安定性への影響が限定的であることから，新たな規制導入の必要性が必ずしも高くないケースもあり得る。欧米では，金融システムへの影響が限定的な中小規模の銀行に自己資本や流動性規制，ストレステストや各種報告・開示義務を求める規制を導入しているケースも多く，体力の弱い金融機関に過剰な規制対応を負担させていることが批判されている。一方で，中国の理財商品のように，規模も大きく金融安定性に悪影響を及ぼし得る業態が規制の外で活動していることも問題視されている。したがって，シャドーバンク・セクターに新たな規制を導入する場合は，既存の規制の有効性やシステミックリスクを十分に考慮した上で，その必要性を事前に十分検討すべきであろう。過剰な規制の導入により，経済成長を阻害したり，規制導入を実施したセクターが規制の外に移行してしまうという意図せざる影響にも留意する必要がある。

　金融危機以降，FSBを中心とする国際基準設定機関は，自己資本や流動性規制など金融機関の財務基盤の強化を目的とする，いわゆる健全性規制の導入に注力してきた。実はFSBによるシャドーバンクへの対応も，健全性の観点から導入する政策措置がほとんどであり，この点で，健全性規制逃れを目的とした規制対象金融機関のシャドーバンクへのシフトは難しくなりつつある一方，近年銀行等の規制対象金融機関に対するコンダクト規制が強化される中，こうした規制がノンバンクには十分及ばない状況もあって，ノンバンクがコンダクトに反する活動を拡大するリスクはあり得る。例えば，近年各国においてリテラシーの低さが懸念されているリテール投資家を保護する規制が導入されており，規制対象となる金融機関は，リテール投資家にリスクの高い複雑な商品や不適切に手数料の高い商品を販売しにくくなると考えられる。その一方で，規制対象金融機関によるこうした商品の提供の減少が想定される中，顧客に対する説明責任等が厳しく求められていないノンバンクによる類似商品の販売が拡大す

ることが懸念される。こうした分野では，規制金融機関と平仄を合わせる形で
規制を強化していく必要があるのではないか。

4.3　シャドーバンクのモニタリングにおける留意点

　シャドーバンク・セクターが拡大傾向にある中，新興業態や既存の業態を含
め，潜在的なシステミック・リスクが高まる可能性は常に払拭できない。FSB
の政策の枠組みにおける包括的な原則は，こうした状況を背景に，各国におけ
るモニタリングの強化が主眼となっている。シャドーバンク・セクターのモニ
タリングに当たっては，各業態の情報を入手・分析した上で，潜在的なリスク
が高まった場合は，影響度を分析し，特定されたリスクに対応する規制の導入
が検討されることとなっている。したがって，当局はモニタリングや潜在的リ
スクを効果的に把握する手法を高めることが求められる。

　このためには，業態によって異なるリスク特性を適切に捉える指標の特定が
肝要となる。シャドーバンク・セクターは多様であり，これまで十分な情報収
集がなされていなかった業態も多いことから，データの入手や分析が困難な業
態も多いことが想定される。監督当局は各業態との対話の機会を増やし，知見
を深めることで，リスクの把握に有効なデータや情報を特定し，金融機関に対
して過剰な報告義務等の負担を課さないことが期待される。

4.4　新たなシャドーバンク・リスクへの対応

　近年フィンテック関連業を中心に，広義の金融仲介機能を担う新たな業態が
次々に生まれている。例えばビットコインなど，既存の規制の枠外の業態がグ
ローバルに急拡大するような事態も想定される。規制当局は，こうした新たな
業態の情報を適時に捉え，潜在的なリスクを評価し，リスクが顕在化する前に
適切な対応をとることが期待されている。

　既に各国当局が実施しているように，フィンテック関連業など新興業態につ
いては，情報の入手や対話を通じて当該業態関係者と協力し，成長を阻害する
ことなく，必要な規制を有効に導入することが肝要である。また，新たな業態

への対応については，監督当局が決まっていない場合，責任の所在が曖昧となり，対応が遅れてしまう可能性がある。本邦においては，金融庁がほとんどの業態の金融機関の監督当局であるが，例えばリースについては経済産業省が監督している。ビットコインについても，マウントゴックスの問題が発生した時点では，監督当局は明確ではなかった。こうした縦割り行政による弊害を考慮した上で，できるだけ統一的・網羅的な対応ができる体制を構築することが重要である。

（参考文献）

G20 Roadmap Toward Strengthened Oversight and Regulation of Shadow Banking

Shadow Banking: Strengthening Oversight and Regulation Recommendations of the Financial Stability Board

Policy Recommendations for Money Market Funds

Global Developments in Securitisation Regulation

Strengthening Oversight and Regulation of Shadow Banking Regulatory framework for haircuts on non-centrally cleared securities financing transactions

Strengthening Oversight and Regulation of Shadow Banking Policy Framework for Addressing Shadow Banking Risks in Securities Lending and Repos

Strengthening Oversight and Regulation of Shadow Banking Policy Framework for Strengthening Oversight and Regulation of Shadow Banking Entities

Global Shadow Banking Monitoring Report 2016

Global Shadow Banking Monitoring Report 2015

Policy Recommendations to Address Structural Vulnerabilities from Asset Management Activities

Peer Review of Regulation of Money Market Funds: Final Report

第9章

当局による
マクロ・プルーデンス
体制の強化

大山　剛

1 規制の概要と規制が作られた背景

いわゆるマクロ・プルーデンス政策とは，個別の金融機関のみの問題というよりは金融システム全体の問題から，マクロ経済等に深刻な悪影響をもたらす状況を防ぐ，あるいはその影響を小さくするために，主に金融機関行動への影響行使を通じて「当局」側が実施する方策を指す。他のカテゴリーとは異なり，このカテゴリーの主役は「当局」であって，「金融機関」ではない。また扱う内容も，金融機関の行動を直接的に縛る「規制」というよりは，その行動に間接的に影響を与える「政策」的な色彩が濃くなる。

グローバル金融危機以前から，単に個別金融機関経営の健全性のみに焦点を当てるのではなく，金融システム全体の安定性を図る方策が，各国当局により色々と考えられてきた。特に，過去において度々マクロ経済が大きく落ち込むような深刻な金融危機を経験してきたエマージング経済では，その傾向が顕著であったといえる。もっとも先般のグローバル金融危機では，欧米等の主要国でも大恐慌以来初めて，金融危機がマクロ経済そのものの危機を引き起こすこととなった。その結果これまではやや「他人事感」もあった欧米諸国も，マクロ・プルーデンス政策の導入や強化の必要性を真剣な形で議論するようになったのである。

主要国当局による，こうしたマクロ・プルーデンス政策重視の背景にはまた，個別金融機関経営の健全性を重視するミクロ・プルーデンス政策のみでは，必ずしも金融システム全体の安定維持が難しいとの認識が広がったこともある。換言すれば，個別金融機関の経営とは別のところに，本源的な問題の所在が隠れているケースである。例えば，日本も経験したバブル経済に関しては，バブル崩壊に伴い発生した問題の多くが，一次的には個別金融機関の経営の問題に帰することができても，その本源的なところでは，日本銀行による長期間にわたる低金利政策や，大蔵省（現・財務省）による場当たり的な金融機関規制や不動産売買規制を，原因として指摘する声が多い。これは，金融システムの不

安定性の本源的要因が，個別金融機関の経営の問題というよりは，資産価格の過熱化や金融機関経営を規定する制度設計等「マクロ」の問題に由来していることを意味する。

　また発端が仮に大手金融機関の（例えば不祥事のような純粋に個別行要因に基づく）破綻といったミクロの問題であっても，これが，金融システム内やマクロ経済との相互依存関係を通じて，結果的にマクロ経済に大きな悪影響を与える問題となってしまうケースもある。いわゆる，システミック・リスクの顕現化である。こうした場合においても，問題解決のためには，個別金融機関の経営のみをみるのではなく，金融システム全体，あるいは金融システムを包含するマクロ経済全体を，例えば各経済主体が相互依存する1つの「生態系」として見立てた処方箋が必要となる。

　マクロ・プルーデンス政策が対象とする事象は，一般に上記に示したように，大きな周期性を持つ（資産バブルといった）経済的不均衡事象と，1つの事象の影響の拡散を大きくしてしまうもの（いわゆるシステミック・リスクの顕現化）とに，大きく分けることができる。

　前者がなぜ一定の周期性をもつ（例えば大きな金融危機であれば，ほぼ10年に一度程度の頻度で発生していることがよく知られている[1]）かは，必ずしも明らかではない。しかしながら，一部で指摘されているように，「人間や社会の記憶が廃れるのが10年程度」なのが重要な要因だということであれば，そうした過去の「戒め」を忘れないようにするのが，マクロ・プルーデンス政策の1つの使命となる。例えば，仮に深刻な伝染病が一定周期で発生するようなケースがあったとして，それが（病原菌の耐性の強化と同時に）生活習慣の油断から生じているのであれば，マクロ・プルーデンス政策により，こうした「油断」を戒めることが，社会全体の高い公衆衛生状態の維持（金融システムの安定）には必要となるだろう。

　同時に，現状の社会構造の変化が，伝染病の伝播を早める方向に作用してい

1　この点は，最近の森金融庁長官の講演でも指摘されている（Mori, 2017）。

るかもしれない。例えば，都市部への人口集中や，大病院への病院の統合・集中化（金融システムにおける一部大手金融機関や取引所への取引集中に相当）が，深刻な伝染病の伝播を早めることにつながる可能性がある。こうした場合には，そうした構造を是正することも，マクロ・プルーデンス政策の大事な使命となる。

マクロ・プルーデンス政策が対象とする事象が，上記に挙げた2つの対象，すなわち，周期性を持つ不均衡事象及びシステミック・リスクの顕現化に分かれるように，マクロ・プルーデンス政策自体も，いずれを直接的な対象とするかで大きく二分される。周期性を持つ不均衡事象を対象とする政策が，一般に「時間変動的」（time-varying）政策と呼ばれるのに対し，システミック・リスク顕現化防止等を扱う政策は「構造的」政策と呼ばれる（例えば，Tarullo (2015) 参照）。

マクロ・プルーデンス政策は主に，「一定のグループの金融機関の行動」に対し一律のルールに基づき一定の制約を課す（あるいは緩める）ことで，同グループの金融機関行動の変化を促し，結果的にこれを金融システムの安定化につなげるものが大半である。また周期性を持つ不均衡事象への対応の場合は，金融機関に課する所要自己資本であったり，流動性といった制約を加減調整する（結果として，資本コストや流動性コストの調整を用いる）ケースが多い。この点は金利操作によって金融機関行動に影響を与え，これにより景気変動や物価の安定を目指す金融政策と似通っている。

ただし金融政策と異なるのは，特に時間変動的マクロ・プルーデンス政策に関しては，そのトランスミッション・メカニズム（当局による政策実行が，様々な波及経路を通じてマクロ経済に影響を及ぼすメカニズム）やその時間・効果等に関する学術的研究蓄積が圧倒的に少なく，その点で不確実性が大きいことである。また社会一般における認識も，マクロ・プルーデンス政策は，金融政策ほど確立されていない。このため，独立性が保証された中央銀行によって運営される金融政策とは異なり，金融危機の予兆が現れた段階でマクロ・プルーデンス政策を担当する当局が，想定される様々な（例えば政治的な）抵抗

を排し実際に政策を実行することを可能とするような，堅固な「政策的枠組み」が確立されているとはいえない状況だ。

　マクロ・プルーデンス政策の体制を確立し，その政策を実行するに際しては，様々な留意点も存在する。例えば，既述のとおり，マクロ・プルーデンス政策の策定に際しては，長い時間軸の中でのマクロ経済・金融変数間の因果関係を特定化したり，経済主体間の相互依存関係や相互作用メカニズムを特定化することが求められるが，この点に関する事実関係の確認や学術研究は始まったばかりだといえる。そうした高い不確実性の中で，どこまで「実験的な」政策の実行が社会的に許されるのかという論点がある。

　また，「マクロ」の問題を扱うという対象の広さ故に，他のマクロ経済政策（例えば金融政策）や，ミクロ・プルーデンス政策とのコンフリクトも発生し得る。人間の体でも，自然界でも同じことだが，ある特定部分の問題を是正しようとしたときに，その問題の解決には役立っても，その特定部分がシステムを支えてきた柱が外れることで，システム全体のバランスが崩れることは往々にしてあることだ。こうした問題に対して，誰の視点から，どのように臨むのかを決め，そしてそれを実行することは決して容易ではない。

2 規制・政策の具体的な内容

　以下では，「当局によるマクロ・プルーデンス強化」に関連する当局の主な動きを簡単に示す。

2.1　マクロ・プルーデンス政策を巡る一般的な議論

　グローバル金融危機後，主要国の監督当局により，マクロ・プルーデンス政策の枠組みの確立や政策の実行の必要性が最初に確認されたのは，2010年にソウルで開催されたG20サミットの場であった。それまで，個別金融機関の健全性を評価するのは得意であった（あるいはそう信じていた）監督当局も，一部大手金融機関の破綻が，瞬く間に戦後最大の金融危機へと発展した事象をみて，

自分たちには金融システムを「システム全体」として捉える視点，あるいはマクロ経済との相互作用から捉える視点が欠けていることにようやく気づいたのである。もちろん，こうした点は，中央銀行やアカデミックを中心に，グローバル金融危機以前においても，エマージング諸国の経験も踏まえながら長く議論されてきたのだが，これを（個別行の健康診断のプロである一方，医療＜金融＞システム全体の問題には疎い）金融機関の監督当局が真剣に取り上げることがなかったというのが実情であろう。

　そこで2010年にソウルで開かれたG20サミットに集まったリーダーは，FSBやIMF，BIS等の国際機関に対し，マクロ・プルーデンス政策に係る当局の作業を行うことを指示した。そして，これを受け2011年にFSBが公表した進捗報告（FSB, 2011）では，主に(1)金融システミック・リスクの特定化とモニタリングに係る進展，(2)マクロ・プルーデンス政策のための政策手段の探索，(3)国内及び国際的な場におけるガバナンス・制度的枠組みの設計の3つの視点から，マクロ・プルーデンス政策の実行に係る進捗状況が報告された。また2016年には，このペーパーで示された論点に係る最新の状況に係る報告が，FSB，IMF，BISの共同ペーパーという形で出されている（IMF, FSB, BIS, 2016）[2]。これらペーパーで示されたポイントに関しては，この後の個別の議論で適宜触れることとする。

　なお，マクロ・プルーデンス政策を議論する際の論点としては，主に①政策目標，②問題の特定化手法，③特定化した問題の是正手法，④政策運営に係る組織やガバナンス，等がある（概要に関しては**図表9-1**参照）。本章では，紙幅の都合上，主に③に焦点を当てた上で，必要に応じて，①，②，及び④の議論を行うこととする（詳細に関しては，例えば井上（2014）を参照）。

2　また2017年7月には，BCBSが，各国におけるカウンター・シクリカル・バッファーの実施状況を取りまとめた報告書（BCBS, 2017）を公表している。

【図表9-1】マクロ・プルーデンス政策を議論する際の論点

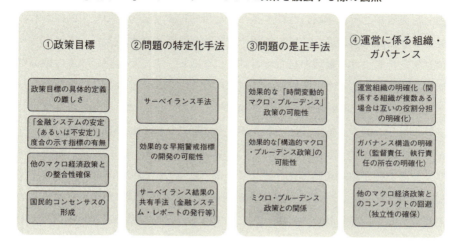

2.2 カウンター・シクリカル・バッファー等の導入

　第1章でも説明したとおり、バーゼルⅢが求める所要自己資本の増強の1つに、カウンター・シクリカル・バッファーがある。これは、資産市場等の過熱度を代表する一定の指標（例えば、GDP対比でみた貸出比率の趨勢値からの乖離幅）に基づき、所要自己資本比率の一部を0～2％ポイントのレンジで、機動的に変更するものである。具体的には、指標が資産市場の過熱をアラームするような水準に達すると、カウンター・シクリカル・バッファーの水準を引き上げる一方で、逆に指標のアラーム度が下がる場合には、バッファーの水準を引き下げることとなる。これにより、例えば不動産市場への銀行の貸込みが増し不動産バブルが発生しているような状況下では、このバッファーを増やすことで貸出に対する資本コストを増やし、銀行の貸出行動を抑制することが期待されるわけだ。

　このカウンター・シクリカル・バッファー自体は、バーゼルⅡ規制がプロシクリカルな特徴を有するとの批判を当局が強く意識した結果、出て来たものだと言われている。すなわちバーゼルⅡ規制が求める所要自己資本比率は、分母

であるリスクアセットが好況時にはデフォルト率の低下に伴い減少することから，自己資本比率自体は自然に上昇し，結果的により貸出を増やす余裕ができてしまう。好況時にさらに貸出を増やすインセンティブが高まり，これがさらに景気を押し上げる循環が発生することになる。一方で不況時には逆の循環が始まる。これをもって，バーゼルⅡ規制には「プロシクリカル」の特徴があると言われてきた。カウンター・シクリカル・バッファーは，こうした「プロシクリカル」な動きをある程度相殺することが期待されるわけだ。

　もっとも，バーゼルⅢ規制の中では，このカウンター・シクリカル・バッファーの実施が他の規制に比べ遅れている（日本も，2017年になってようやく規制を導入した（金融庁，2017））。その1つの理由は，貸出市場や資産市場の過熱度を示す指標の特定化が難しいことである。市場の過熱度を示す指標としては，バーゼル委員会は，1つの例としてGDPに対する貸出比率の趨勢値からの乖離を挙げている。バーゼル委員会が過去の金融危機のケースをベースに試算したところでは，過去に発生した金融危機の多くは，この乖離幅が10％以上に達した時期から3年以内に発生していることが，同指標使用の1つの根拠となっている（Drehmann, M., Tsatsaronis, K. (2014)）。もっとも，例えば現状の中国は，この数値が10％を超えてから既に3年超が経過し，足元では30％を超えているにもかかわらず，未だに金融危機的な状況には陥っていない（Bloomberg (2016)）。このように，各国の事情に合わせ，フォワードルッキングな形で指標を選定していくことには，非常に困難な作業が伴う。結果として，幾つかの指標を候補として挙げた上で，最終的にはこれらを当局が「総合的に評価」して政策を判断するケースが多いのが実情だ。ただし，「総合的な評価」は柔軟性や機動性が増す一方で，判断基準が曖昧なことから，その運用が不透明となるリスクを孕むこととなる。

　英国や香港等一部の国では，マクロ経済全体というよりは，一部の業種をターゲットにした指標を導入している。例えば，不動産部門への貸込み程度の指標として，LTV (Loan to Value)，DSTI (Debt Service to Income)，LTI (Loan to Income) を設け，一定水準に達すると，同部門向け貸出しに係る所

要自己資本を増やすといった扱いである。マクロ経済全体への適用に比べれば，問題の所在特定化が容易で，さらに即効性も期待できるという利点がある。もっともこの政策は，特定部門のみを狙った「セミマクロ」的特徴を有しているため，マクロ・プルーデンス政策に対しミクロ・プルーデンス政策が有している欠点（例えば，特定セクターの問題が他のセクターの問題として伝播する事象等への対応）も存在する。

　カウンター・シクリカル・バッファーの導入が難しいもう1つの理由は，その実効性の確保が難しいことである。カウンター・シクリカル・バッファーは，資本コストの増減を通じて，主に貸出しの「量」に影響を与えようとする政策であるが，この「量」自体は粘着性が強く，そう簡単に変えられない。このため，同政策の実行には，十分に長い周知期間が必要となる。政策金利をある日突然引き上げて，その後は市場や銀行の金利変更の反応を待つという金融政策とは，この点で大きく異なる。ただし，この周知期間（カウンター・シクリカル・バッファーでは，引上げ時に1年間，逆に引下げ時には即時が見込まれている）があまりに長いと，政策効果の即時性が失われてしまう。政策の実効性を確保することが難しい所以である。

　このほか狭義のカウンター・シクリカル・バッファーの定義からは外れてしまうものの，一定のアラーム指標に応じて，リスクアセットに応じた所要自己資本ばかりではなく，例えば，バランスシートの大きさに応じた所要自己資本であるレバレッジ比率を調整したり，さらには流動性に係る指標を調整するようなケースも存在する（IMF, FSB, BCBS（2016）参照）。

　なお国ごとの特徴をみると，英国や欧州が，カウンター・シクリカル・バッファーをマクロ・プルーデンス政策の一環として捉えた上で，その導入面で先行している。また香港等一部エマージング諸国では，不動産価格高騰の問題を抱える中で，一部セクターに限定したカウンター・シクリカル・バッファーを導入している。一方米国は，後述する監督上のストレステストをマクロ・プルーデンス政策の一環として重視する傾向が強く，一方でカウンター・シクリカル・バッファー（あるいは時間変動的マクロ・プルーデンス政策）を支える

理論的支柱への懐疑（Tarullo（2015）参照）もあってか，英欧に比べれば，これまで慎重な導入姿勢をとってきた（例えばTarullo（2015）は，様々な技術的な問題に加え，金融危機時において，市場が不安心理の拡大から金融機関に対しより一層の自己資本増強を求めているタイミングで，本当にこのカウンター・シクリカル・バッファーを削減することができるのかといった実効性に係る疑問を投げかけている）。米国では，2016年にカウンター・シクリカル・バッファーに係る規制は導入されたものの，監督上のストレステスト結果と連動するようになった「資本保全バッファー」をむしろマクロ・プルーデンス政策手段として重視する傾向がみられる。また日本も，現状貸出や資産市場の過熱という問題が国内で生じていないとの認識もあってか，2017年になってようやく規制を導入するなど，その対応は他のバーゼル規制に比べれば，ゆっくりしたものとなっている。

　また政策実行の主体は，基本的には金融機関監督当局となるが，マクロ経済や金融市場の分析も当然必要となることから，監督当局が中央銀行と分離しているケースでは，中央銀行との協力を謳うケースが多い（日本もこのケース）。中央銀行と金融機関監督当局が一体化しているケース（例えば，米国FRB，欧州ECB，英国BOE等）では，こうした「組織を跨ぐ」問題が発生しないため，一般的にはカウンター・シクリカル・バッファーを始めとしたマクロ・プルーデンス政策がより容易に実行しやすいように見受けられる。

2.3　システミック・リスクの抑制

　この章の冒頭で述べたとおり，マクロ・プルーデンス政策には，単に信用サイクルといった循環的要因から起因する問題の是正を取り扱うのみではなく，金融システム内に存在するシステミック・リスクの是正を含めるのが一般的である。そうした意味では，TBTFであるSIFIsや，FMI，さらにはシャドーバンク・セクターが有するシステミック・リスクの是正も，重要なマクロ・プルーデンス政策と捉えられている。もっともこれら問題に関しては，本書では他の章（SIFIsの破綻処理に関しては第2章，シャドーバンクに関しては第8

章）で詳説していることから，本章ではあえて触れないこととする。

2.4 監督上のストレステスト

　第1章でも触れた監督上のストレステストを，マクロ・プルーデンス政策の一環として重視する見方もある。具体的には，同ストレステストにおける当局シナリオ作成に際し，注目するマクロ的な不均衡に焦点を当てた上でこれへの対応状況をチェックしたり，マクロ経済変数に与えるストレスの程度を景気循環等の局面に応じて変える（カウンター・シクリカル的側面）方法が挙げられる。また，特定のシナリオに対する個別金融機関の反応に係る情報の収集が可能となるなど，当局がマクロ・プルーデンス政策遂行上必要となるデータを集める手段としても，監督上のストレステストは重要だといえる。

　上記のような視点は，特に，米国，英国，欧州で重視される傾向にある。

　米国では，監督上のストレステスト（CCAR）にマクロ・プルーデンス的要素を取り込むことの重要性が近年非常に強調されるようになった（例えば，Tarullo, 2016）。例えば，ストレスシナリオの一部として，金融商品のファイヤーセールや市場流動性の枯渇といったシステミック・リスクの顕現化を含めることで，こうしたリスクに対する大手行を中心とした「金融システム全体」の脆弱性を確認すると同時に，このような脆弱性への対処を求めている。これは，システミック・リスク対策としての構造的マクロ・プルーデンス政策という位置づけである。

　また，足元の景気サイクル上の位置付けに応じて想定するストレスの程度を変えることで，規制がもたらすプロシクリカル性を緩和することも指摘されているが，これは時間変動的マクロ・プルーデンス政策とみなすこともできる（ただし既述のとおり，米国では時間変動的マクロ・プルーデンス政策の活用に対し，経験の不足等もあり，現時点でそれほど積極的な姿勢を示しているわけではない）。この他，例えばシナリオのインパクト計測に際し銀行に対しては，ストレス下にあっても企業等に対する貸出を減らすオプションを与えないことも，結果的に規制のプロシクリカル性を緩和する役割を果たすと想定され

ている。その一方で、現状のストレステストではショックがもたらす直接的（一次的）効果までは想定しているものの、フィードバック効果（あるいはノックオン効果）を含む間接的（2次的）効果までは想定していない点は、今後の課題として認識されているようである。なお米国では近く、CCARの結果をG-SIFIsに対する規制資本（資本保全バッファー）に直接的に反映させる計画（図表9-2参照）であるが、これ自体がCCAR自体にマクロ・プルーデンス的要素を取り込む上で重要であると考えられている。

【図表9-2】米国の監督上のストレステスト結果の資本規制への取込み

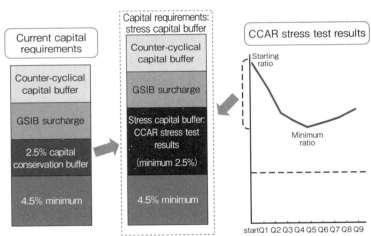

(出所) Tarullo, D. (2016)。

一方、欧州のECBが実施する監督上のストレステストでは、米国以上に時間変動的マクロ・プルーデンス政策に対し積極的に臨む姿勢がみられる。これは1つに、景気サイクルと信用サイクルが異なる中で、前者に対応する金融政策がユーロ参加国全てに対し同一なものに留まり、その結果、一部国の信用サイクルが過度に増幅する（資産市場が過熱化する等）ことへの対応といった側面もあるようだ（例えば、Constâncio, 2017b）。また、ストレステスト結果を、

マクロ・プルーデンス政策を考える際のインプットとして重視する姿勢も見せている。具体的には，特定の自己資本比率下で，ストレスシナリオが各銀行の財務に与える影響が把握できれば，銀行システム全体の行動変化やこれを通じたマクロ経済への影響（フィードバック効果）も推計することが可能となり，結果として，例えば特定の経済状況下でどの程度の所要自己資本比率であればマクロ経済に及ぼすインパクトがマイルドに留まるかを特定化することもできるようになる（Constâncio, 2017a）。もっとも，現状のストレステストでは，

【図表9-3】マクロ・プルーデンス政策ツールとミクロ・プルーデンス政策ツール等との関係

		マクロ	セミマクロ	ミクロ
時間変動的政策		• カウンター・シクリカル・バッファー • 可変レバレッジ規制 • ダイナミック・プロビジョニング • 景気・信用サイクル等を考慮した監督上のストレステスト	• LTV規制 • DSTI規制 • LTI規制	
構造的政策	資本等	（金融システム全体の視点からみた） • バーゼルIII等に基づく資本増強 • 監督上のストレステストに基づく資本増強	• 特定業種への貸出規制 • 外貨貸出規制	（個別機関の視点からみた） • バーゼルIII等に基づく資本増強 • 監督上のストレステストに基づく資本増強
	流動性	（金融システム全体の視点からみた） • バーゼルIIIに基づく流動性バッファー増強		（個別機関の視点からみた） • バーゼルIIIに基づく流動性バッファー増強
	相互連関	（金融システム全体の視点からみた） • SIFIs規制 • シャドーバンク規制 • デリバティブ取引規制 • CCP規制 • 対金融機関エクスポージャー規制		（個別機関の視点からみた） • SIFIs規制 • シャドーバンク規制 • デリバティブ取引規制 • CCP規制 • 対金融機関エクスポージャー規制

こうしたフィードバック効果やコンテイジョン効果（金融取引等による相互依存関係を通じた信用不安・資金繰り困難化の伝播）を取り込むまでには至っておらず，これは引き続き将来の課題となっている。

以上のマクロ・プルーデンス政策上のツールに関し，概要を纏めると**図表9-3**のとおりである。

3 規制の影響と規制を巡る論点

3.1 マクロ・プルーデンス政策のトランスミッション・メカニズムの不確実性がもたらす影響

第1節でも指摘したとおり，マクロ・プルーデンス政策といっても金融政策とは異なり，いかなる操作変数をどのように操作すれば，最終的な金融システムの安定化につながるのかに係るコンセンサスが存在するわけではない。さらには，金融政策が目指す「物価の安定」と異なり，「金融システムの安定」という目的自体が曖昧模糊とした概念である。これを強いて具体的に定義しようとすれば，「金融危機を起こさない」ということになろうか。もっとも，「金融危機の発生確率」は物価とは異なり，直接観察することは不可能だ。このため，この発生確率に影響をもたらす操作変数の特定化以前の問題として，そもそも金融危機の発生確率という「操作対象」自体をどのように定義するかという問題が発生する。換言すれば，病気への処方以前の問題として，そもそも自分の病状をどのように捉えるかという問題である。

この「操作対象」自体に関しては，一般に早期警戒指標として，様々なものが各国当局や中央銀行，さらには国際機関等から提案されている（例えば，Drehmann, M., Juselius, M.（2013）参照）。現状では，既述のとおり，例えばGDPに対する貸出の比率の趨勢値からの乖離が1つの有力な指標として捉えられているようだが，これについても，各国ごとの置かれた環境が異なる中で絶対的な信頼を得るには至っていない。こうした中で現状では，様々な指標に

基づく当局による「総合的な判断」が，病状特定の最も一般的な方法となっている。

　同様に，こうした病状への処方箋も，明確な効果が確認されているわけではない。有力な処方箋としては，既述のとおり，①金融機関に課す所要自己資本や所要流動性を加減する，②貸出対象のセクター（例えば不動産）を絞った上で同セクター固有の指標（例えば，LTV（Loan to Value），DSTI（Debt Service to Income），LTI（Loan to Income）等）に基づき規制を実行する，③監督上のストレステストの中でシナリオを通じて，所要自己資本や所要流動性を調整する，④金融機関間やFMI，シャドーバンクとの取引上の結びつきを緩める（あるいはバッファーを多く持たせる）等がある。このうち最後の処方箋（④）は，既に様々なものが実行されているものの，これは他の金融規制の延長的な側面が強いからだといえる（したがって，純粋な「マクロ・プルーデンス政策」としては捉えられていない）。また②の特定セクターに対する規制も，一部の国では既に実行されているが，これも従来のミクロ的施策の延長（換言すれば「セミマクロ」的政策）だからと考えることができる。同様に③も，あくまでも監督上のストレステストとして既に欧米英では実行されているものの，これにどの程度マクロ・プルーデンス的な意味合いを持たせるかは議論の途上だといえる。最後に，代表的なマクロ・プルーデンス政策と考えられる①に関しては，日本を含め多くの国が政策の枠組みを導入したものの，その政策を発動した国は英国等少数にとどまっているのが現状だ。

　こうした中で，仮に①的なマクロ・プルーデンス政策が発動されれば，当然ながら金融機関行動やマクロ経済に対し，不測の影響が生じる可能性も考えられる。逆に当局も，こうした不確実性を恐れて，同政策をまったく発動しない可能性も考えられる。マクロ・プルーデンス政策に係る責任の所在が必ずしも明確ではない現状においては，多分後者の可能性の方が高いかもしれない。いずれにしても，金融システムの安定を図る上で，こうしたマクロ・プルーデンス政策がどの程度有効なのか（病状の特定化と同時に，その処方箋がどの程度有効なのか）を事態（病状）が一段と悪化する前に，しっかりと捉える責任が

当局にはある。その上で，マクロ・プルーデンス政策に係る責任の所在が明確化されなければ，仮に金融システムに潜む不均衡が次第に大きくなっていったとしても，当局は再びこれを傍観するだけで終わってしまうかもしれない。

3.2 マクロ・プルーデンス政策当局によるマクロ経済政策への介入がマクロ経済政策のポリシー・ミックスに与える影響

マクロ経済政策には，マクロ・プルーデンス政策以外にも，伝統的なものとして，金融政策や財政政策がある。これらの政策は，政策担当組織間でしっかりと調整がなされなければ，互いに効果を減殺するような結果に陥ってしまう可能性もある。一般に金融政策と財政政策の関係は，マクロ経済学の教科書でも詳述されており，あるべき役割分担に係る考え方に関しては定見が存在する。これに対してマクロ・プルーデンス政策と，例えば金融政策の関係については，必ずしもその役割分担は明確ではない。

かつては，金融政策の世界において，資産バブルへの対応の是非が議論されたことは記憶に新しい。金融政策は一義的には物価の安定を目的とするものの，仮に物価上昇が観察されない中で資産価格のみが過熱化するような状況に直面すれば，これに金融政策が（例えば金利引上げ等によって）対処すべきか否かという問題である。特に先進国では，ディスインフレが進んだ今世紀以降，超金融緩和状況が慢性化しつつあるが，これは同時に資産価格の過熱化を招く傾向を強くした。結果的に，中央銀行はデフレの回避を最優先すべきなのか，あるいは資産バブルの回避も考慮すべきなのかが議論となったのである。

多くの中央銀行の従来（特に金融危機以前）の公式見解は，物価の安定が引き続き最優先課題であり，資産バブルへの対処のために金融政策を優先的に（少なくとも物価の安定を犠牲にするような形で）割り当てることはしないというものである（例えば，やや古い文献となるが，植村，鈴木，近田（1997），あるいはBernanke（2002）を参照）。金融危機以降も，中央銀行がマクロ・プルーデンス政策に積極的に関与する必要性が従来以上に強調される一方で，その手段として金融政策を用いるべきか否かに関し，「現時点でコンセンサスは

存在しない」（井上（2014））状況だといえる。

　金融政策の活用に係るコンセンサスがない中では，資産バブルに対処するために，時には何らかの別のマクロ経済政策が必要と考えるのが自然であろう。マクロ・プルーデンス政策は，金融システムの安定，あるいは金融危機の回避を大きな使命とするが，これは見方によっては，これまでの歴史の中で定期的に発生してきた資産バブルの抑制を目的の1つとしていると解釈することもできる。この場合は，金融政策が物価の安定に専念する一方で，マクロ・プルーデンス政策は資産バブルの抑制に専念するという，きれいな役割分担が可能となる。

　もっとも，例えばデフレ下の超金融緩和策が，デフレの一層の深刻化を止めつつも資産バブルを拡大させる一方で，資産バブル抑制を目的としたマクロ・プルーデンス政策（例えば，カウンター・シクリカル・バッファーの引上げ）は，資産バブルを抑制しつつも景気を下押しし，デフレ圧力を強めるだけかもしれない。結局両者は，互いの政策の効果を減じているに過ぎないこととなる（例えば井上（2014）は，英国においてBOEが主導する「マクロ・プルーデンス政策」と金融仲介機能の強化を目的とした「信用強化策」間でコンフリクトが発生した最近のケースを，「マクロ・プルーデンス政策」と「金融政策」間のコンフリクトの特殊ケースとして紹介している）。この場合はやはり，両政策の担当組織間の話し合いによる調整が必要となる。両者が同じ中央銀行の中にある場合は，こうした調整は比較的容易となるであろう。ただし，外部の目からみれば，金融政策を司る部署とマクロ・プルーデンス政策を司る部署という，それぞれ目的が異なる部署が話し合いにより政策を調整するということが，見方によって利益相反と映る可能性もある。こうした疑惑を招かないためには，政策決定プロセスにおける通常以上の透明性が必要となる。

　その一方で，金融政策を司る中央銀行とは異なる組織（例えば中央銀行から独立した金融機関監督当局）がマクロ・プルーデンス政策を司る場合には，両者の政策を調整する何らかの制度的枠組みが必要となろう。一般にマクロ経済問題への対処という点では中央銀行は長い歴史を持つ。多くのbest ＆

brightestなエコノミストを擁し，様々なマクロ経済モデルも構築済みである。これに対し，中央銀行とは異なる金融機関監督当局の場合は，これまではミクロ・プルーデンス政策に特化してきたこともあり，マクロの経済問題を扱うことが必ずしも得意ではないケースも多いと考えられる。こうした場合に，中央銀行と金融機関監督当局がどのような協業体制をとることが最も適切かを考えることも重要である。

　因みに，欧米では，FRB，ECBあるいはBOEが，金融政策と同時にマクロ・プルーデンス政策を司るケースが多いが，厳密には，マクロ・プルーデンス政策に関しては，他の監督機関も含む組織（例えば，米国の金融安定協議会（FSOC））や，複数国の当局全体をカバーした組織（例えば，欧州の欧州システミック・リスク委員会（ESRB）），あるいは同じエンティティ内でも独立性を持った別組織がマクロ・プルーデンス政策の主体を担う（例えば，英国BOE内に設けられた金融安定政策委員会（FPC））ことにより，潜在的なマクロ・プルーデンス政策と金融政策間のコンフリクトの問題を回避しようとしている。もっとも，例えば井上（2014）によれば，FSOCやESRBの実態機能は限定的なものにとどまっている可能性も指摘されており，機能の「実質面」からみれば，コンフリクトの問題が十分解消されていないことも考えられる。

3.3　マクロ・プルーデンス政策とミクロ・プルーデンス政策間の調整がプルーデンス政策全般に与える影響

　金融機関の監督当局は，これまで個別金融機関の健全性を評価し，問題があればこれの是正を促すというミクロ・プルーデンス政策に特化してきた。そうした中で突然現れたマクロ・プルーデンス政策を，ミクロ・プルーデンス政策との関係でどのように遂行していくかも重要な課題となる。なぜかというと，ミクロの健全性に焦点を当てるミクロ・プルーデンス政策と，マクロの安定性に焦点を当てるマクロ・プルーデンス政策は，時に異なる方向の政策を追求することもあり得るからである。この場合，両者の方向性が異なれば，当然ながらその影響を直接的に受ける金融機関の行動には大きな不確実性が生じること

となる。

　例えば，ミクロ的視点からは，従来の（バックワード的）手法に基づく限り大手金融機関の経営は基本的に健全だと判断する一方，マクロ的視点からは，足元の資産バブル的状況を踏まえれば大手金融機関の資本は過小である可能性が高く，所要自己資本の引上げが必要だとの結論になるかもしれない。この場合，金融機関の個別経営をしっかりと見た上での「地に足のついた」議論を重視するのか，あるいは，アカデミックな理論・分析やマクロデータに基づくより科学的分析に近い議論を重視するのかは，なかなか難しいところだ。ただし，グローバル金融危機以降のマクロ・プルーデンス政策の確立・導入が，ミクロ・プルーデンス政策の不十分性に由来するということであれば，両者の関係をどのように整理するか（例えば，ミクロを基本としつつ，マクロで補完するのか，あるいはミクロとマクロをまったく独立のものとして運営するのか等）も，当局にとっては重要な問題だと思われる。

　因みに，最近，債券運用に係る銀行勘定のリスクに関し，一部地域金融機関の同リスクの大きさを問題視する金融庁と，マクロ的視点からみた場合の問題の軽さから同問題の強調を嫌う日本銀行間で「摩擦」が生じているとの報道があった（日本経済新聞，2017）。その真偽は定かではないものの，マクロ・プルーデンス政策が強調されるにつれて，今後この種の問題が当局間や当局内で生じる可能性は高まっているといえよう。

4 本邦当局や金融機関，さらには日本政府に求められる行動

4.1 マクロ経済政策としてのマクロ・プルーデンス政策の位置づけの明確化

　わが国でも最近ようやく，「時間変動的」マクロ・プルーデンス政策の走りとなり得る，カウンター・シクリカル・バッファーに係る規制が導入された。もっとも，こうした規制が導入されるにあたってのアカデミックや関係者を巻

き込んだ議論は，少なくともこの規制に関する限り（外部に公表された情報を
みる限り）ほとんどなかったようにみえる。英国や欧州，米国では，多くの関
係者を巻き込む形で，当局がマクロ・プルーデンス政策のあり方を様々な視点
から議論し，その結果に基づきマクロ・プルーデンス政策に係る新しい規制や
ルールを導入しているのとは対照的である。

　もちろん金融庁も，モニタリング基本方針の大きな柱の1つとしてマクロ・
プルーデンスを掲げており，その重要性を蔑ろにしているわけではない。むし
ろ最近では，人口動態を絡め中長期的視点からの地域金融機関の収益性を問題
にする，あるいは監督上のストレステスト実施に向けた体制強化に努めるなど，
マクロ・プルーデンス的考えやこれに基づく政策遂行を強化する方向にある。

　同時に日本銀行も従来から，マクロ・プルーデンス的視点に基づき金融機関
の流動性面での政策を決定してきたほか，さらには金融システムレポート等を
通じて，広く自らのマクロ・プルーデンス上の問題意識を発信してきた。こう
した傾向は，日本銀行において，最近ますます強まる傾向にある。因みに日本
銀行（2011）によれば，日本銀行のマクロ・プルーデンス面での取り組みとし
ては，①金融システムの安定性に関する分析・評価，②ミクロ・プルーデンス
に基づく考査・モニタリングとの連携，③金融システム安定に必要な施策（例
えば，「最後の貸し手」機能等）の実施，④決済システムの運営とオーバーサ
イト，⑤金融政策運営（具体的には，「より長期的な視点を踏まえつつ，物価
安定のもとでの持続的な経済成長を実現するとの観点から，金融政策運営に当
たって重視すべきリスクを点検する」とする中で，金融システム面のリスクを
「先行きの中長期的なリスク要因のひとつとして点検を行っている」ことが，
マクロ・プルーデンス面での取り組みとなる）が挙げられている（この他，日
本銀行のマクロ・プルーデンス政策に関しては，例えば佐藤（2014）を参照）。

　このように当局の対応面では，日本の当局もマクロ・プルーデンス的視点を
重視しているのである。それにもかかわらず，マクロ・プルーデンス「政策」
の発動というフォーマルな面になると，突然「声が小さくなる」というのが，
日本の当局に関する著者の印象だ。当局側からは，「実質面」で対応ができて

いるのだからよいではないかとの反論も聞こえてきそうだが,「形式面」が
しっかり定まらなければ,政治的なサポートを受けた上で金融機関の行動に対
し強い影響力を及ぼす政策を積極的に実行することは難しくなる。また権限や
責任の所在が曖昧なままでは,当局側にも,(自らが最終的に批判されるとの)
リスクをとってまで,(例えば政治的な意味で)不人気な政策をあえて実行す
るインセンティブが減じてしまう。日本銀行がかつて,金融政策面では実質的
な独立性を確保していると主張しつつ,その一方で日銀法の改正にこだわった
(日銀法は1997年に,その独立性を一層強める形で改正されている)のと同じ
理由である。

　それでは,日本ではなぜこれほどまでに,マクロ・プルーデンス政策の「形
式面」の整備に対し「冷淡」なのであろうか。考えられる理由は次のとおりで
ある。

　1つは,先般のグローバル金融危機は欧米発の危機であって日本に由来する
ものではなく,そういう意味での切迫感が,当局内にも,また社会や政治家に
もないことである。また足元の日本の状況も,不動産価格の過熱化がやや気に
なるものの,全般には資産バブルといった不均衡が大きく膨らみ金融システム
の脅威となっているわけでもない。こうした中で,マクロ・プルーデンス政策
の「形式面」を変えるという一大仕事に乗り出すまでのエネルギーは,どこの
役所にも中央銀行にもないということである。

　2つ目は,日本の金融監督当局が,日本銀行とは異なる組織であることが挙
げられる。現在の主要国の多く(米国,欧州,英国等)は,中央銀行が金融機
関監督当局を同時に務める形となっている。例外は,かつての英国型のモデル
に倣った日本,オーストラリア,中国,韓国といったところだ。日本を含め,
中央銀行は以前からマクロ・プルーデンス問題に対する関心は強く,同時にマ
クロ経済の問題を扱う専門家集団だということもあり,マクロ・プルーデンス
政策との「親和性」が高い組織だといえる。一方,伝統的な金融機関監督当局
は,どちらかというと,フィールドワークを通じた個別金融機関経営の健全性
の判断に強みがあり,マクロ・プルーデンス政策といった「机上の空論」とも

とれる政策との親和性は必ずしも高くないようにみえる。またこのような環境下で，金融庁がマクロ・プルーデンス政策を進める場合には，マクロ・プルーデンス政策の議論に通じた多くのエコノミストを採用するか，あるいは日本銀行との一段と緊密な協業体制を模索する必要があるが，どちらも現状は困難だといえる（日本銀行との協力に関しては後述参照）。

　3つ目は，切迫感が高くなく，組織的な壁も高いなかで，政策としての「成熟度が低い」マクロ・プルーデンス政策を敢えて日本が積極的に先陣を切って導入するメリットに乏しいことが挙げられる。

　仮に上記の要因が，金融庁のマクロ・プルーデンス政策の形式面の整備に対する「冷淡さ」をもたらしているとした場合，それは現在の日本の状況に鑑みて正当化できるのだろうか。著者の答えは残念ながら"No"である。なぜならば，日本のマクロ経済や金融システムは，中長期的な視点からみれば，非常に大きな不均衡を既にいくつか抱えている可能性が高いためだ。その不均衡とは，異常なほど膨れ上がった財政赤字であり，さらには人口減少・老齢化が進む中で将来的に大きな変化が予想される貯蓄・投資バランスである。これらは，たまったマグマが噴火という形で爆発するタイミングまではよく分からなくても，例えば政府が発表する「今後30年以内に千葉市を震度6以上の地震が遅く可能性が8割以上」（日本経済新聞（2016）参照）に相応する程度において，近未来で発生する蓋然性が高いイベントだといえる。

　このような環境下にあることが前提となれば，日本にとっても，時には政治家が嫌がるようなマクロ・プルーデンス政策を強力に推進していくことが求められる。そしてその場合には，やはり独立したマクロ・プルーデンス政策の遂行を保証する形式面での整備が必要となる。大地震に対しては，他国の状況とは関係なく，着々と将来の惨禍に対して備えている日本である。その日本が，相応に蓋然性のある将来の金融危機の惨禍に対して，目を瞑っていてよいわけがない。

　手法自体は，特に時間変動的マクロ・プルーデンス政策に関しては，カウンター・シクリカル・バッファーのようなものを洗練化するのか，あるいは監督

第9章　当局によるマクロ・プルーデンス体制の強化　273

上のストレステストの中で行うのか等幾つかのものが考えられる（この点に関しては4.3参照）。いずれにしてもマクロ経済政策におけるマクロ・プルーデンス政策の位置づけを明確化した上で，日本銀行との協働体制を確立し互いの責任の所在を明確化しながら（この点に関しては4.2参照），日本が将来直面するであろう「金融危機」に今のうちから「形式面」でも備えるべきである。

4.2　マクロ・プルーデンス政策遂行における金融庁と日本銀行間の協力関係の強化

　日本においてマクロ・プルーデンス政策を実行する上で避けて通れない問題が，金融庁と日本銀行間での協働関係の確立である。もちろん現在でも，金融庁長官，日本銀行理事，そして財務省財務官の3者で定期的な会合が開かれており，この中でマクロ・プルーデンス「的」問題も活発に議論されていると想定される。さらには，こうした会合に付随して，スタッフレベルでの意見交換も多少はなされているであろう。

　ただし問題なのは，①まずはマクロ・プルーデンス政策の政策としての位置づけ自体が曖昧であること，②さらにはこの政策を巡る金融庁と日本銀行間の役割と責任の分担が明確化されていないこと，③そしてその帰結として，日本銀行のエキスパティーズや人的資源が現状のマクロ・プルーデンス的活動においても十分に活かされていないこと，だといえる。例えば，①に関して言えば，日本銀行が比較的明瞭に自らが果たすマクロ・プルーデンス面での役割を示している（例えば，日本銀行（2011））のに対し，金融庁は，その政策の中でマクロ・プルーデンスという言葉を使う，あるいはその重要性を指摘することはあっても，自らの"theマクロ・プルーデンス政策"を語ることは非常に少ない。例えば，平成28事務年度金融行政方針では，具体的重点施策中2番目に示された「金融システムの健全性維持」の冒頭に，「マクロ・プルーデンス」という項目が出てくるが，そこで示された内容は，金融市場の健全性をマクロ的視点からモニタリングし，潜在的リスクをフォワードルッキングに分析するということにとどまる。この結果，②で示す金融庁と日本銀行間の役割・責任分

担も曖昧なものとなってしまう。

　こうした①や②の問題の背景には，既に4.1で説明したとおり，マクロ・プルーデンス政策に係る「形式面での整備」を嫌う事情がある。そして，この結果として，③の問題，すなわち，マクロ・プルーデンス政策の「権限」を有する金融庁と，マクロ・プルーデンス政策に係る知見や人材を有する日本銀行間の協働強化が壁にぶつかっている可能性がある。なぜならば，「形式」に基づく圧力が金融庁なり日本銀行に働かない限り，役所・中央銀行間の縦割りの論理を崩すことは難しいからだ。金融庁的には「責任もとらない日本銀行には仕事を任せられない」，日本銀行的には「自分の組織に権限も与えられないような仕事に人を回すことはできない」となるのである。

　上記のような問題を解決するためには，最終的には，財務省から金融庁が切り離されたときのように，（その可能性は限りなく低いものの）政治が動くことが求められるのかもしれない。その時のオプションとしては，①金融庁のマクロ・プルーデンス部門に，一部日本銀行のスタッフや組織をシフトさせ，さらには外部から有識者を大勢採用することで大幅に強化し，この部門にマクロ・プルーデンス政策に係る大きな権限を付与する，②例えばBOEのように，金融庁を日本銀行内の一組織とした上で，同じ組織の中で，人材の融通を円滑化する，の2つが考えられる。それでなくても，欧米に比し，マクロ・プルーデンス分野の人材が不足している日本である。自分たちが直面している問題の大きさを考えれば，当局間の縦割り主義で「マクロ・プルーデンス体制強化」に関し手をこまねいている余裕はないはずだ。

　その上で，このマクロ・プルーデンス政策を担う組織と，金融政策や財政政策を担う組織との間で，適切なポリシー・ミックスを議論する会議体を設立することが望まれる。また日本銀行内に金融庁を移した上でマクロ・プルーデンス政策を実行する場合には，金融政策とマクロ・プルーデンス政策間の利益相反を防ぐような制度的な手立てが十分なされる必要がある。

4.3 マクロ・プルーデンス政策手法の高度化

　マクロ・プルーデンス政策の実行に際しては，まずは金融システムの安定性を代表するようなターゲット指標を選定すると同時に，このターゲット指標を操作するための操作指標も選定し，これを機動的に操作することで，最終目標である金融システムの安定性を維持することが必要となる。第３章でも紹介したRAFに例えるならば，マクロ・プルーデンス政策の最終目標の達成度合いを代表するターゲット指標が戦略レベルのRAの対象となり，当局は重要なステークホルダーである国民やその代表である政治家の期待を反映したRA水準を設定することとなる。その上で，マクロ・プルーデンス政策の操作変数が，この戦略的RAを達成するための戦術的RAとなる。

　金融システムの安定性を示す指標としては，例えば日本銀行が既に「金融動向指数」を開発しており，年に２回公表される金融システムレポートで示している。ただしこの指標に関しては，2015年４月の金融システムレポートにおいて，金融システム不安定化の早期警戒指標である金融動向指数のうち，先行指数として採用されている全８指標がマイナスとなったことがある（金融危機が近く到来する可能性が極めて高いことを示唆）。当時は，それにもかかわらず，「現在の経済見通しを踏まえると，先行指数に採用されている指標の多くは早晩改善ペースを取り戻すとみられ，したがって，先行指標のマイナスは持続しない可能性が高いと一応は想定できる」との理由からこのアラームが無視されている。指数の信頼性が高くない中では致し方がない面もあろうが，より信頼性の高いインディケータを開発し，これを金融庁等他の関係機関とも共有することで，ターゲット指標が一段と高度化されると同時に透明性をもって活用されることが期待される。

　同時に，第２章で説明したとおり，当局は現状大手金融機関に対して，RRPの中で，特定されたトリガー指標が一定の閾値を超えれば，通常の経営フェーズから再建フェーズへ，あるいは再建フェーズから破綻処理モードへのシフトを求めているわけだが，同じようなことを，戦略RAであるターゲット指標を

トリガーとしつつ，自らの金融危機管理のフェーズシフトにも適用すべきではないか。金融機関同様当局も，こうした機械的な指標の活用は，政策対応の機動性を損なうという理由で嫌うかもしれない。もっとも，これもやはり当局が金融機関に説明しているように，ある程度客観的なトリガー指標が設定され，これに基づき行動しない限り，いざ危機モードにシフトしようとしてもなかなか決断できず，結局対応が後手に回るリスクが高まってしまう。こうしたリスクを抑制するためにも，トリガー指標を活用した，ある程度機械的なマクロ・プルーデンス政策の実行が期待される。

最後に操作指標の選定であるが，カウンター・シクリカル・バッファーを用いた所要自己資本の操作や不動産セクターへの貸出に対するLTV，DSTI，LOI等の操作は，その実効性に関して未だ意見が割れているものの，少なくともその使用に関し国際的なコンセンサスはできつつある。ただし実効性がまだ確保されていないという意味では，当初は慎重な運用が必要であろう。例えば，監督上のストレステストの中で，ストレス強度の変更を通じて試行的に所要自己資本を変えることでその政策効果を確認し，その上で，よりフォーマルな形での政策ルールを設定することも一案である。

監督上のストレステストを用いた所要自己資本や所要流動性の操作そのものをもって，マクロ・プルーデンス政策を実行することも考えられる。ただし，監督上のストレステストにおけるストレス程度の決定は，多分に当局の裁量に委ねられる。またそこから導き出される所要自己資本や所要流動性の変化も不確実である。4.1でも説明したとおり，マクロ・プルーデンス政策の「形式面での整備」を進めようとすれば，最終的には，明確な操作変数を特定化することで，より透明な運用が確保できる手法が望ましいであろう。

（参考文献）

井上哲也（2014）「マクロ・プルーデンス政策にかかる最新の考え方や監督規制の動向」，金融庁金融研究センター ディスカッションペーパー DP2013-9 2014年3月

植村修一，鈴木亘，近田健（1997）「資産価格と金融政策運営」，Working Paper 97-

3，1997年 2 月

金融庁（2016）「平成28事務年度　金融行政方針」，2016年10月

金融庁（2017）「「主要行等向けの総合的な監督指針」等（案）の公表について」，2017年 2 月

佐藤健裕（2014）「マクロプルーデンス政策と日本銀行の取り組み」（ジャパン・ソサエティ＜ロンドン＞における講演の邦訳），2014年11月，日本銀行

BCBS（2017）*Range of practice in implementing the countercyclical capital buffer policy*, June 2017

Bernanke, B.（2002）*Asset-Price "Bubbles" and Monetary Policy*, Before the New York Chapter of the National Association for Business Economics, New York

Bloomberg（2016）*Warning Indicator for China Banking Stress Climbs to Record*, September 19, 2016

Brazier, A.（2017）*How to: MACROPRU.5 principles for macroprudential policy*, Speech given by Alex Brazier, Executive Director for Financial Stability Strategy and Risk Member of the Financial Policy Committee, London School of Economics, Financial Regulation Seminar, Monday 13 February 2017

Constâncio, V.（2017a）*Macroprudential stress tests: A new analytical tool*, February 2017

Constâncio, V.（2017b），*Macroprudential policy in a changing financial system*, Remarks by Vítor Constâncio, Vice-President of the ECB, at the second ECB Macroprudential Policy and Research Conference, Frankfurt am Main, 11 May 2017

Drehmann, M., Juselius, M.（2013）*Evaluating early waning indicators of banking crises: Satisfying policy requirements*, BIS Working Papers. No. 421

Drehmann, M., Tsatsaronis, K.（2014）*The credit - to - GDP gap and countercyclical capital buffers: questions and answers*, BIS Quarterly Review, March 2014

FSB（2010）*Overview of Progress in the Implementation of the G20 Recommendations for Strengthening Financial Stability -- Report of the Financial Stability Board to G20 Leaders*, 18 June 2010

FSB（2011）*Macroprudential Policy Tools and Frameworks -- Progress Report to G20*, 27 October 2011

IMF, FSB, BCBS（2016）*Elements of Effective Macroprudential Policies - Lessons from International Experiences*, August 2016

Mori, Nobuchika（2017）*A brake pedal alone cannot guarantee safety*, Speech by Nobuchika Mori,Commissioner, Financial Services Agency, at the Spring Membership Meeting of the Institute of International Finance May 9, 2017, Tokyo

Tarullo, D.（2015）*Advancing Macroprudential Policy Objectives*, January 2015

Tarullo, D.（2016）*Next Steps in the Evolution of Stress Testing*, Remarks by Daniel

K. Tarullo Member Board of Governors of the Federal Reserve System at Yale University School of Management Leaders Forum Yale University, September 2016

Tarullo, D. (2017) *Departing Thoughts*, Remarks by Daniel K. Tarullo Member Board of Governors of the Federal Reserve System at The Woodrow Wilson School Princeton University Princeton, New Jersey, April 2017

日本銀行（2011)「日本銀行のマクロプルーデンス面での取り組み」, 2011年10月

日本銀行（2015)「金融システムレポート」, 2015年4月

日本経済新聞（2016)「震度6弱以上30年以内の確率, 南海トラフ沿い上昇」, 2016年6月11日, 日本経済新聞朝刊

日本経済新聞（2017)「霞が関ファイル　地域金融, 外債運用板挟み　日銀・金融庁, リスク巡り摩擦」, 2017年6月23日, 日本経済新聞朝刊

矢島格（2012)「マクロプルーデンス政策主体としての日本銀行のガバナンスについて」, 農林金融2012・5, 2012年5月

おわりに

　本書の執筆を思い立ったのは，2014年末頃だったと思う。G-Sibsに対する様々な規制も大方固まり，今度はバーゼルⅡの分母，すなわち様々なリスクの評価手法を見直す動きが本格化し始めた頃である。欧米を中心とした金融危機に端を発した今回の金融規制強化の流れが，いったん小休止するどころか，それこそ一段と加速する，そんな気配が出ていたのが当時であった。欧米監督当局の「まだまだやるぞ」という剣幕に対し，先般の金融危機では必ずしも当事者ではなかった日本の視点から「ちょっと待った！」をかけたい，そんな思いが本書執筆の出発時点にはあった。

　それから３年（当初2016年中には書き終える予定であったが，諸般の事情から延期に延期を重ね，今回ようやく刊行に至った経緯），すでに2017年の秋も深まろうとしている現在，金融規制を巡る情勢は大きく変化しようとしている。バーゼルⅢの残された最後のピースである（時にバーゼルⅣと呼ばれる）様々なリスク・フォーミュラの見直しに関しては，当初2016年末までに合意することが見込まれていたものの，今現在に至っても合意には至っていない。一部欧州諸国からの，緩和を求める声が止まらないからだ。またすでに合意に至ったバーゼルⅢの多くの規制も，その実施が滞り，一体いつになったら実施されるのか目途が立たない状況となっている。これは，業界の意見を十分聞かないで，監督当局の意向のみで規制の策定を強行した結果だともいわれている。このように今では，規制の「合意」はかつてのような終着点ではなく，その後も実際の「実施」に向けての長い道のりが待ち受ける状況となってしまった。

　そうした中で，これまで規制強化に最も強硬であった米国が，トランプ政権の下，規制緩和の方向に大きく舵を切ろうとしている。米国における規制策定の司令塔も，つい最近までさらなる自己資本増強の必要性を唱えていたタルーロ前FRB理事から，業界の声に理解を示すクォールズ新理事に代わった。米

国財務省も，すでに2回にわたり，規制をより現実的な方向に見直す報告書を公表している。

　このように，どうやら，これまでの規制強化一辺倒の傾向が，最近，大きく方向転換し始めたようなのだ。

　これまでの欧米中心の規制強化の動きに反発し，「動的な監督」強化の必要性を主張してきた日本としては，こうした方向転換自体は，必ずしも悪い話ではないであろう。もっとも，こうした方向転換が，必ずしも日本の議論に耳を傾けた結果でないことも事実だ。また仮に，これまで日本を含めてグローバルで合意した国際ルールを再び見直すということになれば，日本の監督当局を含めて，その「責任」が問われることとなる。特に日本の当局の場合は，仮にこれまで導入されたルールが自らの意にそぐわないものであったとしても，主体性なきままに，欧米当局の意向に「振り回された」責任が問われることになるかもしれない。

　本書では，上記のような事態をできるだけ避けるために，まずは津波のように圧倒的なスケールをもつ国際金融規制の塊を，その目的にしたがって分類し，その上で分類したカテゴリーごとに，規制導入に係る論点や日本の当局として臨むべき姿勢を論じた。我々の意見には多くの異論もあることも承知の上で，あえてこうした「物議を醸す」姿勢で臨んだのは，グローバル金融規制が欧米から「与えられるもの」ではなく，「自ら主体的に考えるもの」という当たり前のことを，強く打ち出したかったからである。

　また日本の国益にかなわない規制を導入することが，結果的に日本の金融機関や国民の利益を損なうと考えれば，こうした国際金融規制の動きを監視し，これに物申すのは，結局，金融監督当局のみではなく，金融機関なり，国民一人ひとりの責任でもある。ただし，多くの方に責任をとってもらうためには，まずはそれなりに平易でわかりやすい形で，この難解な国際金融規制の塊を解きほぐさなければならない。本書の手法でどの程度この目的を達成できたかは甚だ自信ないが，こうした方向での議論が本書を契機に少しでも起こってくれれば幸いである。

なお，本書で示した「9つのカテゴリー」をみてもわかるとおり，先般の金融危機以降に出てきたグローバル金融規制強化の動きは，見方によっては，単に金融業界にとどまらない，壮大な「社会実験」的様相も帯びている。そうした点では，それぞれの「あるべき論」も含め，単に金融業界用としてだけではなく，例えば，原子力発電の問題を抱える電力業界用として読み替えてみても，有益かもしれない。

本書の準備においては，多くの方のお世話になった。また出版に当たっては，奥田真史氏をはじめ，中央経済社の方々に大変お世話になった。心から感謝の意を表したい。

2017年11月

大山　剛

●著者紹介

大山　剛（おおやま　つよし）

有限責任監査法人トーマツ　パートナー　リスク管理戦略センター長

日本銀行にてマクロ経済分析を担当，統括。1994〜97年国際通貨基金政策開発局出向。その後2008年6月まで，日本銀行金融機構局参事役として，日本の不良債権問題の分析や，大手金融機関考査・リスク管理高度化，バーゼルⅡの国内実施を主導すると同時に，バーゼル委員会傘下の多くの会議メンバーとして，国際的な議論に参画する。現在は，主要金融機関や事業法人に対するリスク管理に係るコンサルティング業務に従事する。著書に，『リスクアペタイト・フレームワークの構築』（中央経済社），『これからのストレステスト』（共著，金融財政事情研究会），『バーゼルⅢの衝撃』（東洋経済新報社），『グローバル金融危機後のリスク管理』（金融財政事情研究会），"Post-Crisis Risk Management"（John Wiley & Sons）など。

全体の編纂のほか，序章，1章，3章，6章，9章を担当。

勝藤　史郎（かつふじ　しろう）

有限責任監査法人トーマツ　リスク管理戦略センター　ディレクター

大手銀行持株会社で，2011年から2017年6月まで統合的リスク管理と国際金融規制戦略や規制対応を担当，バーゼルⅢ規制見直しに関する当局協議を推進。2004年から約6年間，同銀行ニューヨーク駐在チーフエコノミストとして米国経済の調査予測に従事。以前には国債・コマーシャルペーパーのチーフトレーダー，ロンドン支店ディーリング企画業務などマーケット業務に10年以上携わった。2017年7月より有限責任監査法人トーマツにて，マクロ経済分析，国際金融規制，リスクアペタイト・フレームワーク関連のアドバイザリーに従事する。著書に『電子コマーシャルペーパーのすべて』（共著，東洋経済新報社）。リスク管理や国際金融規制に関する講演等多数。

第5章を担当。

岡崎　貫治（おかざき　かんじ）

有限責任監査法人トーマツ　金融インダストリーグループ　シニアマネジャー

大手金融機関，信用リスク・データベース機関を経て，2010年8月に有限責任監査法人トーマツに入社。現在はリスク管理，ストレステスト実施態勢，ガバナンス体制等の高度化支援を実施。また，国内外の金融規制等に関するアドバイザリー業務に従事。金融庁監督局総務課健全性基準室・課長補佐（2013-2016年）として，内部格付手法等の審査業務，バーゼルⅢの国内実施に従事したほか，バーゼル銀行監督委員会傘下の会議メンバーを務めた。

第4章を担当。

中野　百合（なかの　ゆり）

有限責任監査法人トーマツ　リスク管理戦略センター　シニアマネジャー
日系，外資系証券勤務を経て，米格付け機関にて銀行，証券，商社の信用格付け分析を統括。
銀行格付けやリスク調整資本に関するグローバルな部会のアジア・パシフィック代表メンバー。金融庁国際室在籍中は証券監督者国際機構（IOSCO）の投資運用に係る委員会において副議長として資産運用業界に係る国際規制の策定・モニタリングを実施。金融安定化委員会（FSB）ではシャドーバンキング主体担当部会のメンバーとしてシャドーバンク関連規制の策定，モニタリングに関与。公益社団法人日本証券アナリスト協会検定会員，CFA協会認定証券アナリスト。
第6章，8章担当。

藪原　康雅（やぶはら　やすまさ）

有限責任監査法人トーマツ　金融インダストリーグループ　シニアマネジャー　公認会計士
大手金融機関（メガバンク）を含む上場企業等の法定監査に従事するほか，金融のアドバイザリー業務を提供。2013年9月より金融庁監督局総務課監督企画室および銀行第一課・課長補佐。システム上重要な金融機関（SIFIs）に対する国際金融規制（主にRRP，TLAC等）に係る国内対応の企画立案・モニタリング業務を担当。バーゼル銀行監督委員会傘下の会議メンバーを務めたほか，監督当局者会合等にも参加。この他，IFRS任意適用を想定した銀行監督上の論点検討等に従事。2016年9月より復職し，大手金融機関の法定監査のほか，規制対応アドバイザリー，IFRS関連業務（導入支援，セミナー等）に従事。
第2章を担当。

浅井　太郎（あさい　たろう）

ロボット投信株式会社チーフ・リスク・オフィサー/チーフ・コンプライアンス・オフィサー
都市銀行において，市場業務並びに事業法人及び金融法人営業を担当の後，大手監査法人系コンサルティング会社を経て，2007年に当監査法人に入社。格付制度，リスク管理体制の構築支援等，金融機関向けコンサルティング業務に従事。2009年4月より金融庁監督局バーゼルII推進室（現・健全性基準室）課長補佐。内部格付手法等の承認審査及びバーゼル2.5及びバーゼルIIIの国内実施を担当。銀行勘定の信用リスクアセットの算出方法の整合性を調査するバーゼル委員会の小部会（SIG-BB）のメンバーを務める。2013年3月に金融庁を退職。同年4月より当監査法人トーマツに復職。2017年5月より現職。
日本証券アナリスト協会検定会員，公認会計士試験全科目合格。
第7章を担当。

9つのカテゴリーで読み解くグローバル金融規制

2017年12月10日　第1版第1刷発行

編著者	大　　山　　　　剛
発行者	山　　本　　　　継
発行所	㈱中　央　経　済　社
発売元	㈱中央経済グループ パ ブ リ ッ シ ン グ

〒101-0051　東京都千代田区神田神保町1-31-2
電話　03 (3293) 3371(編集代表)
03 (3293) 3381(営業代表)
http://www.chuokeizai.co.jp/

ⓒ 2017
Printed in Japan

印刷／三 英 印 刷 ㈱
製本／誠　製　本　㈱

＊頁の「欠落」や「順序違い」などがありましたらお取り替えいた
しますので発売元までご送付ください。(送料小社負担)
ISBN978-4-502-24721-7　C3034

JCOPY〈出版者著作権管理機構委託出版物〉本書を無断で複写複製 (コピー) することは,
著作権法上の例外を除き,禁じられています。本書をコピーされる場合は事前に出版者
著作権管理機構 (JCOPY) の許諾を受けてください。
JCOPY〈http://www.jcopy.or.jp　eメール：info@jcopy.or.jp　電話：03-3513-6969〉

トーマツ『Q&A業種別会計実務』シリーズ 全15巻

本シリーズの特徴

- 各業種のビジネス慣行や業界規制に基づく，特徴的な会計実務を重点解説。
- 論点を絞ったQ&A解説で，知りたいポイントが明確に分かる。
- 税務上の留意点やIFRS適用時の対応もフォロー。

① コンテンツ&メディア

音楽・映画・映像・番組・出版・ゲーム・広告・インターネットなど各業種の特徴的な会計実務を重点解説。

② 商 社

貿易から資源開発・金融まで多様な事業展開を行う商社の特徴的な会計実務を重点解説。

③ 素 材

化学工業・鉄鋼業など素材産業の特徴的な会計実務を重点解説。

④ 製 薬

新薬開発・バイオベンチャー投資など製薬業に特徴的な会計実務を重点解説。

⑤ 機械製造

海外展開への対応から原価計算まで機械製造業に特徴的な会計実務を重点解説。

⑥ 小 売

スーパーマーケット・コンビニエンスストアなどの小売業に特徴的な会計実務を重点解説

⑦ 運 輸

航空業・海運業・鉄道業・倉庫運輸業など運輸産業に特徴的な会計実務を重点解説

⑧ 建 設

建設業特有の勘定科目から海外プラント・JVの処理まで業界固有の会計実務を重点解説

⑨ 銀 行

自己査定・ヘッジ会計・連結など銀行頻出の会計実務を重点解説。

⑩ リース

リース取引に固有の会計実務を貸手・借手の両側面から重点解説。

⑪ クレジット

信販会社・カード会社・消費者金融会社などのクレジット産業に特徴的な会計実務を重点解説。

⑫ 保 険

各種準備金や保険料の処理など生命保険会社・損害保険会社に特徴的な会計実務を重点解説。

⑬ 不動産

分譲・賃貸・管理・流通など，不動産業態ごとに会計実務を解説。

⑭ 証 券

有価証券・デリバティブ・信用取引など，各取引の仕組みと会計実務を解説。

⑮ 信 託

信託に特有の会計実務を，受託者・委託者の両側面から解説。

中央経済社